Tablas dinámicas con Excel

Analice sus datos de forma eficaz (versiones 2021, 2024 y Microsoft 365)

Boris Noro

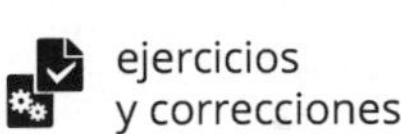

Descarga

ejercicios
y correcciones

ISBN: 978-2-409-05214-9
Edición original: 978-2-409-04840-1
Ediciones ENI es una marca comercial registrada de Ediciones Software.

Ediciones ENI

P° Ferrocarriles Catalanes, 97-117, 2a pl. of. 18
08940 - Cornellà de Llobregat (Barcelona)

Tel: 934 246 401
Fax: 934 231 576

e-mail: info@ediciones-eni.com
http://www.ediciones-eni.com

Autor: Boris Noro
Edición española: Silvia De la Resurección
Colección **Objetivo: Soluciones** dirigida por Jonathan Lombard

Para poder acceder durante un año
a la versión online de este libro,
envíenos su justificante de compra a

librodigital@ediciones-eni.com

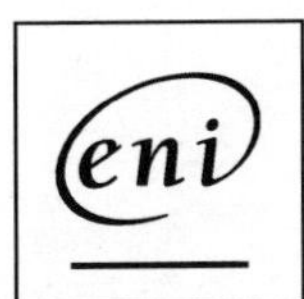

Introducción

Capítulo 1

Preparar y organizar las ideas

Capítulo 2

Primera tabla dinámica

Capítulo 4
Ordenar y filtrar datos en tablas dinámicas

Capítulo 5
Los gráficos dinámicos

Capítulo 6
Los cálculos en las tablas dinámicas

Capítulo 7
Introducción a Power Query

Capítulo 8
Introducción a Power Pivot

Capítulo 9
Enriquecimiento de las TD con datos geográficos e imágenes

Capítulo 10
Las funciones de cálculo como alternativa a las tablas dinámicas

Capítulo 11
Las herramientas de IA y el análisis de datos

Introducción

A. Introducción

Antiguamente, la gestión de los datos recaía exclusivamente en los departamentos de informática, encargados de elaborar los informes y gráficos.

Estos métodos eran poco flexibles e interactivos, y a menudo exigían ajustes manuales y ciertos conocimientos técnicos.

Actualmente, cualquier profesional puede gestionar y analizar datos gracias a herramientas potentes como las tablas dinámicas, Power Query y Power Pivot de Microsoft Excel.

Estas herramientas permiten a cualquier persona extraer, limpiar, preparar, resumir y analizar datos sin necesidad de conocimientos de programación. Esta transformación ha hecho que la gestión de datos sea más accesible, flexible y capaz de adaptarse a las necesidades inmediatas de los usuarios, lo que tiene un impacto directo en la toma de decisiones empresariales.

Las tablas dinámicas (TD) han experimentado una evolución continua desde su introducción en Excel. En un principio, se empleaban para realizar análisis y resúmenes simples de datos.

Sin embargo, con el paso de los años, sus funcionalidades se han enriquecido considerablemente, lo que la ha convertido en una herramienta clave en los ámbitos de la informática y la gestión de datos.

B. Historia de las tablas dinámicas

En 1985, tras dejar Apple, Steve Jobs fundó NeXT y buscó softwares innovadores para hacer atractivo su nuevo ordenador. Durante su búsqueda, descubrió las tabulaciones cruzadas dinámicas gracias a Lotus, una empresa de software. Pito Salas, desarrollador de Lotus, había creado esta herramienta para simplificar los cálculos complejos en las hojas de cálculo, lo que permitía resumir fácilmente las estadísticas por categorías.

En 1988, Steve Jobs convenció a Lotus para que desarrollara este software en exclusiva para el ordenador NeXT. Aunque el ordenador NeXT no fue un éxito comercial, el software Lotus Improv, que incorporaba tablas dinámicas, tuvo una gran influencia en el ordenador NeXT.

En 1993, un anuncio de Lotus Improv para Windows ya destacaba las funciones avanzadas de la época, incluidas las tablas dinámicas y los gráficos dinámicos.

En 1993, Microsoft integró esta funcionalidad en Excel, lo que permitió crear informes resumidos a partir de grandes volúmenes de datos con tan solo unos clics.

Hoy en día, esta herramienta es ampliamente utilizada por millones de personas para analizar datos en diversos campos, lo que hace que Excel sea una herramienta indispensable para la gestión y el análisis de datos.

C. ¿Cómo está estructurado este libro?

Este libro está diseñado para ayudar a los usuarios a dominar el uso de tablas dinámicas en Excel, proporcionando instrucciones detalladas y capturas de pantalla para cada paso. Puede solicitar los archivos complementarios de este libro escribiendo a comercial@ediciones-eni.com..

Cada capítulo es independiente, lo que permite abordar directamente los temas de interés.

Está estructurado en dos partes:

- La primera parte está dedicada al manejo de tablas dinámicas: estructurar los datos para una aplicación óptima, crear tablas dinámicas, aplicar ordenamientos, filtros y cálculos, así como darles formato y crear gráficos dinámicos.
- La segunda parte del libro trata de las herramientas complementarias a las tablas dinámicas: Power Query para manipular datos, Power Pivot para mejorar los cálculos, técnicas para mejorar o ampliar las funcionalidades de las tablas dinámicas y, por último, el uso de Copilot, la inteligencia artificial de Microsoft.

Descubra una nueva forma de gestionar y analizar los datos.

Capítulo 1

Preparar y organizar las ideas

A. Introducción

Para sacar el máximo partido a las tablas dinámicas de Excel, es fundamental contar con datos bien estructurados.

Como dice el refrán: «*Garbage in, garbage out*» (datos de mala calidad, dan resultados de mala calidad).

Una correcta organización de los datos facilita el análisis y el tratamiento, lo que permite aprovechar mejor las funcionalidades de Excel, y en particular las tablas dinámicas.

B. Organizar sus datos de forma eficaz

1. Criterios esenciales

Los datos organizados cumplen varios criterios:

- **Nombres de columnas claros y diferenciados**: cada columna debe tener un nombre que describa un atributo único, por ejemplo: **Fecha**, **Producto**, **Ventas**.
- **Uniformidad de los tipos de valores**: todos los valores de una misma columna deben ser del mismo tipo, por ejemplo, todos los valores de una columna **Fecha** deben ser fechas.
- **Ausencia de celdas vacías o combinadas**: cada celda debe contener un valor único, sin celdas combinadas, ya que podrían complicar el análisis.

Una celda combinada se crea fusionando varias celdas individuales en una única celda más grande. Esta práctica puede dificultar considerablemente el buen funcionamiento de una tabla dinámica.

Ejemplo de datos organizados:

Fecha	Producto	Cantidad	Precio unitario	Región
2023-07-01	A	10	10	Norte
2023-07-02	B	15	10	Sur
2023-07-03	A	20	10	Este
2023-07-04	C	13	10	Oeste

2. Ventajas de los datos organizados

El uso de datos organizados permite sacar el máximo partido a Excel.

- **Facilidad para analizar**: los datos bien organizados permiten crear tablas dinámicas de forma rápida y sencilla.
- **Cálculos precisos**: evita errores causados por formatos de datos incoherentes o celdas combinadas.
- **Ahorra tiempo**: simplifica el proceso de actualización y gestión de datos.

C. Organización de datos en Excel

Los datos necesarios para realizar los siguientes casos prácticos se encuentran en el archivo **buenas_prácticas.xlsx**, que se puede descargar en el sitio web www.ediciones-eni.com.

1. Convertir los datos en una tabla de datos

El formato de «Tabla» de Excel es una forma sencilla y eficaz para organizar sus datos. Este formato permite:

- **Actualización automática de los rangos de datos**: la tabla se actualiza automáticamente cuando se añaden o eliminan datos.
- **Encabezados de columna siempre visibles**: se mantienen fijos aunque se desplace por la hoja o se eliminen datos.
- **Fácil clasificación y filtrado**: las tablas incluyen opciones de clasificación y filtrado directamente en los encabezados.

✎ Seleccione los datos correspondientes en la pestaña **Inicio** de la cinta de opciones y a continuación seleccione **Dar Formato como tabla**.

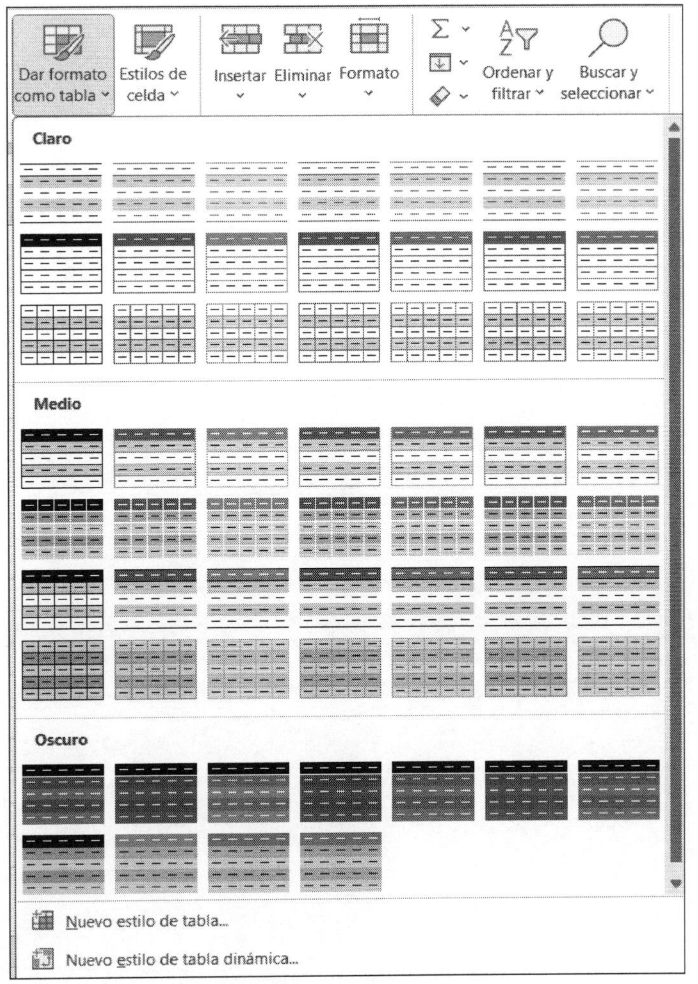

Seleccione el diseño de tabla que desee.
Aparecerá el cuadro de diálogo **Crear tabla**.

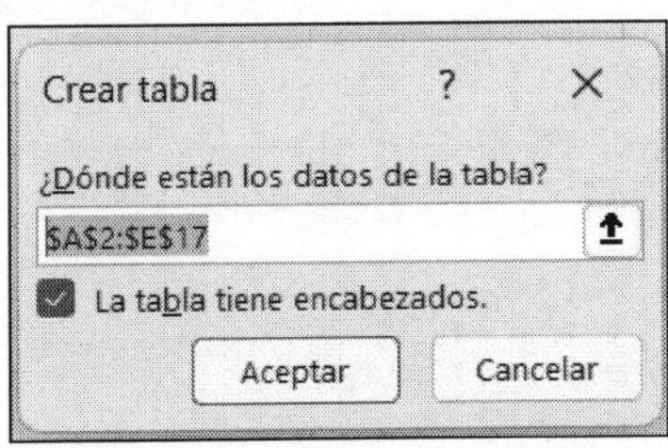

- Asegúrese de que sus datos están seleccionados y de que la opción **La tabla tiene encabezados** esté activada.
- Haga clic en **Aceptar**.

2. Nombre el intervalo de datos

- Para simplificar la gestión y el uso de los datos en las tablas dinámicas, es útil dar un nombre al intervalo de datos (por ejemplo: **T_ventas** para la tabla de ventas).
- Seleccione una celda de la tabla, vaya a la pestaña **Fórmulas** y haga clic en **Administrador de nombres**.

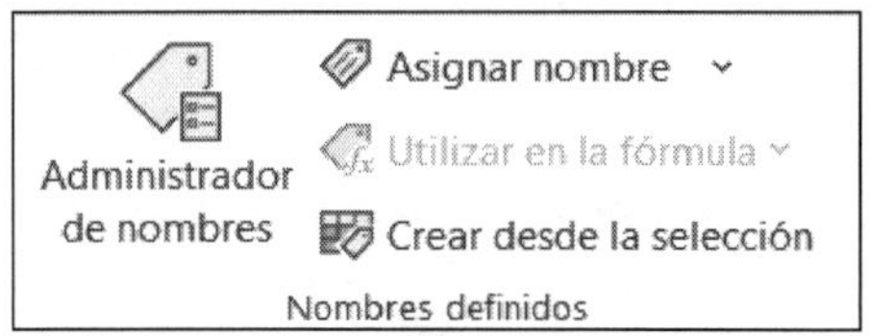

Aparece el cuadro de diálogo **Administrador de nombres**:

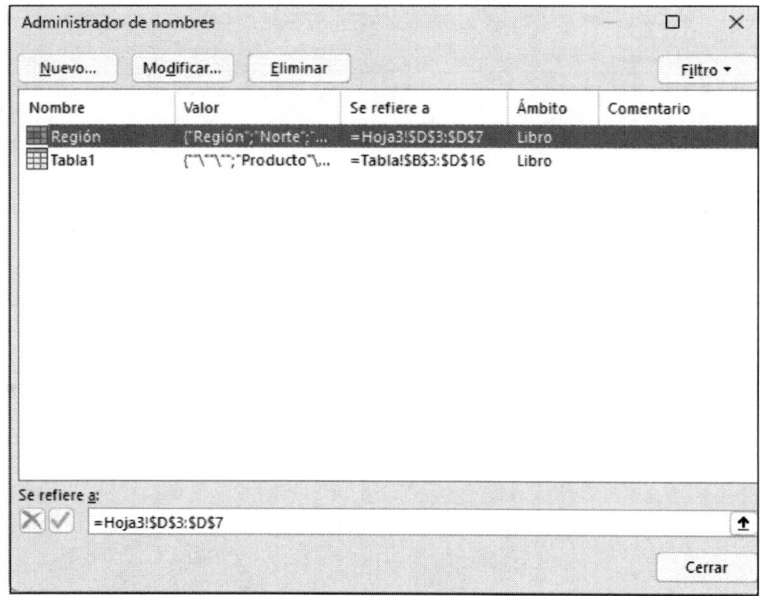

Por defecto, Excel ha llamado a esta tabla **Tabla1**.

- Seleccione la línea **Tabla1**, haga clic en el botón **Editar**.
  Aparece el cuadro de diálogo **Editar nombre**.
- Sustituir **Tabla4** por **T_Ventas** (para Tabla de ventas).

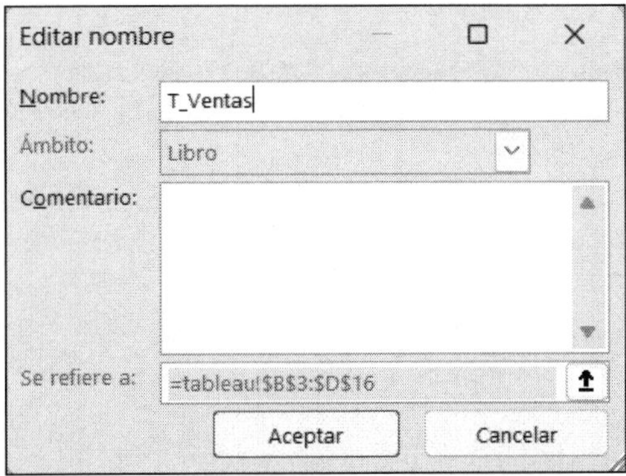

- Haga clic en **Aceptar**.
  La **Tabla1** ha pasado a llamarse **T_Ventas**.

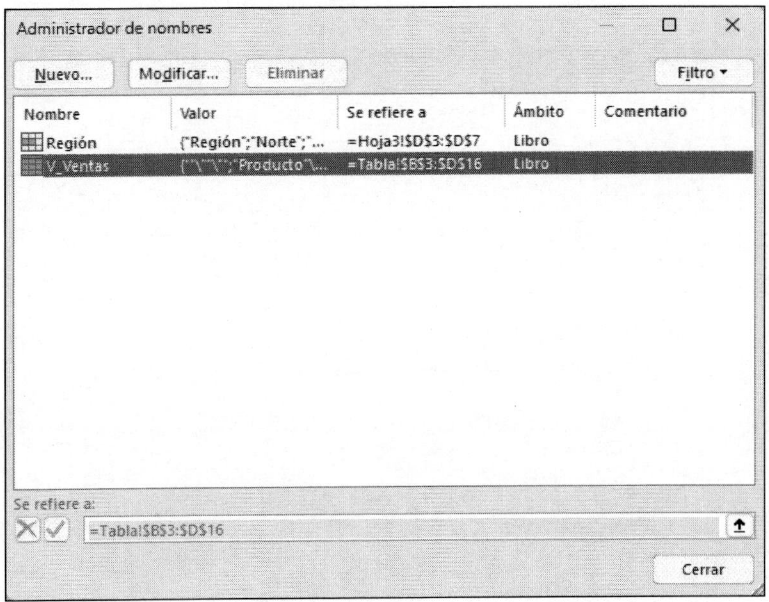

- Haga clic en **Cerrar**.

D. Utilice la herramienta Validación de datos para verificar los datos

1. ¿Por qué validar los datos?

Garantizar la coherencia: la validación de datos ayuda a comprobar que todas las entradas de una columna son del mismo tipo (por ejemplo, fechas o números), lo que es esencial para un análisis preciso.

Prevenir errores: ayuda a evitar errores comunes como valores incorrectos o errores tipográficos, que posteriormente podrían distorsionar los resultados de las tabulaciones cruzadas dinámicas.

Excel dispone de herramientas integradas para crear reglas de validación. Por ejemplo, puede definir una regla para que una columna **Fecha** solo acepte fechas posteriores al 2020.

- Seleccione las celdas a las que se aplicará la regla, en nuestro ejemplo la celda **B5** de la **Entrada después de la hoja 01012020**. En la pestaña **Datos**, haz clic en el grupo **Herramientas de datos - Validación de datos**.

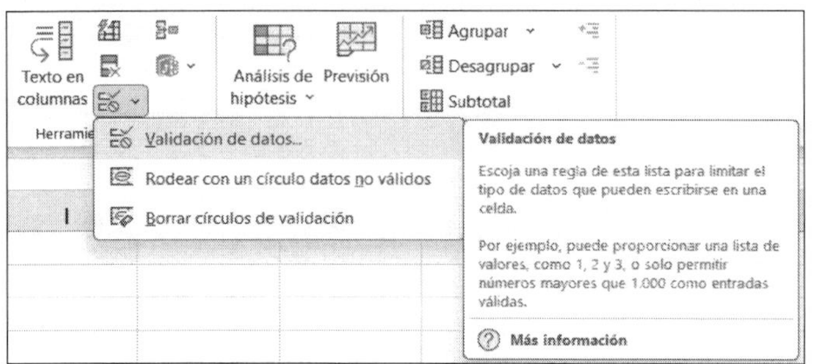

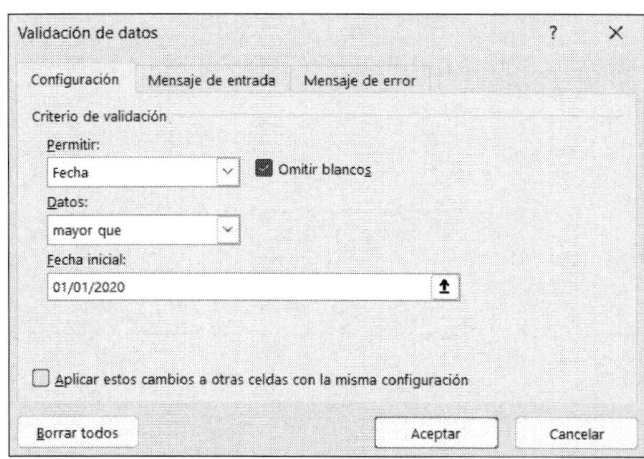

Aparece el cuadro de diálogo **Validación de datos**.

✎ En la lista desplegable **Permitir**, seleccione **Fecha**, luego en la lista desplegable **Datos**, seleccione la comparación **Mayor que** y en el campo **Fecha inicial**, introduzca 01/01/2020 y confirme con OK.

Ahora, si introduce una fecha anterior al 01/01/2020, aparece un mensaje de error :

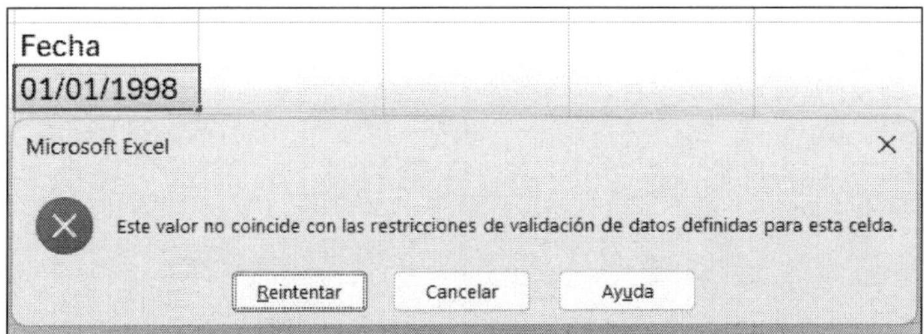

También puede utilizar una lista desplegable. Las listas desplegables son una forma excelente de garantizar que solo se puedan introducir valores específicos en un rango de celdas.

En la pestaña **Hoja3**, queremos limitar la entrada de la celda **B3** a cuatro regiones: Norte, Sur, Este, Oeste.

Para ello, primero hemos creado una tabla llamada **Región** en la hoja **Hoja3**:

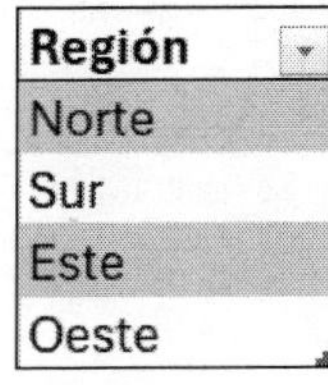

Región
Norte
Sur
Este
Oeste

✎ En la pestaña **Hoja3**, seleccione la celda **B3**.

✎ En la pestaña **Datos** - grupo **Herramientas de datos**, haga clic en **Validación de datos**.

- En la lista **Permitir**, seleccione **Lista**.

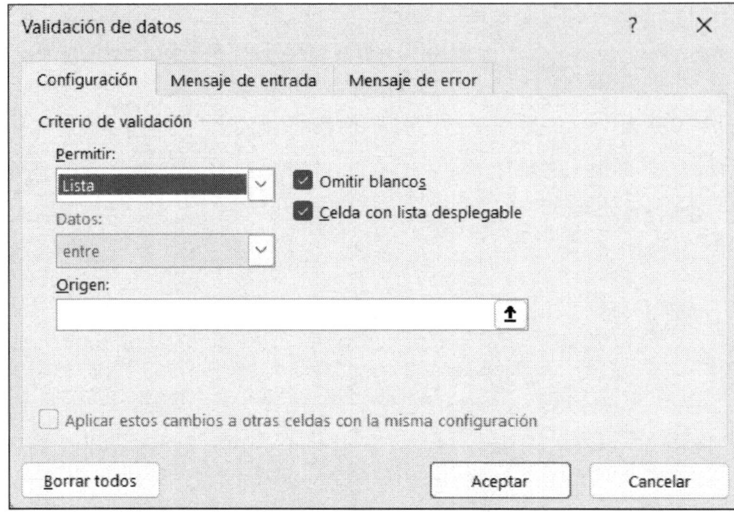

- Vaya al campo de entrada **Origen** y seleccione el rango de datos directamente.

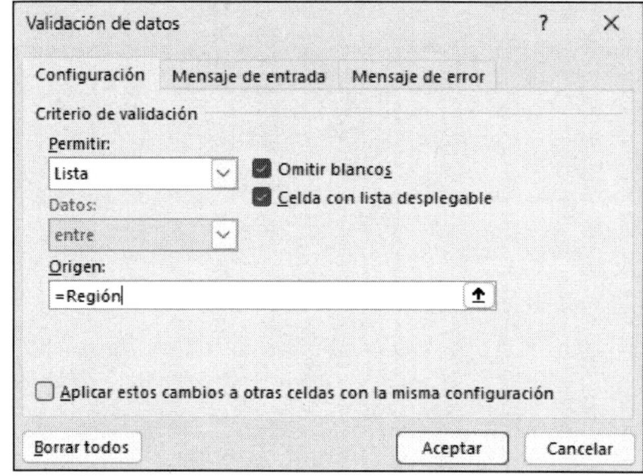

- Haga clic en **Aceptar**.

A partir de ahora, las entradas estarán restringidas a las opciones definidas en la lista desplegable.

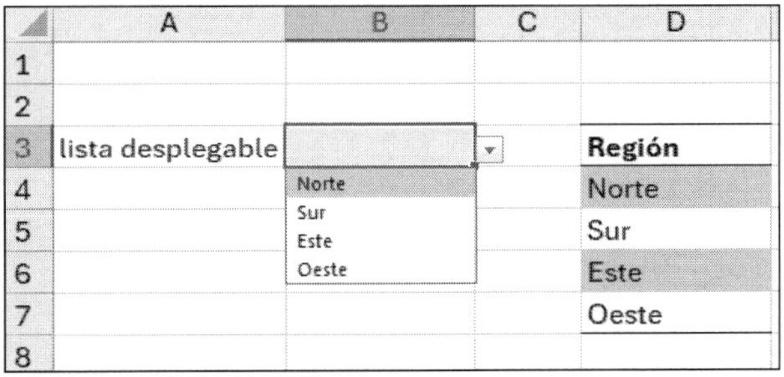

	A	B	C	D
1				
2				
3	lista desplegable			**Región**
4		Norte		Norte
5		Sur		Sur
6		Este		Este
7		Oeste		Oeste
8				

2. Ventajas de la validación de datos

- **Mayor precisión**: al evitar las entradas incorrectas, la validación de datos mejora la precisión de las tablas dinámicas.
- **Ahorra tiempo**: reduce la necesidad de correcciones manuales posteriores, lo que le permite dedicar más tiempo al análisis de datos.
- **Confianza en los resultados**: los usuarios pueden estar seguros de que los análisis realizados se basan en datos correctos y coherentes.

E. Ejemplos de datos mal organizados

Formato cruzado (Cross-tab)

Producto	Enero	Febrero	Marzo	Abril	Mayo	Junio
Producto A	3	87	16	71	54	30
Producto B	17	35	77	54	75	17
Producto C	43	77	52	16	53	94
Producto D	74	7	29	23	49	67

El formato cruzado, en el que los meses se utilizan como encabezados de columna y los productos se enumeran en filas, no es un formato ideal.

Las tablas dinámicas funcionan mejor con datos en formato "plano" o "desnormalizado", donde cada fila representa un único registro y cada columna un atributo distinto (por ejemplo: producto, mes, valor, etc.).

Mejor estructura de datos:

Producto	Meses	Importe
Producto A	Enero	3
Producto A	Febrero	87
Producto A	Marzo	16
Producto A	Abril	71
Producto A	Mayo	54
Producto A	Junio	30
Producto B	Enero	17
Producto B	Febrero	35
Producto B	Marzo	77
Producto B	Abril	54
Producto B	Mayo	75
Producto B	Junio	17
Producto C	Enero	43
Producto C	Febrero	77
Producto C	Marzo	52
Producto C	Abril	16

Las columnas correspondientes a los meses se han desapilado para formar una única columna llamada **Meses**. Este tipo de transformación se trata en el capítulo Introducción a Power Query.

Formato dividido en subtablas (Split-table format)

Ejemplo 1:

Trimestre 1

Producto	Meses	Importe
Producto A	Enero	3
Producto A	Febrero	87
Producto A	Marzo	16
Producto B	Enero	17
Producto B	Febrero	35
Producto B	Marzo	77

Trimestre 2

Producto	Meses	Importe
Producto A	Abril	71
Producto A	Mayo	54
Producto A	Junio	30
Producto B	Abril	54
Producto B	Mayo	75
Producto B	Junio	17

En este ejemplo, los datos se separan en varias subtablas para cada trimestre. Esta estructura plantea varios problemas:

- **Utilización de celdas combinadas**: las celdas combinadas para indicar el **trimestre 1** y el **trimestre 2** complican el análisis. Las tablas dinámicas no pueden procesar directamente estas celdas combinadas.
- **Falta de coherencia**: tenemos una línea para el número de trimestre, luego una línea desglosando los productos, los meses y los importes.
- **Inserción compleja de nuevos datos**: añadir nuevos periodos o nuevos productos requiere la creación de nuevas subtablas, lo que aumenta el riesgo de errores y hace más laboriosa la gestión de los datos.

Ejemplo 2:

	Producto	Meses	Importe
Trimestre 1	Producto A	Enero	3
	Producto A	Febrero	87
	Producto A	Marzo	16
	Producto B	Enero	17
	Producto B	Febrero	35
	Producto B	Marzo	77
Trimestre 2	Producto A	Abril	71
	Producto A	Mayo	54
	Producto A	Junio	30
	Producto B	Abril	54
	Producto B	Mayo	75
	Producto B	Junio	17

En este ejemplo, los datos trimestrales se integran en los registros utilizando celdas combinadas para los trimestres. Los problemas de este ejemplo son similares a los del ejemplo anterior:

- **Datos incoherentes**: la fusión de celdas por trimestres crea registros heterogéneos, lo que dificulta el análisis.
- **Dificultad para añadir nuevos datos**: al igual que en el ejemplo anterior, incorporar nuevos trimestres o productos obliga a modificar varias subtablas.

Además, el uso de subtablas complica este proceso por varias razones:

- **Uso de celdas combinadas**: el uso de celdas combinadas para indicar periodos como **Trimestre 1** y **Trimestre 2** puede causar problemas al crear tablas dinámicas.
- **Añadir nuevos datos**: añadir nuevos periodos o nuevos elementos requiere la creación de nuevas subtablas. Este enfoque es menos intuitivo y más propenso a errores que la simple adición de nuevas filas a una tabla plana.
- **Inutilidad del formato**: la separación en subtablas es innecesaria, ya que esta estructuración de los datos se puede obtener fácilmente a partir de una tabla plana mediante una tabla dinámica.

Mejor estructura de datos:

Producto	Meses	Importe
Producto A	Enero	3
Producto A	Febrero	87
Producto A	Marzo	16
Producto B	Enero	17
Producto B	Febrero	35
Producto B	Marzo	77
Producto A	Abril	71
Producto A	Mayo	54
Producto A	Junio	30
Producto B	Abril	54
Producto B	Mayo	75
Producto B	Junio	17

O bien

Producto	Meses	Trimestre	Importe
Producto A	Enero	Trimestre 1	3
Producto A	Febrero	Trimestre 1	87
Producto A	Marzo	Trimestre 1	16
Producto B	Enero	Trimestre 1	17
Producto B	Febrero	Trimestre 1	35
Producto B	Marzo	Trimestre 1	77
Producto A	Abril	Trimestre 2	71
Producto A	Mayo	Trimestre 2	54
Producto A	Junio	Trimestre 2	30
Producto B	Abril	Trimestre 2	54
Producto B	Mayo	Trimestre 2	75
Producto B	Junio	Trimestre 2	17

La presencia de subtotales en los datos puede interferir en la creación de tablas dinámicas.

Producto	Meses	Importe
Producto A	Enero	3
Producto A	Febrero	87
Producto A	Marzo	16
Producto A	Abril	71
Producto A	Mayo	54
Producto A	Junio	30
Total Producto A		261
Producto B	Enero	17
Producto B	Febrero	35
Producto B	Marzo	77
Producto B	Abril	54
Producto B	Mayo	75
Producto B	Junio	17
Total Producto B		275
Total general		536

No se recomienda incluir subtotales y totales en los datos brutos por varias razones:

- **Alteración de los cálculos automáticos**: las tablas dinámicas están pensadas para generar subtotales y totales según los campos seleccionados. La presencia de estos cálculos en los datos brutos perturba las funciones de cálculo automático de las tablas dinámicas.
- **Dificultad de manipulación y análisis**: los datos brutos con subtotales y totales son más difíciles de manipular y analizar con flexibilidad. Los usuarios tienen que filtrar o eliminar manualmente estas líneas agregadas antes de realizar los análisis, lo que puede dar lugar a errores y pérdidas de tiempo.
- **Coherencia de los registros**: la inclusión de subtotales introduce registros no coherentes, mezclando datos de transacciones con datos agregados. Esto complica el análisis y puede distorsionar los resultados obtenidos a partir de las tablas dinámicas.

Mejor estructura de los datos:

Producto	Meses	Importe
Producto A	Enero	3
Producto A	Febrero	87
Producto A	Marzo	16
Producto A	Abril	71
Producto A	Mayo	54
Producto A	Junio	30
Producto B	Enero	17
Producto B	Febrero	35
Producto B	Marzo	77
Producto B	Abril	54
Producto B	Mayo	75
Producto B	Juin	17

F. Conclusión

La estructura eficaz de los datos es la clave para sacar el máximo partido de las tablas dinámicas en Excel.

Siguiendo los criterios y buenas prácticas presentados, puede garantizar un análisis preciso, rápido y sin errores.

Una vez organizados los datos, podrá avanzar a la siguiente fase: crear tablas dinámicas. En el próximo capítulo veremos cómo se construyen estas tablas.

Capítulo 2

Primera tabla dinámica

A. Introducción

En este capítulo, se presentan los métodos básicos para crear tablas dinámicas en Excel. Abordaremos el tema mediante un caso práctico.

Una vez completado este capítulo, dispondrá de los conocimientos necesarios para generar sus propias tablas dinámicas personalizadas a partir de los datos que tenga a su disposición.

B. Crear su primera tabla dinámica

1. La tabla de origen

Para nuestra primera tabla dinámica, usaremos el archivo **Venta_Piscinas.xlsx**, que puede descargarse en www.ediciones-eni.com. Este archivo agrupa las ventas de accesorios para piscinas introducidas cronológicamente en una hoja de Excel llamada **piscinas**.

La tabla de datos tiene cuatro columnas:

	A	B	C	D
1	**Fechas**	**Cliente**	**Producto**	**Importe**
2	02/07/2025	García	Cubierta de piscina	300
3	30/11/2025	González	Cubierta de piscina	300
4	04/02/2025	Ruiz	Bomba de filtración	150
5	19/06/2025	Álvarez	Calefacción solar	200
6	04/12/2025	López	Bomba de filtración	150
7	28/02/2025	Sánchez	Calefacción solar	200
8	18/09/2025	García	Bomba de filtración	150
9	15/12/2025	González	Calefacción solar	200
10	13/01/2025	Ruiz	Cubierta de piscina	300
11	25/06/2025	Álvarez	Calefacción solar	200
12	06/07/2025	López	Robot limpiador	250
13	18/11/2025	Sánchez	Piscina hinchable	100
14	16/07/2025	García	Calefacción solar	200

Con estos datos, crearemos una tabla dinámica para calcular las ventas totales por producto y por cliente.

2. Primer paso: crear una tabla

- Abra el archivo **Venta_Piscinas.xlsx**.
- Sitúe el cursor en una celda de origen (por ejemplo, **A1**) de la hoja **piscinas**.
- En la pestaña **Inicio**, sección **Formatos**, haga clic en **Dar formato como tabla**. Por ejemplo, seleccione el estilo **Blanco, estilo de tabla claro 1**.

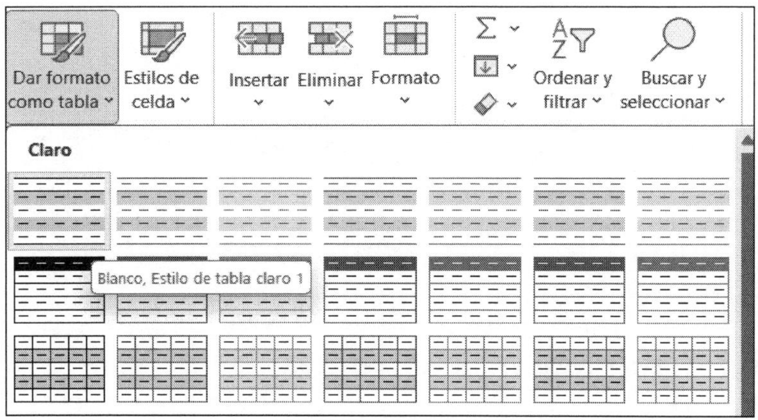

Aparecerá el cuadro de diálogo **Crear tabla**.

	A	B	C	D
1	Fechas	Cliente	Producto	Importe
2	02/07/2025	García	Cubierta de piscina	300
3	30/11/2025	González	Cubierta de piscina	300
4	04/02/2025	Ruiz	Bomba de filtración	150
5	19/06/2025	Álvarez	[illegible]	200
6	04/12/2025	López	[illegible]	150
7	28/02/2025	Sánchez	[illegible]	200
8	18/09/2025	García	[illegible]	150
9	15/12/2025	González	[illegible]	200
10	13/01/2025	Ruiz	Cubierta de piscina	300
11	25/06/2025	Álvarez	Calefacción solar	200
12	06/07/2025	López	Robot limpiador	250
13	18/11/2025	Sánchez	Piscina hinchable	100

Crear tabla
¿Dónde están los datos de la tabla?
$A$1:$D$50
La tabla tiene encabezados.
Aceptar Cancelar

- Compruebe que se han seleccionado los datos de la tabla y que está marcada la casilla **La tabla tiene encabezados**.
- Haga clic en **Aceptar**.

Los datos se han transformado en una tabla de datos.

	A	B	C	D
1	Fechas	Cliente	Producto	Importe
2	02/07/2025	García	Cubierta de piscina	300
3	30/11/2025	González	Cubierta de piscina	300
4	04/02/2025	Ruiz	Bomba de filtración	150
5	19/06/2025	Álvarez	Calefacción solar	200
6	04/12/2025	López	Bomba de filtración	150
7	28/02/2025	Sánchez	Calefacción solar	200
8	18/09/2025	García	Bomba de filtración	150
9	15/12/2025	González	Calefacción solar	200
10	13/01/2025	Ruiz	Cubierta de piscina	300
11	25/06/2025	Álvarez	Calefacción solar	200
12	06/07/2025	López	Robot limpiador	250

Asigne un nombre a la tabla

- Seleccione una celda de la tabla.
  En la cinta de opciones, aparece la pestaña contextual **Diseño de Tabla**.
- Si es necesario, haga clic en el grupo **Propiedades** y nombre la tabla **T_Ventas**.

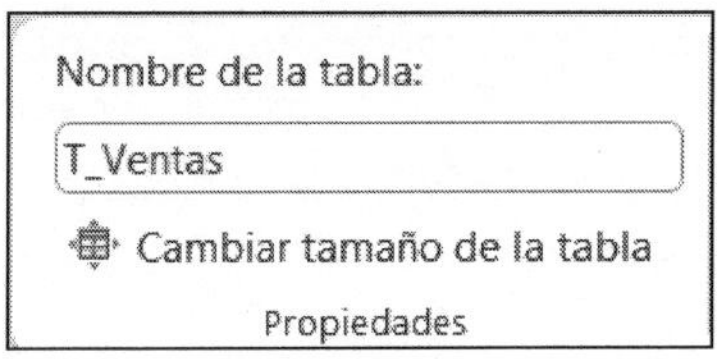

- Confirme pulsando ⏎.

3. Segundo paso: crear la tabla dinámica

- En la pestaña **Insertar** - grupo **Tablas**, haga clic en **Tabla dinámica** y, a continuación, en **De una tabla o rango**.

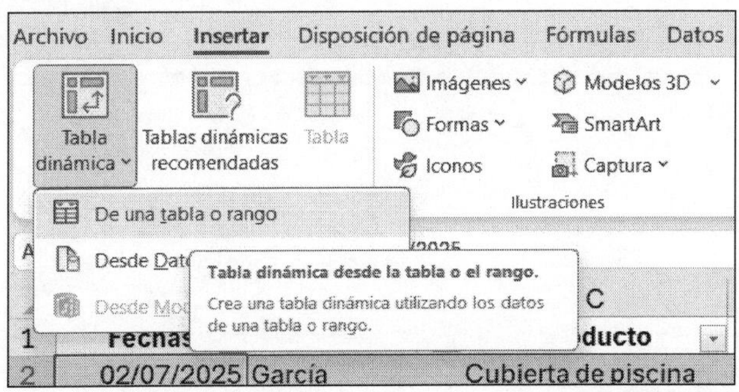

Aparece en pantalla el cuadro de diálogo **Tabla dinámica desde la tabla o el rango**.

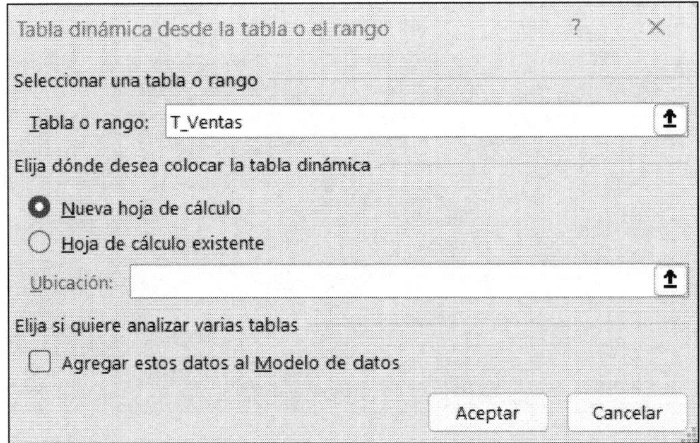

Se ha seleccionado la tabla denominada **T_Ventas**.

Por defecto, la tabla dinámica se coloca en una **Nueva hoja de cálculo**, pero también es posible colocarla en la hoja de cálculo existente.

- Haga clic en **Aceptar**.

Se crea una nueva hoja de cálculo que contiene un informe de tabla dinámica en blanco. En la parte derecha de la pantalla aparece el panel **Campos de tabla dinámica**.

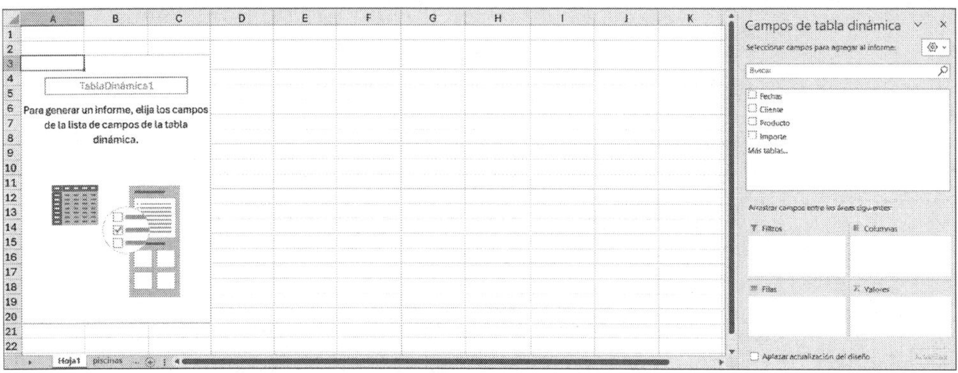

Este panel es una interfaz clave para crear y gestionar tablas dinámicas. Se divide en dos secciones principales:

La **lista de campos** muestra todos los campos disponibles en el origen de datos. Los campos pueden ser columnas de la tabla o del rango de datos. Cada campo puede arrastrarse y soltarse en una de las cuatro áreas siguientes para construir la tabla dinámica.

Debajo de la lista de campos, hay cuatro áreas disponibles para configurar su tabla dinámica:

- **Filtros**: coloque aquí los campos que desee utilizar para filtrar los datos globales de la tabla dinámica.
- **Columnas**: coloque aquí los campos cuyos valores desea que se muestren en columnas en la tabla dinámica.
- **Filas**: coloque aquí los campos cuyos valores desea que se muestren como filas en la tabla dinámica.
- **Valores**: coloque aquí los campos que desea analizar o resumir. Puede utilizar operaciones como la suma, la media, el recuento, etc.

✎ Arrastre el campo **Cliente** al área **Filas**.

✎ Arrastre el campo **Producto** al área **Columnas**.

✎ Arrastre el campo **Importe** al área **Σ Valores**.

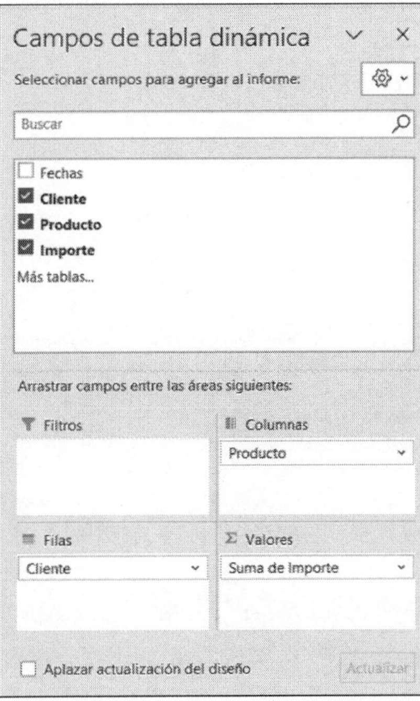

Excel crea automáticamente una tabla dinámica. La agregación **Suma** se asigna por defecto al campo **Suma de Importe**.

Suma de Importe	Etiquetas de columna					
Etiquetas de fila	Bomba de filtración	Calefacción solar	Cubierta de piscina	Robot limpiador	Piscina hinchable	Total general
Álvarez	150	800	600		100	1650
García	300	400	600	250	100	1650
González	300	400	600		200	1500
López	150	200		1250	200	1800
Ruiz	300		900	500	100	1800
Sánchez	150	600		500	200	1450
Total general	1350	2400	2700	2500	900	9850

La tabla dinámica registra las compras por cliente.

C. Formato de la tabla dinámica

Cambiar formato de los números

- Haga clic con el botón derecho en un valor de la tabla y seleccione **Formato de número**.
- En la categoría **Número**, marque **Usar separador de miles** y establezca los decimales en 0.
- Haga clic en **Aceptar**.

Modificar el título de la tabla

- Sitúe el cursor en la celda **D3 Suma del importe**.
- Por ejemplo, introduzca **Ventas**.

Modificar las etiquetas de filas y columnas

- Coloque el cursor en la celda **E3** y cambie la etiqueta de la columna por **Productos**.
- Coloque el cursor en la celda **D4** y cambie la etiqueta de la fila por **Clientes**.

  El resultado es el siguiente:

Ventas	Productos					
Clientes	Bomba de filtración	Calefacción solar	Cubierta de piscina	Robot limpiador	Piscina hinchable	Total general
Álvarez	150	800	600		100	1.650
García	300	400	600	250	100	1.650
González	300	400	600		200	1.500
López	150	200		1.250	200	1.800
Ruiz	300		900	500	100	1.800
Sánchez	150	600		500	200	1.450
Total general	1.350	2.400	2.700	2.500	900	9.850

Exploraremos las distintas opciones para dar formato a las tablas dinámicas en el capítulo Dar formato a las tablas dinámicas.

D. Modificar la tabla dinámica

Las tablas dinámicas permiten un análisis flexible de los datos desde diversos ángulos. Es posible reorganizar fácilmente la información para obtener una nueva perspectiva.

1. Modificar la disposición de los campos

- Seleccione la TD.
- En el panel **Campos de tabla dinámica**, arrastre el campo **Producto** del área **Columnas** al área **Filas**.

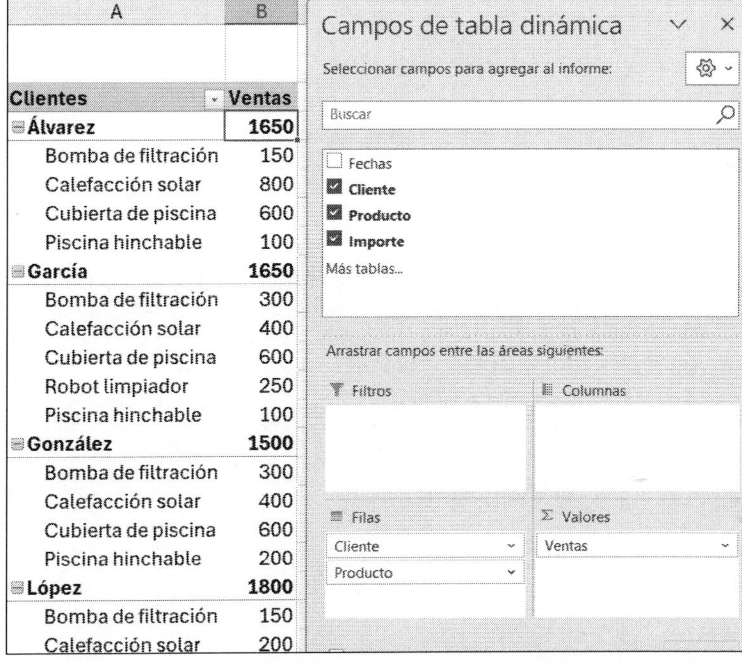

El resultado es una tabla dinámica que desglosa las ventas por cliente y luego por producto en una sola columna.

Clientes	Ventas
Álvarez	**1.650**
Bomba de filtración	150
Calefacción solar	800
Cubierta de piscina	600
Piscina hinchable	100
García	**1.650**
Bomba de filtración	300
Calefacción solar	400
Cubierta de piscina	600
Robot limpiador	250
Piscina hinchable	100
González	**1.500**
Bomba de filtración	300
Calefacción solar	400
Cubierta de piscina	600
Piscina hinchable	200

2. Reorganizar los campos

✎ En el panel **Campos de tabla dinámica**, arrastre el campo **Producto** en el área **Filas** para situarlo encima del campo **Cliente**.

Esto permite desglosar las ventas por producto y, a continuación, por cliente:

Clientes	Ventas
Bomba de filtración	**1.350**
Álvarez	150
García	300
González	300
López	150
Ruiz	300
Sánchez	150
Calefacción solar	**2.400**
Álvarez	800
García	400
González	400
López	200
Sánchez	600
Cubierta de piscina	**2.700**
Álvarez	600
García	600
González	600
Ruiz	900

E. Actualizar una tabla dinámica

Cuando se realizan cambios en los datos de origen de una tabla dinámica, es importante actualizar la tabla para tener en cuenta dichos cambios.

✎ Realice algunos cambios en la tabla de datos **T_Ventas**.

Existen varias formas de actualizar una tabla dinámica.

Manualmente:

✎ Haga clic en la tabla dinámica, vaya a la pestaña contextual **Datos**, haga clic en **Actualizar todo** para actualizar la información mostrada.

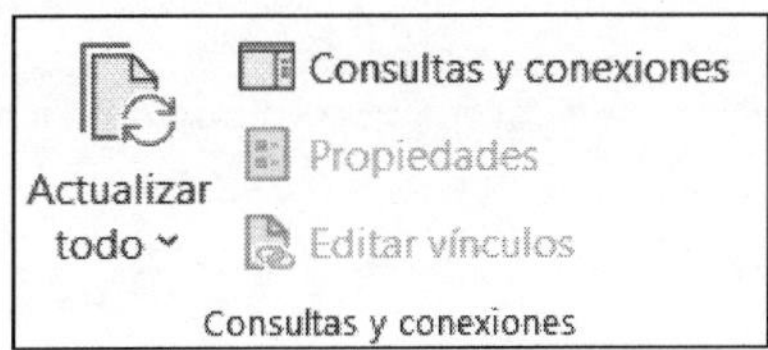

También puede utilizar el atajo de teclado Alt F5 para actualizar rápidamente la tabla dinámica.

Actualización automática al abrir el archivo

- Para actualizar la tabla dinámica automáticamente cada vez que abra el archivo, seleccione la tabla dinámica y, a continuación, en la cinta de opciones, haga clic en la pestaña **Analizar tabla dinámica**, grupo **Tabla dinámica** y elija **Opciones**.

  Aparecerá el cuadro de diálogo **Opciones de tabla dinámica**.
- Seleccione la pestaña **Datos** y, a continuación, marque la casilla **Actualizar al abrir el archivo**.

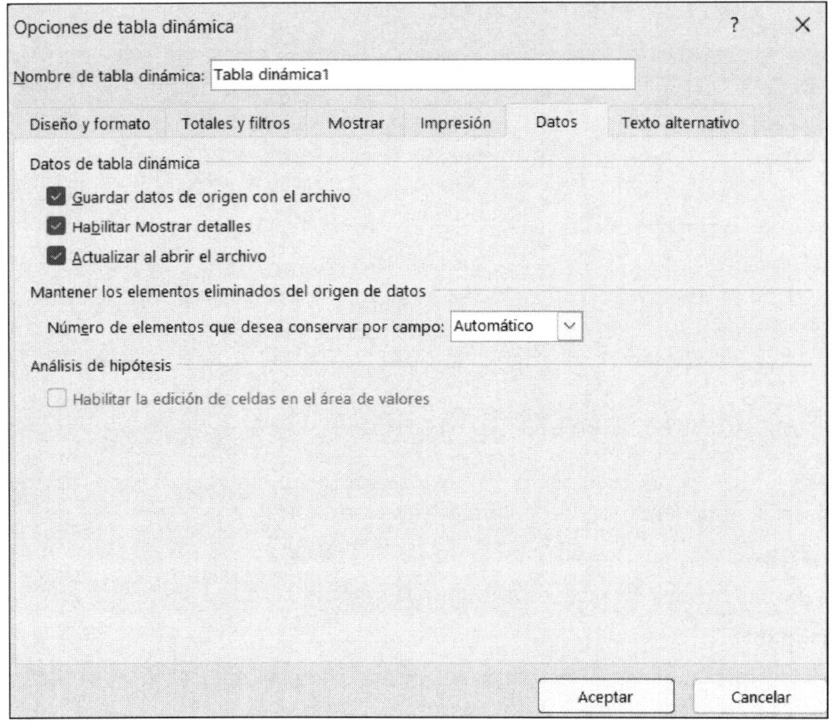

- Haga clic en **Aceptar**.

  Desde ese momento, los datos se actualizarán automáticamente al abrir el archivo.

F. Gestionar la tabla dinámica

Puede que necesite mover una tabla dinámica, eliminarla o cambiar su origen de datos.

1. Desplazar una tabla dinámica

Desplazar una TD puede ser necesario para organizar mejor sus datos o para liberar espacio en una hoja de cálculo.

- Seleccione la TD.
- En la pestaña **Analizar tabla dinámica**, en el grupo **Acciones**, haga clic en **Mover tabla dinámica**.

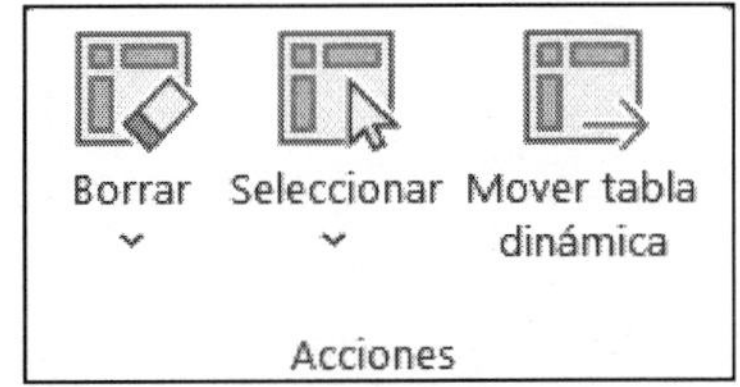

Aparecerá el cuadro de diálogo **Mover tabla dinámica**.

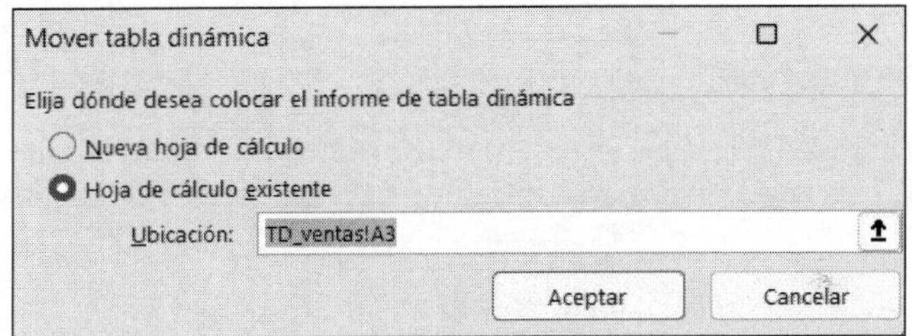

A continuación, podrá seleccionar una nueva celda de destino, ya sea en la misma hoja de cálculo o en otra.

- Haga clic en **Aceptar**.
  Su TD se traslada a la ubicación elegida.

2. Borrar una tabla dinámica

A veces es necesario suprimir un TD cuando ya no es útil para el análisis en curso.

- Seleccione la tabla que desee eliminar y haga clic en **Quitar**.

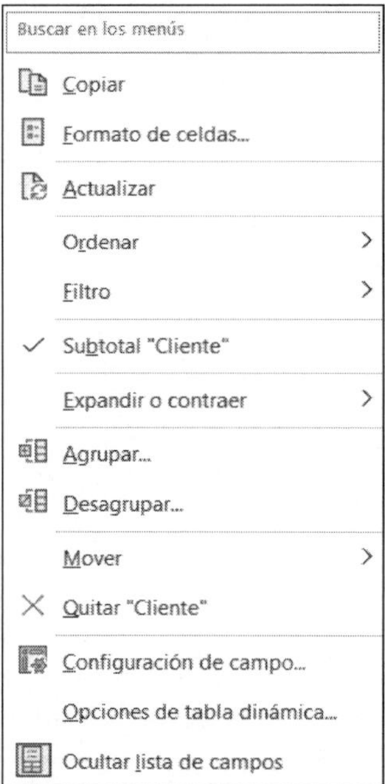

También puede eliminar una tabla dinámica desde la cinta de opciones.

✎ Seleccione la tabla dinámica y, en la cinta de opciones, vaya a la pestaña **Analizar tabla dinámica**. En el grupo **Acciones**, seleccione **Borrar** y, a continuación, **Borrar todo**.

3. Cambiar el origen de los datos

Puede ser necesario modificar la fuente de datos de una TD si se dispone de nuevos datos o si es necesario realizar una corrección en el intervalo de datos inicial.

Vamos a modificar la fuente de datos de la TD para utilizar la tabla denominada **nuevos_datos** situada en la pestaña **datos_2**.

✎ Seleccione la TD.

- En la pestaña **Analizar la tabla dinámica**, grupo Datos, haga clic en **Cambiar origen de datos**.

  Aparecerá el cuadro de diálogo **Cambiar origen de datos de tabla dinámica**. Este cuadro de diálogo se utiliza para seleccionar un nuevo rango de datos o para elegir otra tabla.

- En el campo de entrada **Tabla o Rango**, borre la selección actual, haga clic en la pestaña de la hoja **datos_2**, seleccione una celda de la tabla de datos y pulse las teclas Ctrl Mayús + barra espaciadora para seleccionar toda la tabla.

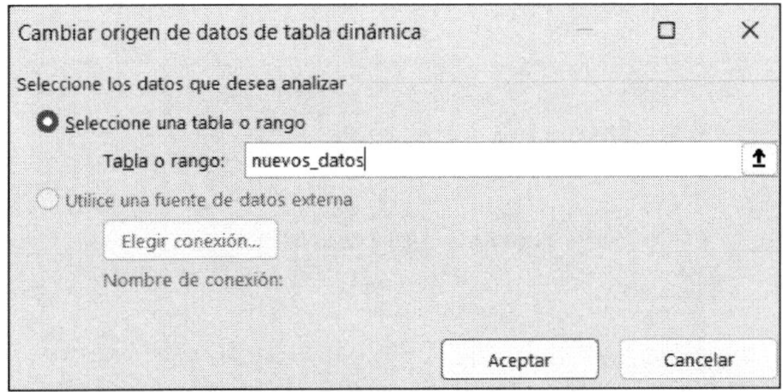

Se ha seleccionado la tabla **nuevos_datos**.

- Haga clic en **Aceptar** para validar los cambios.
- En el panel **Campos de tabla dinámica**, coloque los campos **Producto** y **Cliente** en la zona **Filas** y el campo **Importe** en la zona **Valores**.

  El resultado es el siguiente:

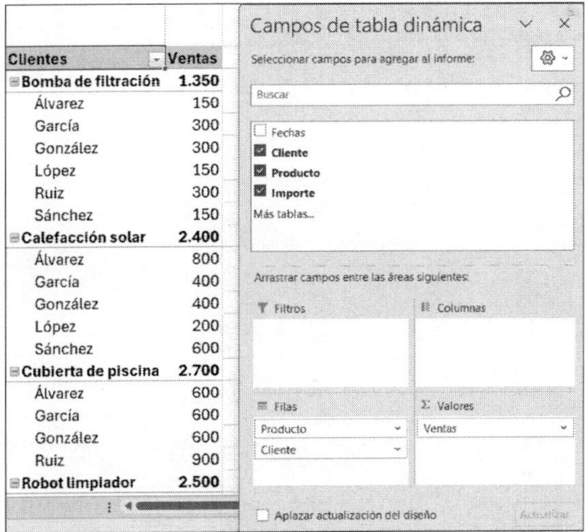

Clientes	Ventas
Bomba de filtración	**1.350**
Álvarez	150
García	300
González	300
López	150
Ruiz	300
Sánchez	150
Calefacción solar	**2.400**
Álvarez	800
García	400
González	400
López	200
Sánchez	600
Cubierta de piscina	**2.700**
Álvarez	600
García	600
González	600
Ruiz	900
Robot limpiador	**2.500**

G. Tablas dinámicas recomendadas

Una tabla dinámica recomendada es un formato predefinido que Excel propone basándose en los datos de la hoja de cálculo, lo que facilita la creación rápida de una tabla dinámica adecuada sin necesidad de una configuración manual detallada.

Ejemplo práctico

- En la hoja **piscinas**, seleccione una celda de la tabla **T_Ventas**.
- En la cinta de opciones, en la pestaña **Insertar**, haga clic en **Tablas dinámicas recomendadas**.

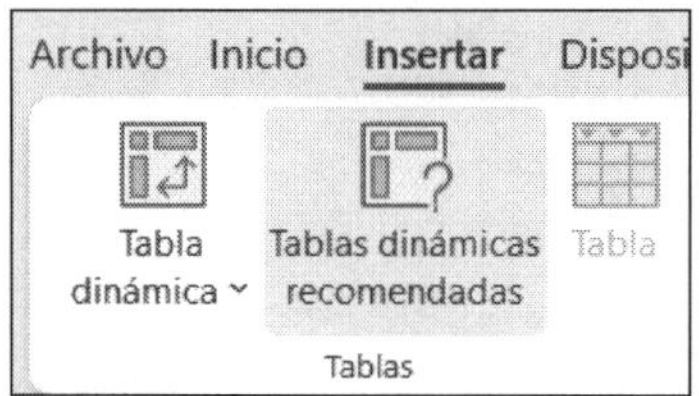

En la parte derecha de la pantalla, aparece el panel **Tablas dinámicas recomendadas**. Contiene una serie de sugerencias de tablas dinámicas generadas automáticamente.

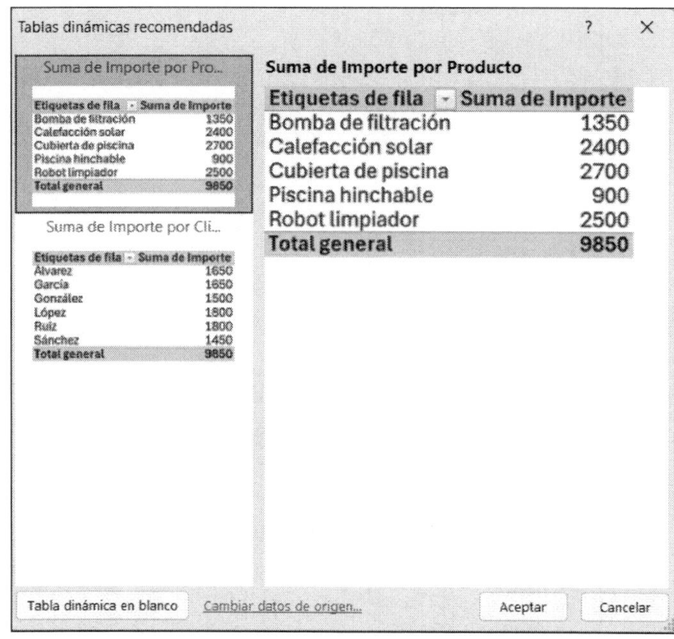

✎ Utilice las teclas de dirección para desplazarse por las opciones y seleccione la que considere más adecuada.

En la parte inferior de cada uno de los informes generados, puede elegir si desea insertar el informe elegido en una **Hoja Nueva** o en la **Hoja Existente**.

✎ Haga clic en **Hoja Nueva**.

A continuación, se crea una nueva hoja de cálculo. Contiene una tabla dinámica previamente seleccionada en el panel **Tablas dinámicas recomendadas**.

	A	B	C	D	E	F	G	H
1								
2								
3	**Suma de Importe**	**Etiquetas de columna**						
4	**Etiquetas de fila**	**Álvarez**	**García**	**González**	**López**	**Ruiz**	**Sánchez**	**Total general**
5	Bomba de filtración	150	300	300	150	300	150	1350
6	Calefacción solar	800	400	400	200		600	2400
7	Cubierta de piscina	600	600	600		900		2700
8	Piscina hinchable	100	100	200	200	100	200	900
9	Robot limpiador		250		1250	500	500	2500
10	**Total general**	**1650**	**1650**	**1500**	**1800**	**1800**	**1450**	**9850**

H. Conclusión

Con esto concluye nuestra introducción a las tablas dinámicas. En el próximo capítulo, veremos los métodos de ordenación y filtrado que ofrece esta herramienta.

Capítulo 3

Dar formato a las tablas dinámicas

A. Introducción

Una vez creada la tabla dinámica, es posible que deba modificarla para mejorar su presentación y aumentar su impacto.

Las TD ofrecen diversas opciones de diseño y estilo para optimizar la presentación de los datos.

Sin embargo, más allá de los aspectos técnicos, es crucial pensar en su público objetivo: ¿es su superior, un proveedor, un cliente, un empleado o un inversor? ¿Están familiarizados con este tipo de informes?

Adaptar el diseño de la tabla dinámica al público objetivo permite que los datos sean no solo más comprensibles, sino también más convincentes.

Una presentación bien formateada puede convertir cifras brutas en información clara y contundente, facilitando la toma de decisiones y la comunicación.

En esta sección, exploraremos las técnicas esenciales para personalizar sus TD, centrándonos en las mejores prácticas de formato y consejos para cautivar a su público.

Trabajaremos con datos de ventas de accesorios para piscinas.

	A	B	C	D
1	**Fechas**	**Cliente**	**Producto**	**Importe**
2	02/07/2025	García	Cubierta de piscina	300
3	30/11/2025	González	Cubierta de piscina	300
4	04/02/2025	Ruiz	Bomba de filtración	150
5	19/06/2025	Álvarez	Calefacción solar	200
6	04/12/2025	López	Bomba de filtración	150
7	28/02/2025	Sánchez	Calefacción solar	200
8	18/09/2025	García	Bomba de filtración	150
9	15/12/2025	González	Calefacción solar	200
10	13/01/2025	Ruiz	Cubierta de piscina	300
11	25/06/2025	Álvarez	Calefacción solar	200
12	06/07/2025	López	Robot limpiador	250
13	18/11/2025	Sánchez	Piscina hinchable	100
14	16/07/2025	García	Calefacción solar	200

Encontrará estos datos en el archivo **Ventas_Piscinas.xlsx** de la carpeta del Capítulo 3.

B. Diseño y personalización

Para ilustrar los diferentes diseños y personalizaciones, trabajaremos a partir de la pestaña **TD_ventas** del archivo **Ventas_Piscinas.xlsx**.

1. Diseños de informe

- Haga clic en cualquier celda de la tabla dinámica.
- Seleccione la pestaña contextual **Diseño** - grupo **Diseño**, haga clic en **Diseño de informe**.

  Existen tres diseños principales:

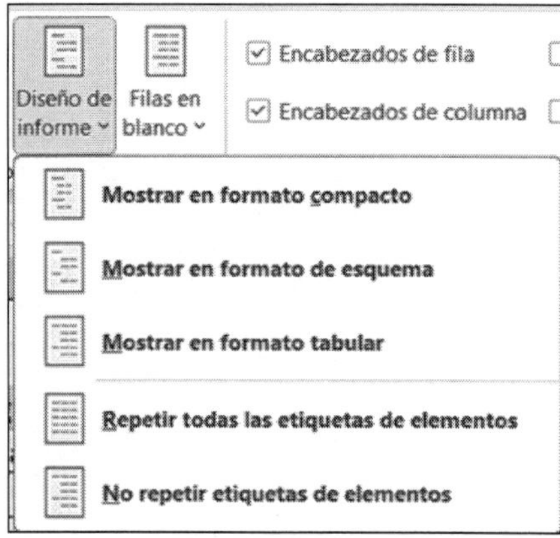

a. El formato compacto

De forma predeterminada, los datos se muestran en vista compacta, lo que permite una presentación más compacta.

Características

- **Agrupación jerárquica**: los elementos de varios campos se consolidan en una sola columna con un desplazamiento para cada nivel.
- **Ahorro de espacio**: el ancho de la tabla se reduce al combinar varios campos en una sola columna.
- **Facilidad de lectura**: la sangría de los niveles jerárquicos mejora la comprensión y la navegación.

Ventajas

- Mejora la facilidad de lectura de los datos jerárquicos.
- Reduce el ancho de la tabla.
- Facilita la comparación de datos.

Inconvenientes

- Menos intuitivo para quienes prefieren campos separados.
- Puede complicar ciertos análisis.

Ejemplo:

Etiquetas de fila	Suma de Importe
⊟ Bomba de filtración	**1350**
Álvarez	150
García	300
González	300
López	150
Ruiz	300
Sánchez	150
⊟ Calefacción solar	**2400**
Álvarez	800
García	400
González	400
López	200

b. El formato Esquema

El formato Esquema es una disposición que permite presentar los datos de forma estructurada y jerárquica.

Características

- **Presentación jerárquica**: los campos de fila se muestran como niveles jerárquicos separados, con cada nivel en una fila diferente.
- **Expansión**: los niveles pueden expandirse o contraerse para mostrar u ocultar detalles específicos.
- **Organización clara**: cada campo se presenta en su propia columna, lo que facilita la distinción entre los distintos niveles de datos.

Ventajas

- Facilita el análisis de los datos al presentar una jerarquía clara.
- Permite mostrar u ocultar fácilmente los detalles según sea necesario.
- Cada campo es distinto, lo que facilita la lectura y manipulación de los datos.

Inconvenientes

- Puede ocupar más espacio horizontal debido a las columnas adicionales.
- Menos compacto, lo que puede hacer que la vista general sea menos clara en pantallas pequeñas.

Para utilizar el formato Esquema, seleccione una celda de la tabla dinámica, vaya a la pestaña contextual **Diseño** - grupo **Diseño**, haga clic en **Diseño de informe - Mostrar en formato Esquema**.

El resultado es el siguiente:

Producto	Cliente	Suma de Importe
Bomba de filtración		**1350**
	Álvarez	150
	García	300
	González	300
	López	150
	Ruiz	300
	Sánchez	150
Calefacción solar		**2400**
	Álvarez	800
	García	400
	González	400
	López	200

c. El formato tabular

El formato tabular es una disposición que permite presentar los datos de forma lineal y organizada.

Características

- **Disposición en filas**: cada campo se muestra en una columna separada, horizontal y verticalmente.
- **Claridad**: los títulos de las columnas están claramente separados, lo que facilita la lectura y el análisis de los datos.

Ventajas

- Facilidad de lectura y comprensión gracias a la disposición lineal.
- Cada campo tiene su propia columna, lo que facilita la manipulación de los datos.
- Ideal para exportar datos a otros formatos o aplicaciones.

Incovenientes

- Puede ocupar más espacio horizontal en función del número de campos.
- Menos adecuado para estructuras de datos jerárquicas complejas.

Para utilizar el formato tabular, seleccione una celda de la tabla dinámica, vaya a la pestaña contextual **Diseño** - grupo **Diseño**, haga clic en **Diseño del informe: Mostrar en formato tabular**.

Producto	Cliente	Suma de Importe
Bomba de filtración	Álvarez	150
	García	300
	González	300
	López	150
	Ruiz	300
	Sánchez	150
Total Bomba de filtración		**1350**
Calefacción solar	Álvarez	800
	García	400
	González	400
	López	200
	Sánchez	600
Total Calefacción solar		**2400**

2. Subtotales y totales generales

Las opciones **Subtotales** y **Totales generales** permiten modular el nivel de agregación deseado, con el objetivo de ofrecer una visión clara y organizada según las necesidades del analista.

Con estas opciones, puede personalizar su tabla dinámica para resaltar los totales relevantes según el nivel de detalle que busque.

Además, estas opciones pueden activarse o desactivarse fácilmente, lo que ofrece la máxima flexibilidad.

a. Subtotales

Los subtotales se utilizan para agrupar y resumir datos a niveles intermedios.

- Haga clic en la tabla dinámica, luego vaya a la pestaña contextual **Diseño** - grupo **Diseño**, haga clic en **Subtotales**.

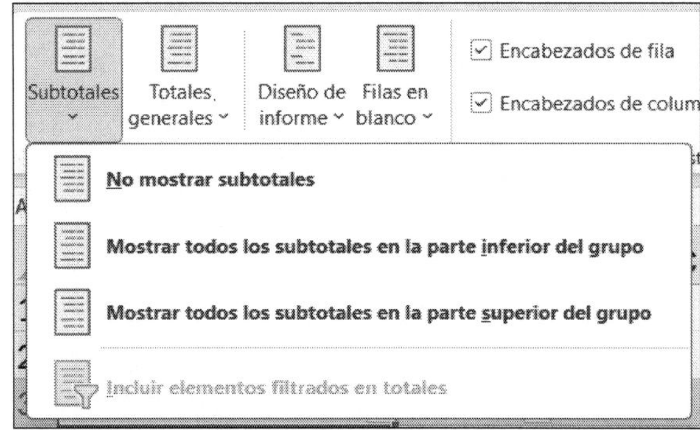

No mostrar los subtotales

- Seleccione la opción **No mostrar subtotales** si no desea visualizar totales intermedios y prefiere una vista más simplificada de los datos.

Etiquetas de fila	Suma de Importe
Bomba de filtración	**1350**
Álvarez	150
García	300
González	300
López	150
Ruiz	300
Sánchez	150
Calefacción solar	**2400**
Álvarez	800
García	400
González	400
López	200

Mostrar todos los subtotales en la parte inferior del grupo

✎ Seleccione **Mostrar todos los subtotales en la parte inferior del grupo** para mostrar los subtotales en la parte inferior de cada grupo de datos.

Etiquetas de fila	Suma de Importe
Bomba de filtración	
Álvarez	150
García	300
González	300
López	150
Ruiz	300
Sánchez	150
Total Bomba de filtración	**1350**
Calefacción solar	
Álvarez	800
García	400
González	400
López	200
Sánchez	600
Total Calefacción solar	**2400**

Mostrar todos los subtotales en la parte superior del grupo

✎ Seleccione **Mostrar todos los subtotales en la parte superior del grupo** para mostrar los subtotales en la parte superior de cada grupo de datos.

Etiquetas de fila	Suma de Importe
Bomba de filtración	**1350**
Álvarez	150
García	300
González	300
López	150
Ruiz	300
Sánchez	150
Calefacción solar	**2400**
Álvarez	800
García	400
González	400
López	200

b. Totales generales

Los totales generales resumen todos los datos de la tabla dinámica en filas y columnas.

✎ Haga clic en el TD y, a continuación, vaya a la pestaña contextual **Diseño**, haga clic en **Totales generales**.

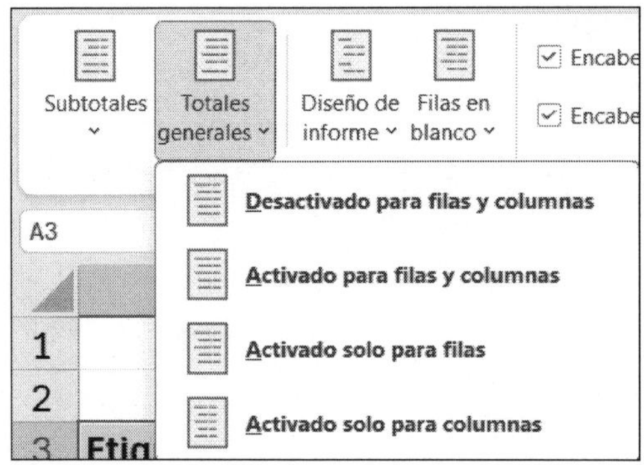

Elija:

Desactivado para filas y columnas: para borrar todos los totales generales de filas y columnas.

Activado para filas y columnas: para mostrar los totales generales en la parte inferior de las columnas y al final de las filas.

Activado solo para filas: para mostrar los totales generales solo al final de las filas.

Activado solo para columnas: para mostrar los totales generales solo en la parte inferior de las columnas.

Para este ejemplo, vamos a mostrar los totales de las filas y columnas (valor por defecto).

3. Gestionar las líneas en blanco

La gestión de filas vacías en tablas dinámicas mejora la presentación de los datos.

✎ Haga clic en el TD y, a continuación, en la pestaña contextual **Diseño** - grupo **Diseño**, haga clic en **Filas en blanco**.

Estas son las opciones disponibles en el menú **Filas en blanco**:

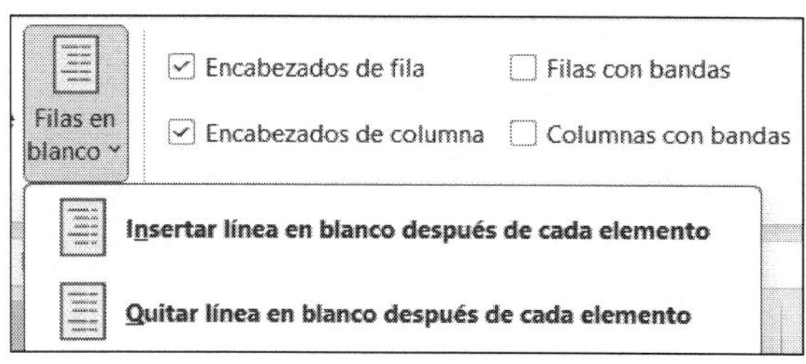

- Elija una opción:

  Insertar línea en blanco después de cada elemento: para añadir una línea en blanco después de cada elemento de la tabla dinámica para espaciar los grupos de datos.

  Quitar línea en blanco después de cada elemento: para quitar una línea en blanco después de cada elemento para una presentación más compacta de los datos.

4. Otras opciones de formato

En la pestaña contextual **Diseño**, hay otras opciones disponibles para mejorar la legibilidad.

- Para mostrar u ocultar los encabezados de fila en la tabla dinámica, haga clic en ellas y, a continuación, en la pestaña contextual **Diseño** - grupo **Opciones de estilo de tabla dinámica**, marque o desmarque la opción **Encabezados de columna**.
- Para mostrar las líneas de color alternadas para una mejor legibilidad, haga clic en el TD y, a continuación, en la pestaña contextual **Diseño** - grupo **Opciones de estilo de tabla dinámica**, marque **Filas con bandas**.

Suma de Importe	Etiquetas de columna				
Etiquetas de fila	Bomba de filtración	Calefacción solar	Cubierta de piscina	Piscina hinchable	Robot limpiador
Álvarez	150	800	600	100	
García	300	400	600	100	250
González	300	400	600	200	
López	150	200		200	1250
Ruiz	300		900	100	500
Sánchez	150	600		200	500

- Puede hacer lo mismo para las columnas con las opciones:

  Encabezados de columna: para mostrar u ocultar los encabezados de columna.

  Columnas con bandas: para mostrar las columnas en bandas alternas para una mejor legibilidad.

Ejemplo de columnas con bandas:

Suma de Importe	Etiquetas de columna				
Etiquetas de fila	Bomba de filtración	Calefacción solar	Cubierta de piscina	Piscina hinchable	Robot limpiador
Álvarez	150	800	600	100	
García	300	400	600	100	250
González	300	400	600	200	
López	150	200		200	1250
Ruiz	300		900	100	500
Sánchez	150	600		200	500

5. Opciones de estilo

Cuando crea una tabla dinámica, simplemente aparece en blanco y negro.

Las opciones de estilo permiten personalizar el aspecto de una tabla dinámica.

Numerosos estilos incorporados permiten añadir colores, bordes y otras funciones de formato a la tabla dinámica.

Para cambiar el estilo de la tabla dinámica, proceda del siguiente modo:

- Haga clic en la tabla dinámica y, a continuación, en la pestaña contextual **Diseño**.
- En el grupo **Estilos de tabla dinámica**, abra la galería **Estilos rápidos**.
- Seleccione el estilo que le guste pulsando sobre él.

  Tenga en cuenta que cuando el cursor pasa por encima de los estilos de la galería, se previsualizan en la tabla dinámica actual.

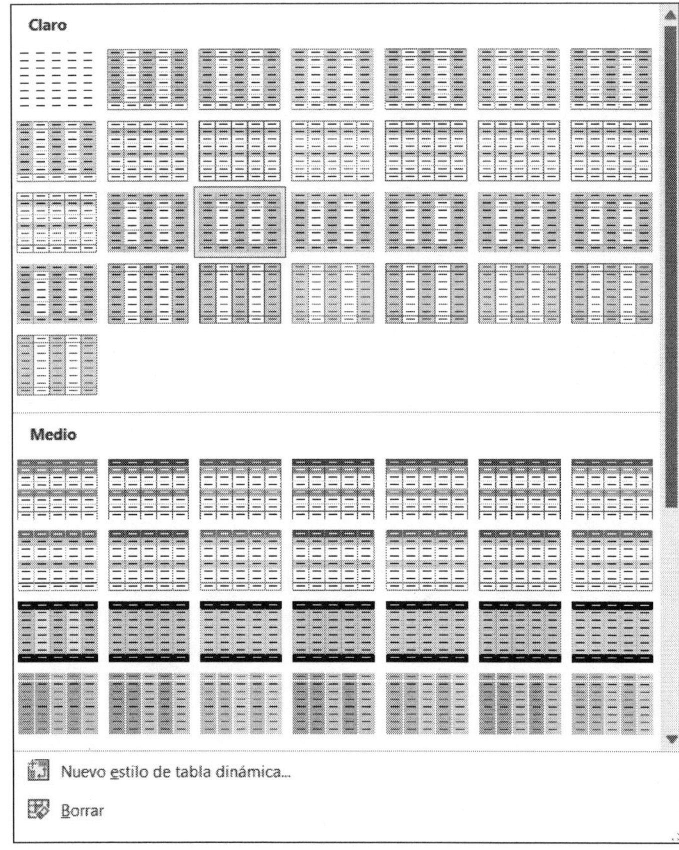

Cuidado con la sobrecarga visual

Cuando aplique un estilo a la tabla dinámica, procure no sobrecargarla con excesivos elementos decorativos. La proporción datos-tinta («data-ink ratio») es un principio clave de la visualización de datos, que recomienda maximizar la tinta utilizada para los datos reales y minimizar la empleada para elementos no esenciales.

Una tabla dinámica sobrecargada puede dificultar la lectura y comprensión de la información. Elija estilos sencillos y claros que resalten los datos sin oscurecerlos con elementos superfluos.

C. El formato condicional en tablas dinámicas

Es posible resaltar determinados valores en una tabla dinámica cuando se cumple una condición específica. Por ejemplo, es posible que desee que todos los números mayores o iguales a 500 aparezcan en verde y los menores de 500 en rojo.

1. Resaltar los valores más altos o por debajo de un valor específico

- Seleccione la columna **Suma de Importe**.
- Vaya a la pestaña **Inicio** de la cinta de opciones - grupo **Estilos**.
- Haga clic en **Formato condicional**.

Se muestran las opciones de formato condicional:

- Seleccione **Reglas para resaltar celdas** y, a continuación, seleccione **Es menor que**.
- En el cuadro de diálogo **Es menor que**, introduzca el valor **500** en el campo de la izquierda.

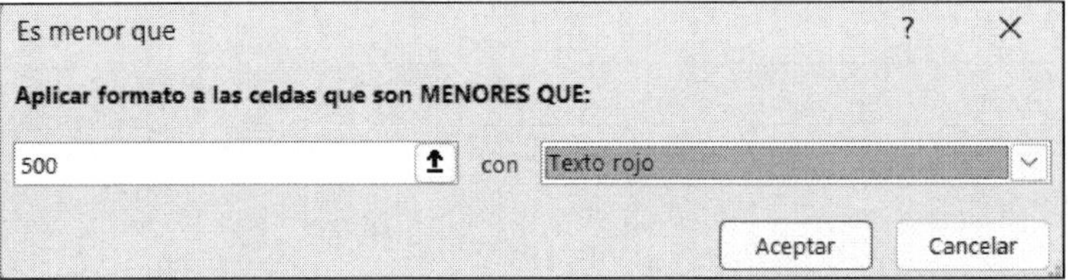

- En el menú desplegable de la derecha, elija el formato de formato deseado, por ejemplo, **Texto rojo**.
- Haga clic en **Aceptar**.

Las celdas que cumplen con la condición aparecen ahora en rojo, para que pueda ver fácilmente los valores inferiores a 500. Es posible aplicar tantos formatos condicionales como se requiera para personalizar aún más la tabla dinámica.

Etiquetas de fila	Suma de Importe
Bomba de filtración	**1350**
Álvarez	150
García	300
González	300
López	150
Ruiz	300
Sánchez	150
Calefacción solar	**2400**
Álvarez	800
García	400
González	400
López	200

2. Destacar los valores superiores al promedio

En la hoja **sup_media** tenemos la siguiente TD:

Etiquetas de fila	Ventas
Álvarez	1650
García	1650
González	1500
López	1800
Ruiz	1800
Sánchez	1450
Total general	**9850**

El objetivo es destacar los valores superiores a la media.

✎ Seleccione la columna Ventas, en la pestaña **Inicio** - grupo **Estilos**, haga clic en **Formato condicional - Reglas para resaltar celdas – Más reglas**.

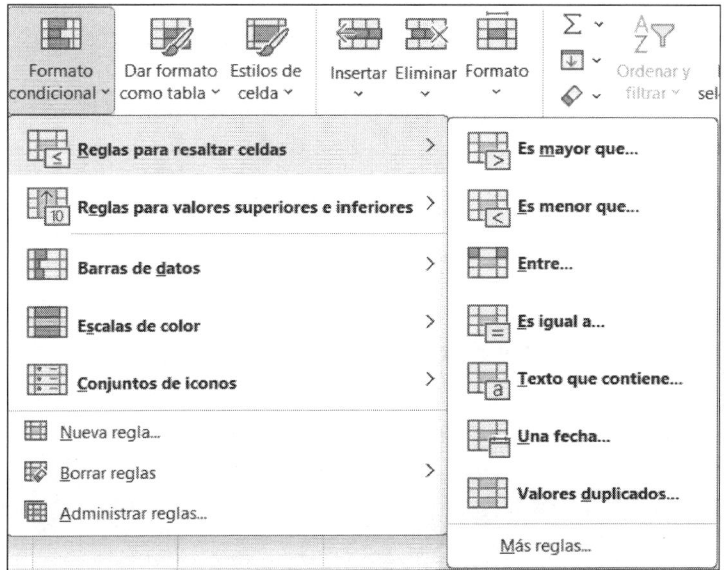

Aparece en pantalla el cuadro de diálogo **Nueva regla de formato**.

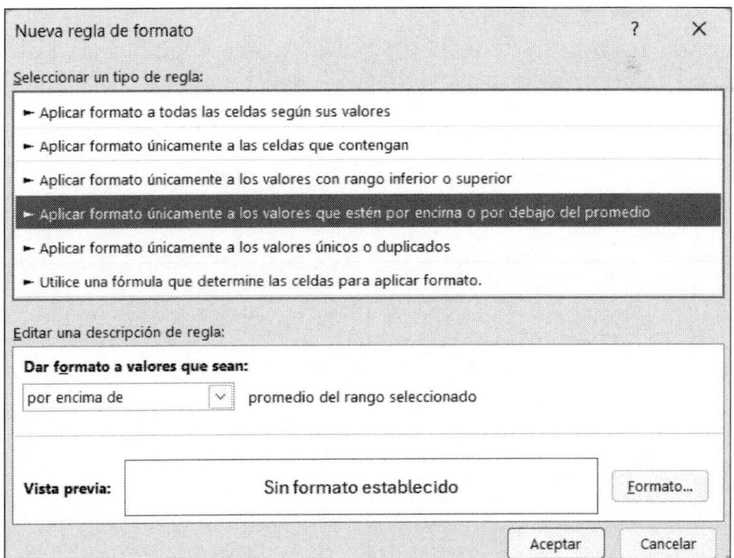

- En la zona **Seleccionar un tipo de regla**, elija **Aplicar formato únicamente a los valores que estén por encima o por debajo del promedio**.
- En la zona **Editar una descripción de regla**, haga clic en el botón **Formato**.
- Por ejemplo, seleccione un color de relleno azul, confirme con **Aceptar** y, a continuación, **Aceptar** para cerrar el cuadro de diálogo **Nueva regla de formato**.

  El resultado es el siguiente:

Etiquetas de fila	Ventas
Álvarez	1650
García	1650
González	1500
López	1800
Ruiz	1800
Sánchez	1450
Total general	**9850**

3. Aplicar escalas de color

La escala de colores es una técnica habitual para resaltar las variaciones en los datos.

- Seleccione la columna **Ventas** excepto la fila del total.
- Vaya a la pestaña **Inicio** - grupo **Estilos**.
- Haga clic en **Formato condicional** en el grupo **Estilos**.
- Seleccione **Escalas de color**.
- Elija la opción de escala de color adecuada. Las opciones más comunes incluyen degradados de verde a rojo, de amarillo a rojo o de azul a rojo.

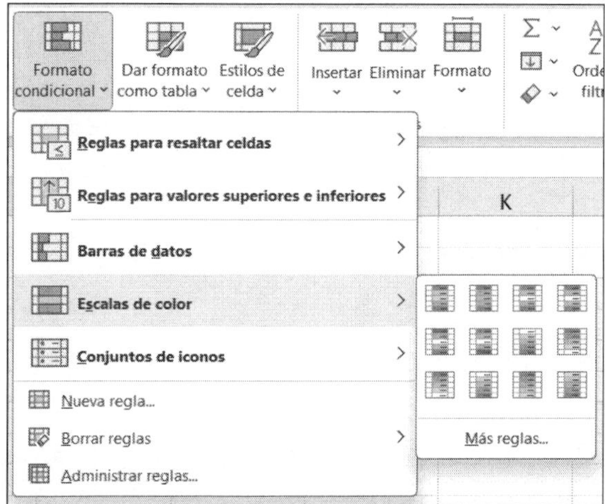

Seleccione, por ejemplo, la opción **Escala de colores rojo y blanco**.

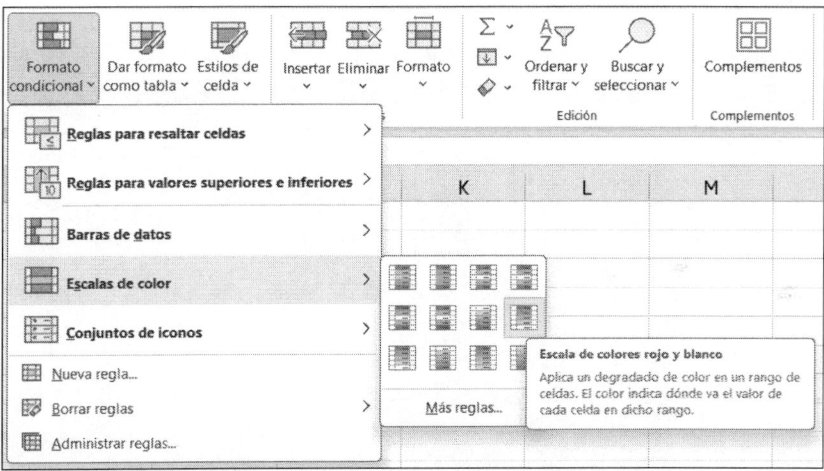

El resultado es el siguiente:

Etiquetas de fila	Ventas
Álvarez	1650
García	1650
González	1500
López	1800
Ruiz	1800
Sánchez	1450
Total general	**9850**

4. Visualizar barras de datos

Las barras de datos facilitan la comparación de valores en una TD. Cuanto mayor sea el valor, más larga será la barra, para que pueda detectar rápidamente cualquier desviación o tendencia significativa.

Para ilustrar este tipo de formato condicional, vamos a utilizar la TD disponible en la hoja **Barra de datos**.

Etiquetas de fila	Ventas	Barra
Bomba de filtración	1350	1350
Calefacción solar	2400	2400
Cubierta de piscina	2700	2700
Piscina hinchable	900	900
Robot limpiador	2500	2500
Total general	**9850**	**9850**

Comience seleccionando las celdas que contienen los datos que desea analizar en la TD. Las barras de datos suelen aplicarse a los campos numéricos para volver a presentar visualmente el valor de cada celda en relación con las demás.

- En la tabla dinámica, seleccione la columna **Barra**, excluyendo la fila del total general.
- Vaya a la pestaña **Inicio** y haga clic en **Formato condicional** en el grupo **Estilos**.
- Seleccione **Barras de datos** y elija el estilo de barra que prefiera (degradado o sólido).

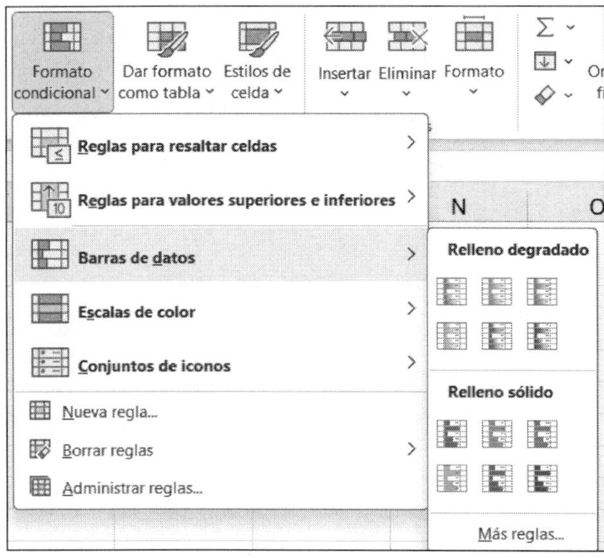

El resultado es el siguiente:

Etiquetas de fila	Ventas	Barra
Bomba de filtración	1350	1350
Calefacción solar	2400	2400
Cubierta de piscina	2700	2700
Piscina hinchable	900	900
Robot limpiador	2500	2500
Total general	**9850**	**9850**

Este resultado puede optimizarse si la columna de barras muestra únicamente las barras, sin incluir los valores numéricos.

Una vez aplicada, puede personalizar el aspecto de las barras de datos:

- En la cinta de opciones, en la pestaña **Inicio** - grupo **Estilos**, haga clic en **Formato condicional - Barras de datos - Otras reglas.**

  Aparece en pantalla el cuadro de diálogo **Nueva regla de formato.**

- En el área **Editar una descripción de regla**, marque la casilla **Mostrar solo la barra.**

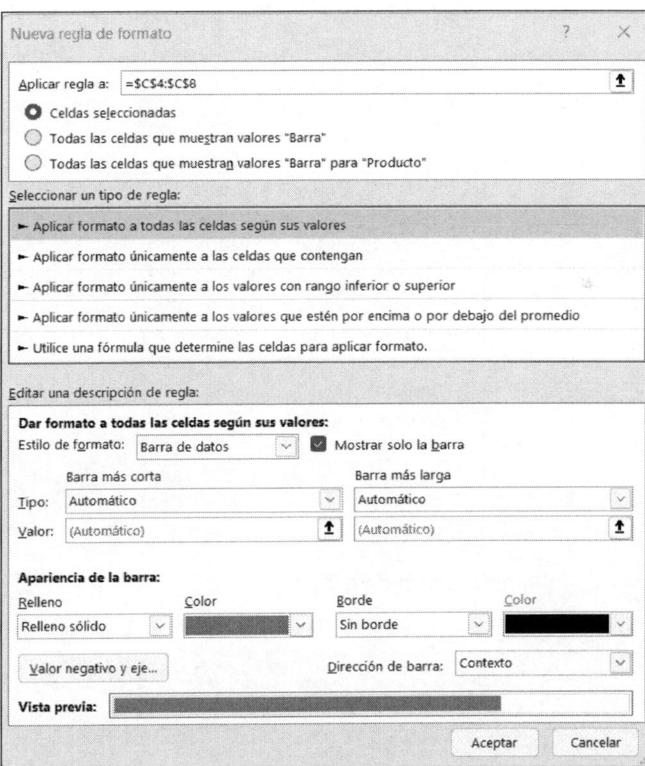

El resultado es el siguiente:

Etiquetas de fila	Ventas	Barra
Bomba de filtración	1350	
Calefacción solar	2400	
Cubierta de piscina	2700	
Piscina hinchable	900	
Robot limpiador	2500	
Total general	**9850**	**9850**

5. Excluir los subtotales del formato condicional

En una TD con subtotales, a menudo es necesario excluirlos del formato condicional para facilitar su lectura.

La siguiente TD muestra las ventas de diferentes productos por diferentes vendedores. Cada categoría de producto tiene un **subtotal** que indica las ventas totales generadas para ese producto.

Etiquetas de fila	Ventas	Barra
Bomba de filtración	**1350**	**1350**
Álvarez	150	150
García	300	300
González	300	300
López	150	150
Ruiz	300	300
Sánchez	150	150
Calefacción solar	**2400**	**2400**
Álvarez	800	800
García	400	400
González	400	400
López	200	200
Sánchez	600	600
Cubierta de piscina	**2700**	**2700**
Álvarez	600	600
García	600	600
González	600	600
Ruiz	900	900

Encontrará esta TD en la hoja **Barra de datos**.

- Seleccione uno de los valores de la columna **Barra** para el producto **Calefacción solar**.
- Vaya a la pestaña **Inicio** y, en el grupo **Estilos**, seleccione **Formato condicional**.

- A continuación, elija el tipo de formato que se adapte a sus necesidades. En este ejemplo, elija **Barras de datos** para ver los importes de Ventas en forma comparativa.

  Una vez aplicado el formato condicional a una celda, aparece un icono de **Opciones de formato** junto a la celda.

Etiquetas de fila	Ventas	Barra
Bomba de filtración	**1350**	**1350**
Álvarez	150	150
García	300	300
González	300	300
López	150	150
Ruiz	300	300
Sánchez	150	150
Calefacción solar	**2400**	**2400**
Álvarez	800	800
García	400	400
González	400	400
López	200	200
Sánchez	600	600
Cubierta de piscina	**2700**	**2700**

Opciones de formato

- Haga clic en el icono **Opciones de formato**, Excel le ofrecerá opciones adicionales.
- Seleccione **Aplicar regla de formato a Todas las celdas que muestran valores "Barra"** para aplicar formato a todos los valores de la columna, incluidos los subtotales.

Etiquetas de fila	Ventas	Barra
Bomba de filtración	**1350**	**1350**
Álvarez	150	150
García	300	300
González	300	300
López	150	150
Ruiz	300	300
Sánchez	150	150
Calefacción solar	**2400**	**2400**
Álvarez	800	800
García	400	400
González	400	400
López	200	200
Sánchez	600	600
Cubierta de piscina	**2700**	**2700**

Se ha aplicado formato condicional a los totales y subtotales:

Etiquetas de fila	Ventas	Barra
Bomba de filtración	**1350**	**1350**
Álvarez	150	150
García	300	300
González	300	300
López	150	150
Ruiz	300	300
Sánchez	150	150
Calefacción solar	**2400**	**2400**
Álvarez	800	800
García	400	400
González	400	400
López	200	200
Sánchez	600	600
Cubierta de piscina	**2700**	**2700**

- Una vez que haya aplicado el formato condicional a todas las celdas de la columna, vuelva a hacer clic en el icono **Opciones de formato**.
- Elija la opción **Todas las celdas que muestran valores "Barra" para "Cliente"**.

Etiquetas de fila	Ventas	Barra
Bomba de filtración	**1350**	**1350**
Álvarez	150	150
García	300	300
González	300	300
López	150	150
Ruiz	300	300
Sánchez	150	150
Calefacción solar	**2400**	**2400**
Álvarez	800	800
García	400	400
González	400	400
López	200	200
Sánchez	600	600
Cubierta de piscina	**2700**	**2700**
Álvarez	600	600

Esto limita la aplicación del formato a las filas que representan las cifras del vendedor, excluyendo los subtotales.

Etiquetas de fila	Ventas	Barra
Bomba de filtración	**1350**	**1350**
Álvarez	150	150
García	300	300
González	300	300
López	150	150
Ruiz	300	300
Sánchez	150	150
Calefacción solar	**2400**	**2400**
Álvarez	800	800
García	400	400
González	400	400
López	200	200
Sánchez	600	600
Cubierta de piscina	**2700**	**2700**

6. Modificación del formato condicional

Si desea ajustar las reglas de formato, vuelva a la pestaña **Inicio** - grupo **Estilos**, haga clic en **Formato condicional** - **Barras de datos** y, a continuación, seleccione **Más reglas**.

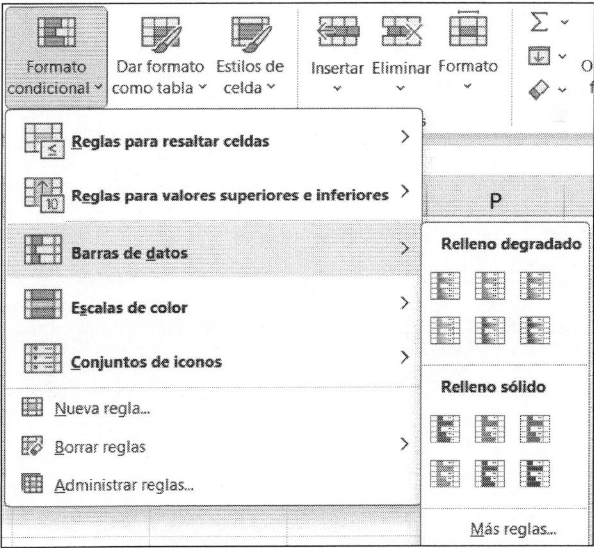

Aparece en pantalla el cuadro de diálogo **Nueva regla de formato**.

A continuación, puede modificar o eliminar una regla existente o ajustar los parámetros

- Para ocultar las cifras de forma que solo se muestren las barras de datos, en el área **Aplicar regla a**, seleccione la opción **Todas las celdas que muestran valores "Barra" para "Producto"** y, en el área **Editar una descripción de regla**, marque la casilla **Mostrar solo la barra**.

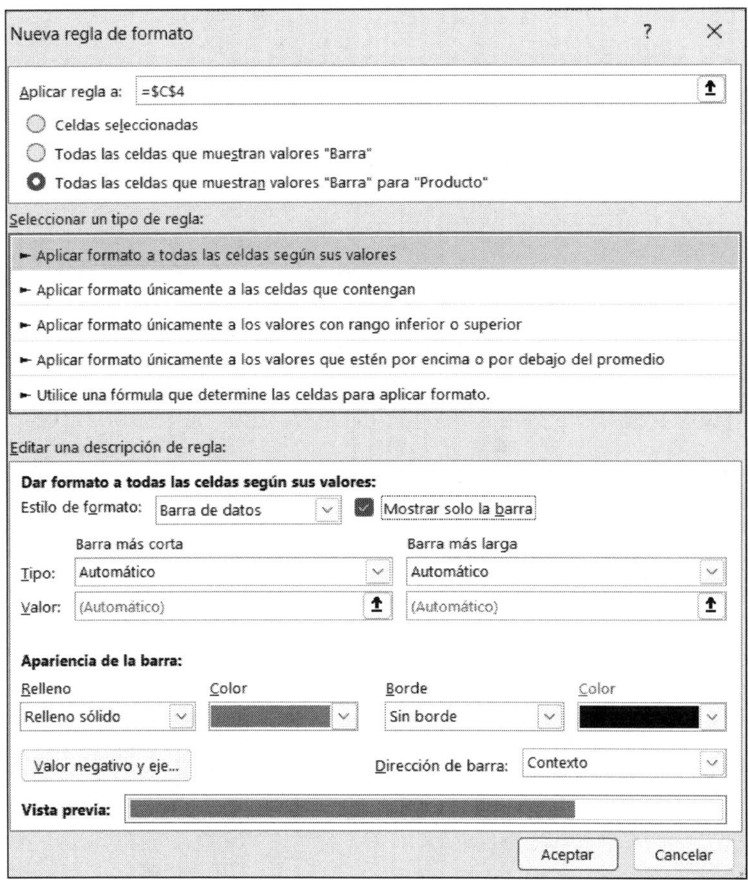

D. Caso práctico: creación de un mapa de calor

Un mapa de color (*heat map*) es una herramienta de visualización de datos que utiliza colores ara representar valores.

En Excel, los mapas de calor se crean aplicando un formato condicional que colorea las celdas en función de sus valores.

Por ejemplo, los colores cálidos (como el rojo) pueden representar valores altos, mientras que los colores fríos (como el azul) pueden representar valores bajos.

Esta visualización facilita la detección de tendencias, anomalías y variaciones en grandes conjuntos de datos.

1. Anécdotas y orígenes

El primer mapa de calor se remonta probablemente a 1854, cuando el médico británico John Snow utilizó una forma rudimentaria de esta técnica para rastrear el origen de una epidemia de cólera en Londres.

Al trazar los casos de cólera en un mapa, descubrió que la epidemia estaba relacionada con una bomba de agua contaminada de Broad Street.

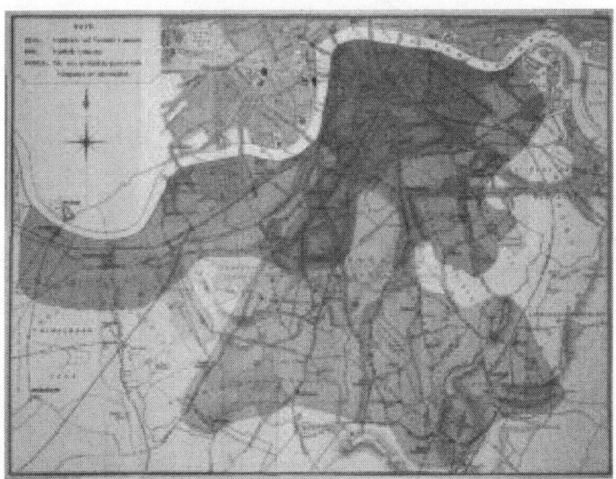

Suministro de agua de las empresas Southwark así que Vauxhall and Lambeth, Londres, 1855

Este mapa muestra los distritos abastecidos por dos compañías de agua diferentes. Las personas que bebieron agua de la Southwark and Vauxhall Company (en azul) enfermaron de cólera, mientras que las que bebieron agua de la Lambeth Company (en rosa) no lo hicieron.

Hoy en día, los mapas de calor se utilizan en una amplia variedad de campos:

- **análisis web**: para analizar el comportamiento de los usuarios en las páginas web;
- **análisis financiero**: para ver el rendimiento de las acciones;
- **ciencia e investigación**: para representar datos experimentales en biología y química;
- **geografía y meteorología**: para ver datos geográficos como temperaturas y precipitaciones.

2. Creación y uso de un mapa de calor en Excel

Los mapas de calor son herramientas visuales que representan los datos de forma intuitiva. Utilizando escalas de color, muestran variaciones en los datos y permiten identificar rápidamente tendencias y anomalías. Se creará un mapa de calor en una tabla dinámica con datos diarios de temperatura de varias ciudades españolas.

Para crear los mapas de calor, utilizaremos lecturas ficticias de la temperatura diaria de tres ciudades: Madrid, Barcelona y Sevilla a lo largo del año 2024.

Los datos se encuentran en el archivo **Temperaturas.xlsx**.

	A	B	C
1	**Fecha**	**Ciudad**	**Temperatura**
2	01/01/2024	Madrid	9
3	01/01/2024	Barcelona	0
4	01/01/2024	Sevilla	1
5	02/01/2024	Madrid	-3
6	02/01/2024	Barcelona	8
7	02/01/2024	Sevilla	7
8	03/01/2024	Madrid	8
9	03/01/2024	Barcelona	8
10	03/01/2024	Sevilla	7
11	04/01/2024	Madrid	8
12	04/01/2024	Barcelona	3
13	04/01/2024	Sevilla	15
14	05/01/2024	Madrid	-2
15	05/01/2024	Barcelona	-4

a. Creación de la tabla dinámica

- Seleccione los datos y vaya a la pestaña **Insertar** - grupo **Tablas** y haga clic en **Tabla dinámica**.
- Inserte la TD en una nueva hoja de cálculo.
- Añadir el campo **Ciudad** al área **Filas**.

- Añada el campo **Fecha** al área **Columnas**; por defecto, los datos se agrupan por **Mes**.
- Añada el campo **Temperatura** al área **Valores**.

b. Modificación de la agregación

Por defecto, la agregación usada para las temperaturas es la suma de.

- Seleccione una celda de la columna de temperatura, haga clic con el botón derecho y seleccione **Configuración de campo de valor**.
- En el campo **Resumir campo de valor por**, seleccione **Promedio**.

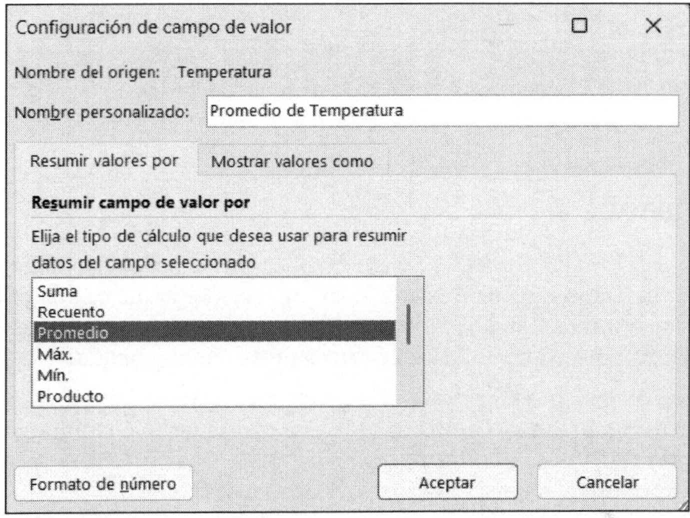

- Haga clic en el botón **Formato de número** y, a continuación, en la categoría **Número**, establezca 0 en **Posiciones decimales**.
- Haga clic en **Aceptar**.

Obtendrá el siguiente resultado:

Promedio de Temperatura	Etiquetas de columna												
	ene	feb	mar	abr	may	jun	jul	ago	sep	oct	nov	dic	Total general
Etiquetas de fila													
Barcelona	1	0	11	11	10	22	25	25	10	9	11	1	11
Madrid	2	2	12	12	10	25	24	26	13	12	12	2	13
Sevilla	7	6	17	19	19	27	29	27	18	18	18	7	18
Total general	**3**	**3**	**13**	**14**	**13**	**25**	**26**	**26**	**14**	**13**	**13**	**3**	**14**

c. Aplicación del mapa de calor

- Seleccione las celdas de temperatura en la TD.
- Vaya a **Inicio** - grupo **Estilos**, haga clic en **Formato condicional - Escalas de color**.
- Elija **Escala de colores** (por ejemplo, de blanco para valores bajos a rojo para valores altos).

El resultado es el siguiente:

Promedio de Temperatura	Etiquetas de columna												
	ene	feb	mar	abr	may	jun	jul	ago	sep	oct	nov	dic	Total general
Etiquetas de fila													
Barcelona	1	0	11	11	10	22	25	25	10	9	11	1	11
Madrid	2	2	12	12	10	25	24	26	13	12	12	2	13
Sevilla	7	6	17	19	19	27	29	27	18	18	18	7	18
Total general	**3**	**3**	**13**	**14**	**13**	**25**	**26**	**26**	**14**	**13**	**13**	**3**	**14**

E. Conclusión

Dar formato a las tablas dinámicas hace que sus datos sean más claros y atractivos. Utilizando las herramientas de formato disponibles, puede mejorar significativamente la legibilidad y la interpretación de sus tablas. Los estilos, los formatos de celda y los diseños ayudan a presentar los datos de forma profesional y pulida.

Es importante tener en cuenta que el aspecto de las tablas dinámicas puede influir mucho en la comprensión de la información que contienen. Al explorar y practicar diferentes opciones de formato, podrá adaptar sus tablas a las necesidades específicas de su audiencia, facilitando el análisis y la toma de decisiones.

En este capítulo, hemos explorado el formato condicional en las tablas dinámicas, una forma eficaz de resaltar sus datos y enriquecer la calidad de sus informes. En el próximo capítulo veremos la ordenación y el filtrado, herramientas esenciales para organizar y refinar la información de las tablas dinámicas.

Capítulo 4

Ordenar y filtrar datos en tablas dinámicas

A. Introducción

Ordenar y filtrar los datos son funcionalidades esenciales para analizar eficazmente la información. Estas permiten clasificar, estructurar y extraer información relevante a partir de grandes volúmenes de datos.

En este capítulo, aprenderemos a ordenar los datos de las tablas dinámicas utilizando diferentes métodos de ordenación para facilitar la exploración y el análisis de la información.

Veremos cómo utilizar los campos del área de filtro, así como las funciones de filtrado de los campos listados en las áreas de **Filas** y **Columnas**, para aislar los datos relevantes.

Descubriremos cómo agrupar los elementos de fila y de columna, una técnica útil para profundizar en el análisis de datos y obtener una visión global más clara. Los agrupamientos permiten simplificar la visualización y comprensión de grandes tablas, haciéndolas más compactas.

Para ilustrar estos conceptos, trabajaremos con datos de ventas de 2024 y 2025 de una cadena de librerías compuesta por dos establecimientos: Norte y Sur.

	A	B	C	D	E
1	Fecha de compra	Librería	Categoría	Título	Importe
2	11/01/2024	Norte	Novela policíaca	El último testigo	15,00
3	11/01/2024	Sur	Novela policíaca	El último testigo	15,00
4	11/01/2024	Norte	Novela policíaca	El último testigo	15,00
5	11/01/2024	Norte	Novela policíaca	El último testigo	15,00
6	11/01/2024	Norte	Novela policíaca	El último testigo	15,00
7	11/01/2024	Norte	Novela policíaca	El último testigo	15,00
8	11/01/2024	Sur	Novela policíaca	El último testigo	15,00
9	11/01/2024	Norte	Novela policíaca	El último testigo	15,00
10	11/01/2024	Sur	Novela policíaca	El último testigo	15,00

Podrá acceder a estos datos en el archivo **Ventas_Libreria_ordenar.xlsx**.

B. Ordenar los datos

La función de ordenación en las tablas dinámicas permite organizar los datos según criterios específicos, lo que facilita el análisis. Ofrece opciones de orden ascendente o descendente a partir de los encabezados de columna, lo que permite identificar rápidamente los valores más significativos.

Esta funcionalidad puede personalizarse para adaptarse a las necesidades del usuario.

1. Realizar una ordenación ascendente

En la hoja **Ordenar** se encuentra la tabla dinámica **Ordenar por orden alfabético / ascendente / descendente**.

Ordenar por orden alfabético / ascendente / descendente

Etiquetas de fila	Suma de Importe
Ciencia Ficción	28.268
Cómics	23.722
Economía	627
Historia	62.999
Novela	59.328
Novela policíaca	48.960
Sociología	126
Total general	**224.029**

✎ Renombre la primera columna como **Categoría** y la segunda como **Ventas**.

Se realizará una ordenación alfabética de las categorías.

✎ Haga clic en el menú desplegable de la columna **Categorías** y luego en **Ordenar de A a Z**.

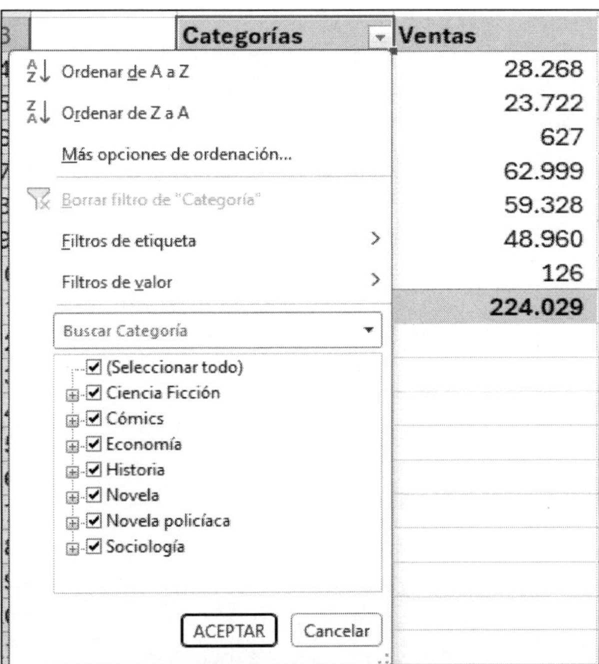

Las diferentes categorías están ordenadas alfabéticamente:

Categorías	Ventas
Ciencia Ficción	28.268
Cómics	23.722
Economía	627
Historia	62.999
Novela	59.328
Novela policíaca	48.960
Sociología	126
Total general	**224.029**

Para realizar una clasificación numérica en orden ascendente de las ventas:

- Seleccione un importe cualquiera de la columna **Ventas** entre B4 y B10. Haga clic en el botón derecho y seleccione **Ordenar de menor a mayor.**

  Ahora la tabla dinámica está clasificada en orden ascendente de Ventas.

Categorías	Ventas
Sociología	126
Economía	627
Cómics	23.722
Ciencia Ficción	28.268
Novela policíaca	48.960
Novela	59.328
Historia	62.999
Total general	**224.029**

2. Realizar una ordenación descendente

Para realizar una ordenación alfabética descendente:

- Haga clic en el menú desplegable de la columna **Categoría** y, a continuación, en **Ordenar de Z a A.**

  Las categorías están ordenadas por orden alfabético descendente.

Para realizar una ordenación numérica en orden descendente de ventas:

- Seleccione los importes de la columna **Ventas**, excepto el **Total general**. En la pestaña **Inicio** - grupo **Edición**, haga clic en **Ordenar y filtrar** y **seleccione Ordenar de mayor a menor.**

3. Ordenar columnas

Supongamos que se desea ordenar las categorías de la tabla dinámica en función del volumen de negocio total, de menor a mayor.

En la hoja **Ordenar** se encuentra la tabla dinámica **Ordenar por columna.**

Esta tabla dinámica está estructurada con las categorías en columnas y las librerías en filas.

Suma de Importe	Etiquetas de columna							
Etiquetas de fila	Ciencia Ficción	Cómics	Economía	Historia	Novela	Novela policíaca	Sociología	Total general
Norte	18.853	15.838	399	41.945	39.521	32.675	84	149.315
Sur	9.414	7.884	228	21.054	19.807	16.285	42	74.714
Total general	28.268	23.722	627	62.999	59.328	48.960	126	224.029

- Seleccione un importe cualquiera de la fila **Total general** de la tabla dinámica entre **E7** y K7.

✎ Haga clic en el botón derecho y seleccione **Ordenar - Ordenar de menor a mayor**.

Las columnas se han ordenado de manera ascendente de ventas totales para cada categoría.

Suma de Importe	Etiquetas de columna							
Etiquetas de fila	Sociología	Economía	Cómics	Ciencia Ficción	Novela policíaca	Novela	Historia	Total general
Norte	84	399	15.838	18.853	32.675	39.521	41.945	149.315
Sur	42	228	7.884	9.414	16.285	19.807	21.054	74.714
Total general	**126**	**627**	**23.722**	**28.268**	**48.960**	**59.328**	**62.999**	**224.029**

C. Desplazamiento de filas o columnas en la TD

1. Primer método

Para organizar una tabla dinámica en un orden personalizado, en lugar de clasificarla únicamente en orden ascendente o descendente, puede reorganizar los elementos de las filas y columnas según sus necesidades específicas.

Puede arrastrar los elementos de fila hacia arriba o hacia abajo, y los elementos de columna hacia la izquierda o hacia la derecha.

En la hoja **Ordenar** se encuentra la tabla dinámica **Ordenar manualmente**.

Ordenar manualmente	
Categorías	**Ventas**
Ciencia Ficción	28.268
Cómics	23.722
Economía	627
Historia	62.999
Novela	59.328
Novela policíaca	48.960
Sociología	126
Total general	**224.029**

✎ Seleccione el elemento que desea desplazar, por ejemplo, **Cómics**.

- Coloque el puntero del ratón en una de las esquinas de la celda seleccionada hasta que adopte la forma de una flecha de cuatro puntas.

Categorías	Ventas
Ciencia Ficción	28.268
Cómics	23.722
Economía	627
Historia	62.999
Novela	59.328
Novela policíaca	48.960
Sociología	126
Total general	224.029

- Una vez transformado el puntero, haga clic y arrástrelo hasta la nueva posición deseada, por ejemplo, la última posición.

Categorías	Ventas
Ciencia Ficción	28.268
Economía	627
Historia	62.999
Novela	59.328
Novela policíaca	48.960
Sociología	126
Cómics	23.722
Total general	224.029

Este método proporciona una gran flexibilidad para organizar los datos según las necesidades de análisis.

2. Segundo método

Al crear una tabla dinámica, Excel ordena los elementos por defecto en orden alfabético o numérico ascendente.

Sin embargo, puede ser necesario personalizar este orden para satisfacer necesidades específicas.

Por ejemplo, si quiere que ciertos elementos aparezcan al principio de la lista, aunque no sigan el orden estándar, puede ajustar fácilmente este orden directamente en la tabla dinámica.

En la hoja **Ordenar**, en la columna Q, encontrará la TD **Ordenar al vuelo**.

- Seleccione la celda en la que desea mover el elemento.

- Escriba el nombre del elemento que desea desplazar (por ejemplo, Novela) directamente en la celda

Ordenar al vuelo	
Etiquetas de fila	**Suma de Importe**
Norte	**149315**
Novela	399
Historia	41945
Novela	39521
Cómics	15838
Novela policíaca	32675
Ciencia Ficción	18853
Sociología	84
Sur	**74714**
Economía	228
Historia	21054
Novela	19807
Cómics	7884
Novela policíaca	16285
Ciencia Ficción	9414
Sociología	42
Total general	**224029**

- Pulse ⏎.

Ahora, en la categoría, **Novela** aparece en primera posición de la librería **Norte** y **Sur**.

Ordenar al vuelo	
Etiquetas de fila	**Suma de Importe**
Norte	**149315**
Novela	39521
Economía	399
Historia	41945
Cómics	15838
Novela policíaca	32675
Ciencia Ficción	18853
Sociología	84
Sur	**74714**
Novela	19807
Economía	228
Historia	21054
Cómics	7884
Novela policíaca	16285
Ciencia Ficción	9414
Sociología	42
Total general	**224029**

D. Definir encabezados de fila o columna utilizando una lista personalizada

Las listas personalizadas permiten organizar los datos en un orden específico definido por el usuario.

En la columna T de la hoja **Ordenar**, encontrará la TD **Lista personalizada**.

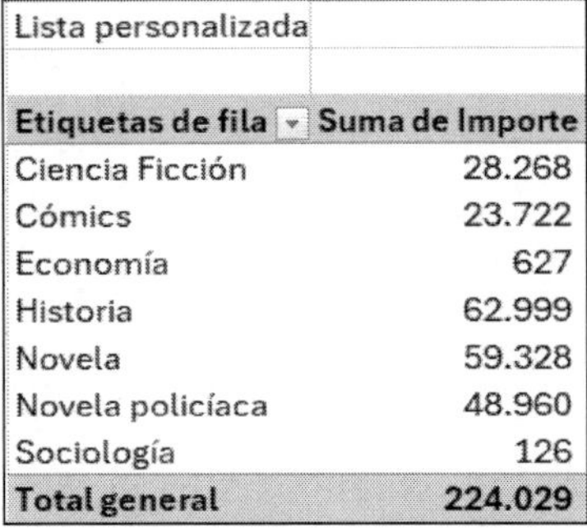

Lista personalizada

Etiquetas de fila	Suma de Importe
Ciencia Ficción	28.268
Cómics	23.722
Economía	627
Historia	62.999
Novela	59.328
Novela policíaca	48.960
Sociología	126
Total general	**224.029**

En nuestro caso, queremos mostrar primero las categorías de ficción, es decir, **Cómics**, **Novela policíaca**, **Novela** y **Ciencia Ficción**, seguidas de las categorías de humanidades, es decir, **Economía**, **Historia** y **Sociología**.

1. Crear una lista personalizada

- Vaya a **Archivo - Opciones**. En el cuadro de diálogo **Opciones de Excel**, haga clic en la categoría **Avanzadas**.
- Desplácese hasta la sección **General** y haga clic en **Modificar listas personalizadas**.

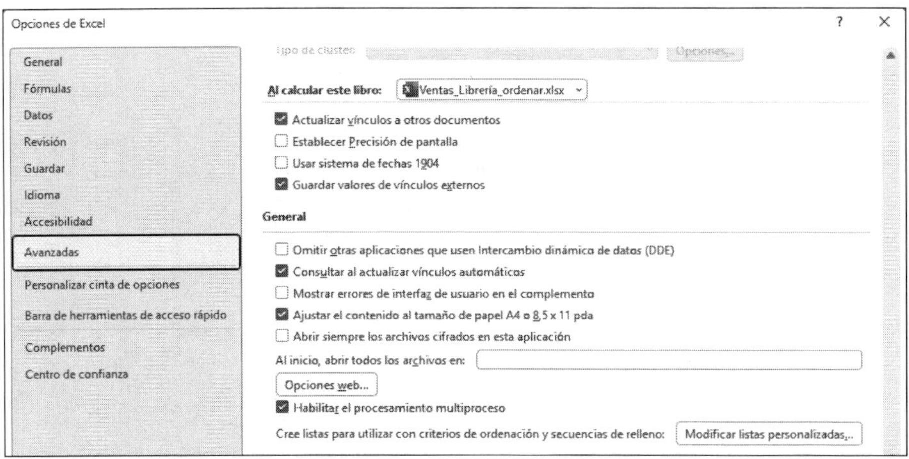

Aparecerá en pantalla el cuadro de diálogo **Listas personalizadas**.

- Haga clic en el botón [botón] del campo **Importar lista desde celdas**.
- En la hoja **Ordenar**, seleccione el rango de celdas **W4** a **W10** en el que se encuentra la lista personalizada.
- Pulse [Intro].
- Haga clic en **Importar**.

Ahora, debería ver los elementos de su lista en el cuadro de diálogo **Listas personalizadas**:

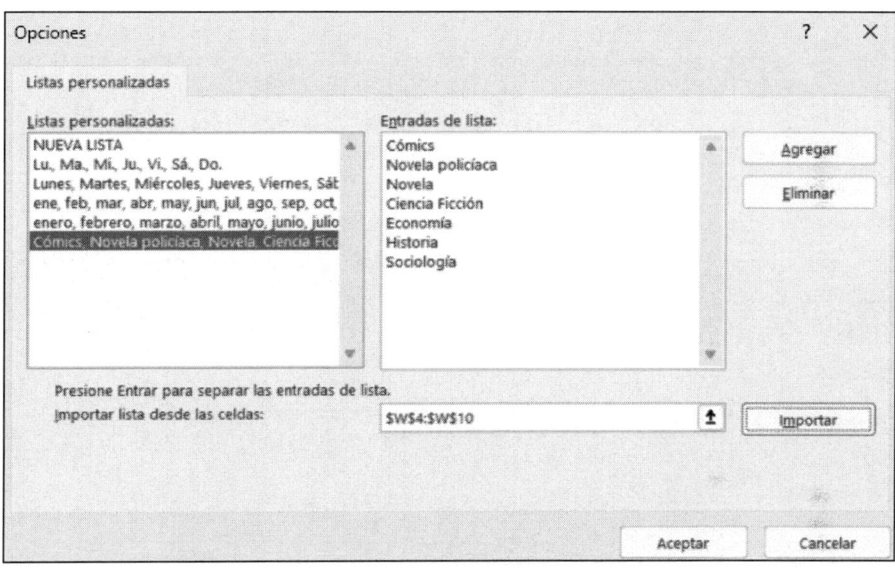

- Haga clic en **Aceptar**.

También es posible introducir la lista personalizada directamente en el campo de entrada **Entradas de lista**.

2. Utilización de una lista personalizada en una TD

- Haga clic en el menú desplegable de la columna de **etiquetas de fila** de la tabla dinámica.
- Haga clic en **Más opciones de ordenación**. Aparecerá el cuadro de diálogo **Ordenar**.
- Seleccione **Ascendente (A a Z) por**.

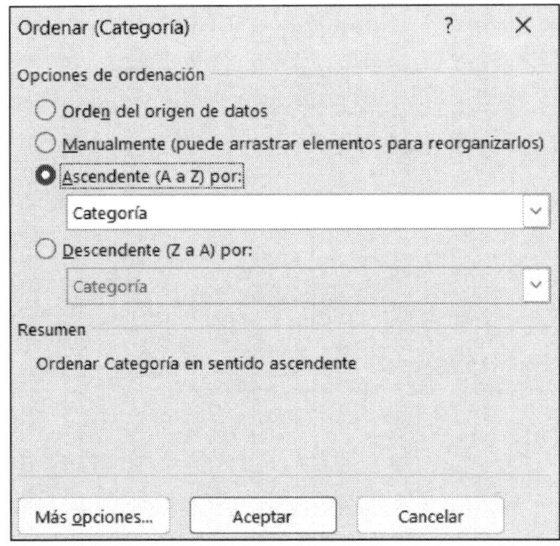

- Haga clic en **Más opciones**.
  Aparece el cuadro de diálogo **Más opciones de ordenación**.
- Desmarque la casilla **Ordenar automáticamente cada vez que se actualice el informe**.
- Haga clic en el menú desplegable **Primer criterio de ordenación**.
- Seleccione la lista personalizada que desea utilizar.

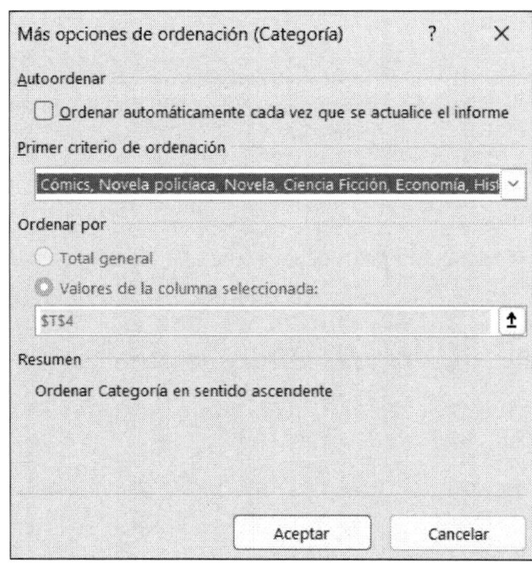

- Haga clic en **Aceptar** y, a continuación, de nuevo en **Aceptar**.

  Las categorías se han ordenado según la lista personalizada:

Categoría	Suma de Importe
Cómics	23.722
Novela policíaca	48.960
Novela	59.328
Ciencia Ficción	28.268
Economía	627
Historia	62.999
Sociología	126
Total general	**224.029**

3. Desactivar la lista personalizada

Para desactivar la lista personalizada y volver a la clasificación alfabética estándar:

- Haga clic en el menú desplegable de etiquetas de fila o etiquetas de columna de la tabla dinámica.
- Haga clic en **Más opciones de ordenación**. Aparecerá el cuadro de diálogo **Ordenar**.
- Seleccionar **Ascendente (A a Z) por:**.
- Haga clic en **Más opciones**.

  Aparece el cuadro **Otras opciones de ordenación**.
- Haga clic en el menú desplegable **Primer criterio de ordenación**.
- Desplácese hasta la parte superior de la lista y haga clic en **Sin cálculo**.
- Haga clic en **Aceptar**.

La lista de categorías de libros puede ordenarse ahora por orden alfabético, por ejemplo.

E. Los filtros

Los filtros de las tablas dinámicas permiten seleccionar y mostrar solo los datos relevantes. Facilitan el análisis enmascarando la información no esencial, lo que permite centrarse en segmentos específicos.

Para ilustrar estos conceptos, utilizaremos datos similares a los de la sección sobre ordenación.

Encontrará estos datos en el archivo **Ventas_Librería_filtro.xlsx**.

1. Utilice el área Filtros

El área **Filtros** de una tabla dinámica permite seleccionar los datos que se mostrarán según criterios específicos. Añadiendo campos a esta área, puede filtrar los datos para que solo se muestren los correspondientes a los valores elegidos. Puede añadir varios campos para refinar el filtro.

Queremos filtrar la siguiente tabla dinámica por librería.

Título	Suma de Importe
Amanecer interestelar	14.135
Asesinatos en silencio	9.280
Aventuras Galácticas	8.312
Corazones rotos	27.648
El camino de la felicidad	255
El camino de los sueños	16.065
El último testigo	21.120
Estrellas lejanas	6.651
Guerras olvidadas	15.360
Héroes en la sombra	14.066
Identidades en crisis: una sociedad en busca de referencias	42
La batalla de Stalingrado	21
La economía de los tiempos modernos	152
La revolución digital y la economía	171
La sombra del pasado	18.560
Las batallas del tiempo	34.818
Las desigualdades invisibles	42
Las dinámicas sociales en evolución	42
Las promesas perdidas	15.360
Los engranajes de las finanzas	171
Luna roja	7.482
Políticas económicas y desarrollo sostenible	133
Revoluciones olvidadas	12.800
Supernova	1.344
Total general	**224.029**

Encontrará esta TD en la hoja de **zona de filtro** del archivo **Ventas_Librería_filtro.xlsx**.

- Seleccione una celda en la TD, por ejemplo, la celda **B12**.
  Aparece en pantalla el panel **Campos de tabla dinámica**.
- Seleccione el campo **Librería** y arrástrelo a la zona **Filtros**.

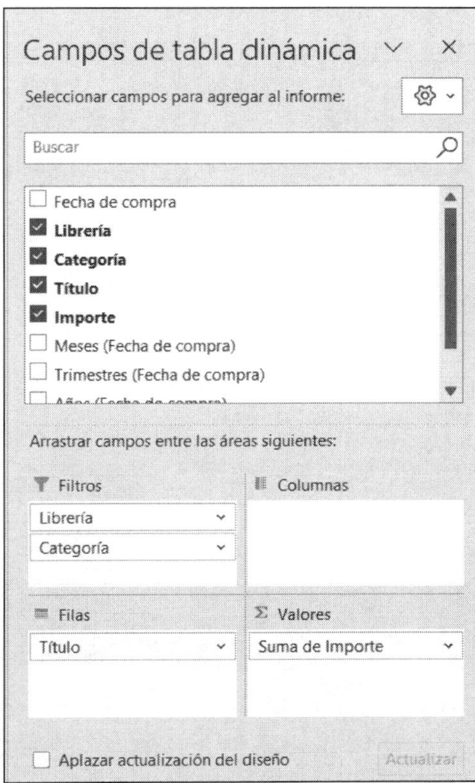

Encima de la tabla dinámica aparece un filtro basado en el campo **Librería**.

Librería	(Todas)
Título	**Suma de Importe**
Amanecer interestelar	14.135
Asesinatos en silencio	9.280
Aventuras Galácticas	8.312
Corazones rotos	27.648
El camino de la felicidad	255
El camino de los sueños	16.065
El último testigo	21.120
Estrellas lejanas	6.651
Guerras olvidadas	15.360
Héroes en la sombra	14.066

✎ Haga clic en el menú desplegable de este filtro.

Por ejemplo, seleccione la librería **Sur**.

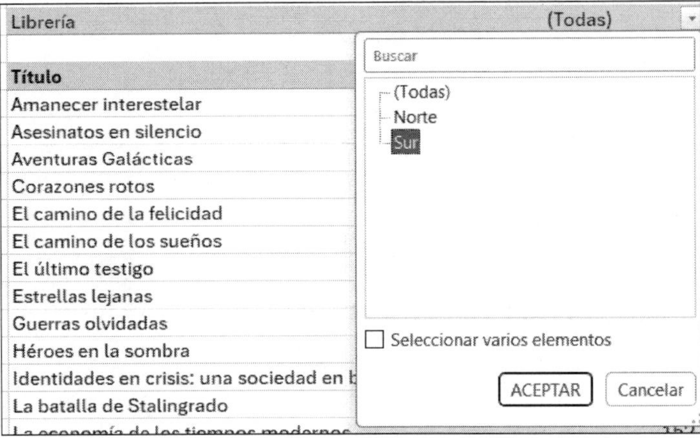

Haga clic en **Aceptar**.

Se ha filtrado la tabla dinámica, mostrando solo las ventas por Título de la librería **Sur**.

Librería	Sur
Título	**Suma de Importe**
Amanecer interestelar	4.725
Asesinatos en silencio	3.103
Aventuras Galácticas	2.777
Corazones rotos	9.248
El camino de la felicidad	85
El camino de los sueños	5.338
El último testigo	7.005
Estrellas lejanas	2.221
Guerras olvidadas	5.160
Héroes en la sombra	4.665
La economía de los tiempos modernos	57
La revolución digital y la economía	76
La sombra del pasado	6.177
Las batallas del tiempo	11.634
Las desigualdades invisibles	42
Las promesas perdidas	5.136
Los engranajes de las finanzas	38
Luna roja	2.468
Políticas económicas y desarrollo sostenible	57
Revoluciones olvidadas	4.260
Supernova	441
Total general	**74.714**

Como se mencionó anteriormente, es posible aplicar varios filtros al mismo tiempo para explorar los datos en mayor profundidad. Solo debe seleccionar un nuevo campo en el panel de **Campos de tabla dinámica** y arrastrarlo a la zona de **Filtros**.

- Seleccione una celda de la tabla dinámica.
- Seleccione el campo **Categoría** y realice nuevamente un clic y arrastre para depositarlo en la zona de **Filtros**.

  La tabla dinámica ahora incluye dos filtros: un filtro basado en la librería y otro filtro basado en la categoría.

Librería	Sur
Categoría	(Todas)
Título	**Suma de Importe**
Amanecer interestelar	4.725
Asesinatos en silencio	3.103
Aventuras Galácticas	2.777
Corazones rotos	9.248
El camino de la felicidad	85
El camino de los sueños	5.338
El último testigo	7.005
Estrellas lejanas	2.221
Guerras olvidadas	5.160
Héroes en la sombra	4.665

- En el filtro por categorías, seleccione **Cómics**.

  La tabla dinámica se filtra según estos dos criterios: librería **Sur** y categoría **Comics**.

Librería	Sur
Categoría	Cómics
Título	**Suma de Importe**
Aventuras Galácticas	2.777
Héroes en la sombra	4.665
Supernova	441
Total general	**7.884**

2. Crear una hoja por cada valor filtrado en una tabla dinámica

Cuando una tabla dinámica contiene una gran cantidad de datos distribuidos según diferentes criterios, puede ser útil dividir estos datos en varias hojas, cada una dedicada a una categoría concreta. Excel ofrece la posibilidad de generar automáticamente una hoja distinta para cada valor filtrado de un campo, lo que facilita tanto el análisis como la presentación de los datos.

- Seleccione una celda de su tabla dinámica para activar el menú contextual específico.
- Acceda a la pestaña **Analizar tabla dinámica** en la cinta de opciones de Excel.
- Haga clic en **Tabla dinámica - Opciones** (o en **Opciones de la tabla dinámica**, según su versión de Excel) - **Mostrar páginas de filtro de informe**.

  Se abrirá un cuadro de diálogo que le pedirá seleccionar el campo que desea usar para generar las pestañas.
- Seleccione el campo **Categoría** y haga clic en **Aceptar**.

Excel crea una hoja distinta para cada valor único del campo filtrado. Cada hoja contiene automáticamente una copia de la tabla dinámica, filtrada según el valor correspondiente a esa hoja.

En nuestro ejemplo, se han creado las hojas **Economía**, **Historia**, **Novela**, **Novela policíaca**, **Sociología** y **Ciencia ficción**:

3. Los filtros de informe

Los filtros de informe permiten mostrar únicamente los datos que cumplen con criterios específicos.

Al agregar filtros de informe, usted puede seleccionar uno o varios valores en un campo determinado, lo que le permite visualizar únicamente los datos que más le interesen. Esta funcionalidad resulta esencial para análisis detallados, ya que permite examinar segmentos específicos de datos sin alterar la estructura general de la tabla dinámica.

Encontrará esta tabla dinámica en la hoja **filtro_informe** del archivo **Ventas_Librería_filtro.xlsx**.

Categoría	Suma de Importe
Ciencia Ficción	28.268
Cómics	23.722
Economía	627
Historia	62.999
Novela	59.328
Novela policíaca	48.960
Sociología	126
Total general	**224.029**

- Haga clic en el menú desplegable del filtro en la columna **Categoría**.
- Desmarque la opción **Seleccionar todo** y luego seleccione, por ejemplo, **Novela policíaca** y **Ciencia Ficción**.

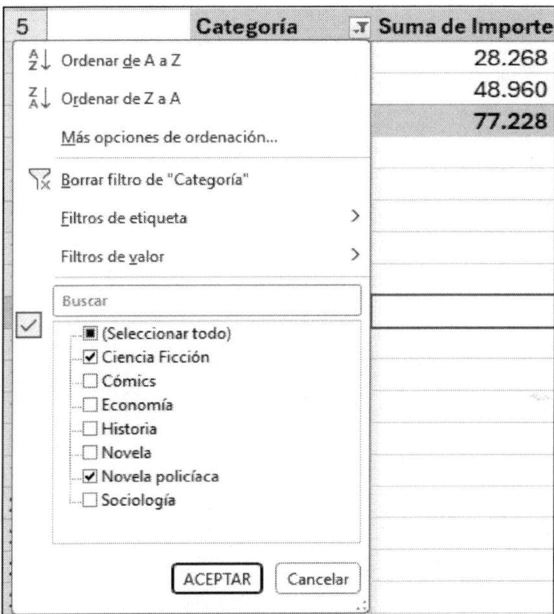

- Haga clic en **Aceptar**.

La tabla dinámica se actualiza automáticamente y ahora muestra únicamente la facturación de las novelas policíacas y los libros de ciencia ficción.

Categoría	Suma de Importe
Ciencia Ficción	28.268
Novela policíaca	48.960
Total general	**77.228**

4. Utilizar la barra de búsqueda

La barra de búsqueda permite filtrar la lista de elementos de un campo utilizando palabras clave.

Encontrará esta tabla dinámica en la hoja **barra_búsqueda** del archivo **Ventas_Librería_filtro.xlsx**.

Título	Suma de Importe
Amanecer interestelar	14.135
Asesinatos en silencio	9.280
Aventuras Galácticas	8.312
Corazones rotos	27.648
El camino de la felicidad	255
El camino de los sueños	16.065
El último testigo	21.120
Estrellas lejanas	6.651
Guerras olvidadas	15.360
Héroes en la sombra	14.066
Identidades en crisis: una sociedad en busca de referencias	42
La batalla de Stalingrado	21
La economía de los tiempos modernos	152
La revolución digital y la economía	171
La sombra del pasado	18.560
Las batallas del tiempo	34.818
Las desigualdades invisibles	42
Las dinámicas sociales en evolución	42
Las promesas perdidas	15.360
Los engranajes de las finanzas	171
Luna roja	7.482
Políticas económicas y desarrollo sostenible	133
Revoluciones olvidadas	12.800
Supernova	1.344
Total general	**224.029**

✎ Haga clic en el menú desplegable del filtro en la columna **Título**.

- Escriba la palabra **camino** en la barra de búsqueda. La lista se actualizará para mostrar únicamente los libros correspondientes.

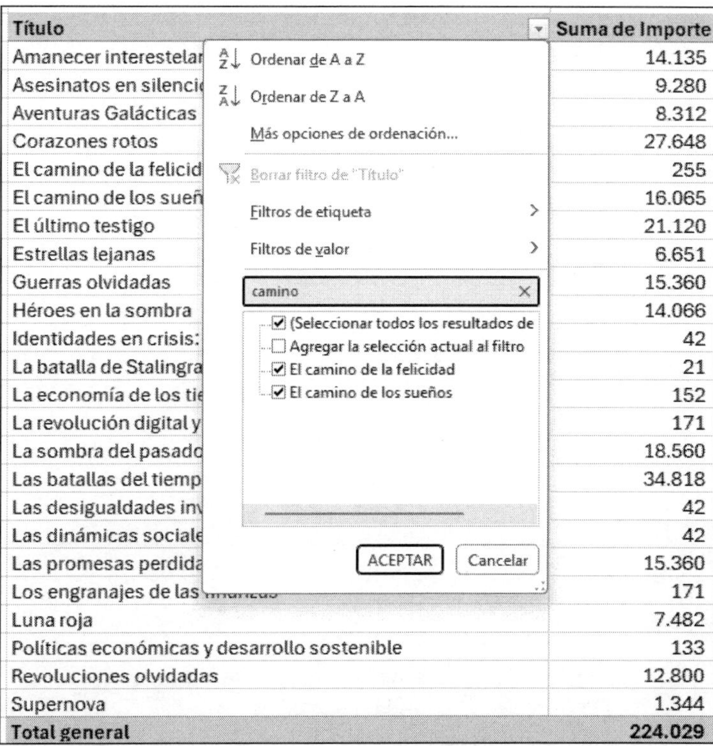

Título	Suma de Importe
Amanecer interestelar	14.135
Asesinatos en silenci	9.280
Aventuras Galácticas	8.312
Corazones rotos	27.648
El camino de la felicid	255
El camino de los sueñ	16.065
El último testigo	21.120
Estrellas lejanas	6.651
Guerras olvidadas	15.360
Héroes en la sombra	14.066
Identidades en crisis:	42
La batalla de Stalingra	21
La economía de los tie	152
La revolución digital y	171
La sombra del pasado	18.560
Las batallas del tiemp	34.818
Las desigualdades in	42
Las dinámicas sociale	42
Las promesas perdida	15.360
Los engranajes de las	171
Luna roja	7.482
Políticas económicas y desarrollo sostenible	133
Revoluciones olvidadas	12.800
Supernova	1.344
Total general	**224.029**

- Haga clic en ACEPTAR.

La tabla dinámica se filtrará según los dos valores que contienen la palabra **camino**, es decir, **El camino de los sueños** y **El camino de la felicidad**.

Título	Suma de Importe
El camino de la felicidad	255
El camino de los sueños	16.065
Total general	**16.320**

*La herramienta de **barra de búsqueda** no distingue entre mayúsculas y minúsculas.*

5. Filtrar las etiquetas

Los filtros de etiquetas permiten filtrar los datos según criterios textuales. Por lo tanto, estos filtros se aplican a campos como nombres, títulos u otros datos no numéricos.

Por ejemplo, si no recuerda el título exacto de un libro, pero sabe que contiene la palabra **revolución**.

- En la columna **Título**, haga clic en el menú del filtro.
- Seleccione **Filtros de etiqueta - Contiene**.
  Aparecerá en la pantalla el cuadro de diálogo **Filtrar por etiqueta**.
- En el campo de entrada **Mostrar elementos para los que la etiqueta**, escriba el comienzo de la palabra **revolución**, como por ejemplo **revo**.

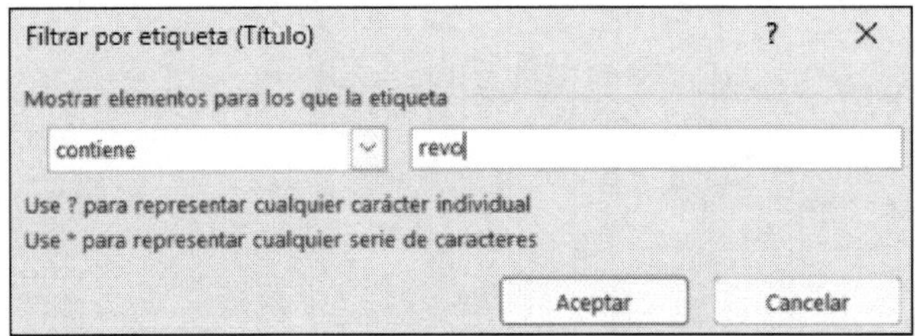

- Confirme con **Aceptar**.
  El resultado es el siguiente:

Título	Suma de Importe
La revolución digital y la economía	171
Revoluciones olvidadas	12.800
Total general	**12.971**

Cuando se aplica un filtro de etiqueta para seleccionar, por ejemplo, las etiquetas que comienzan con una letra posterior a "G", el resultado mostrará únicamente las etiquetas que comienzan con la letra "G" o con una letra ubicada más adelante en el alfabeto:

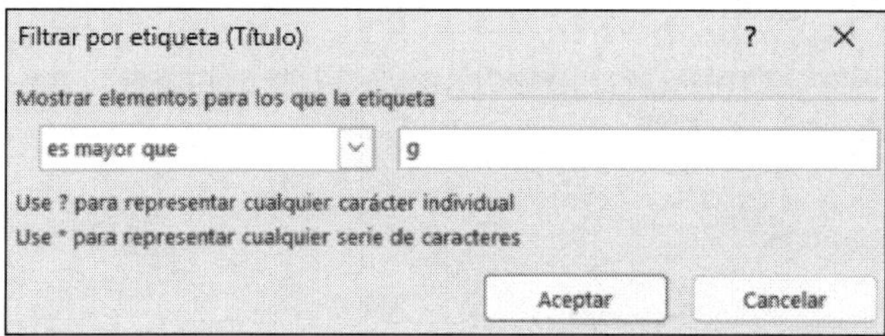

De la misma manera, es posible seleccionar las etiquetas que comienzan con la letra G hasta la letra N.

- En la columna **Título**, haga clic en el menú del filtro. Seleccione **Filtros de etiqueta - Entre**.
- Introduzca la **g** como primera letra y la **n** como última letra.

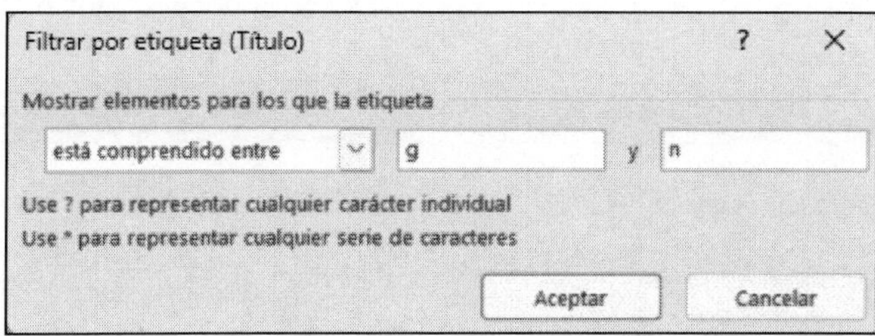

- Confirme con **Aceptar**.

El resultado es el siguiente:

Título	Suma de Importe
Guerras olvidadas	15.360
Héroes en la sombra	14.066
Identidades en crisis: una sociedad en busca de referencias	42
La batalla de Stalingrado	21
La economía de los tiempos modernos	152
La revolución digital y la economía	171
La sombra del pasado	18.560
Las batallas del tiempo	34.818
Las desigualdades invisibles	42
Las dinámicas sociales en evolución	42
Las promesas perdidas	15.360
Los engranajes de las finanzas	171
Luna roja	7.482
Total general	**106.287**

- Para eliminar un filtro aplicado, haga clic en el icono y, a continuación, en **Borrar filtro de**.

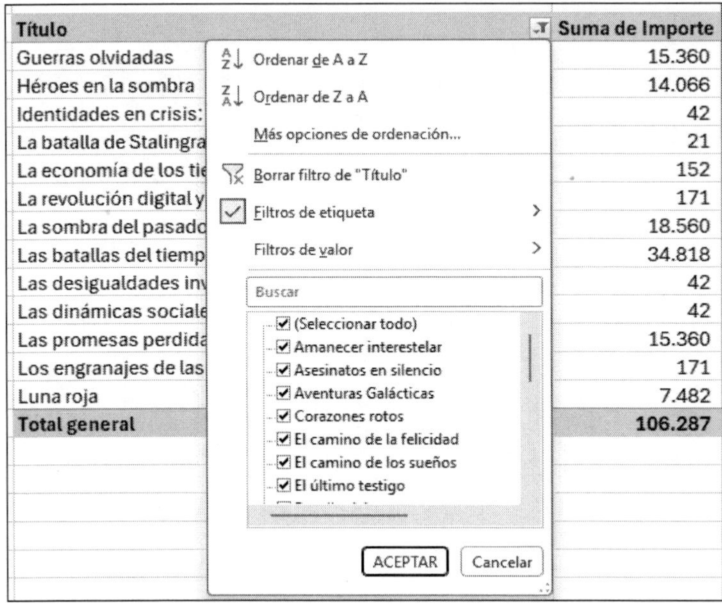

6. Filtrar por valores

Los filtros de valores permiten seleccionar y mostrar únicamente los datos que cumplen con criterios numéricos específicos. A diferencia de los filtros de etiquetas, que se basan en texto, los filtros de valores se concentran en los números.

a. Filtrar por un valor

✎ En la pestaña **Filtro valor**, haga clic en el menú desplegable del filtro en la columna **Títulos**.

✎ Seleccione **Filtros de valor - Mayor que**.

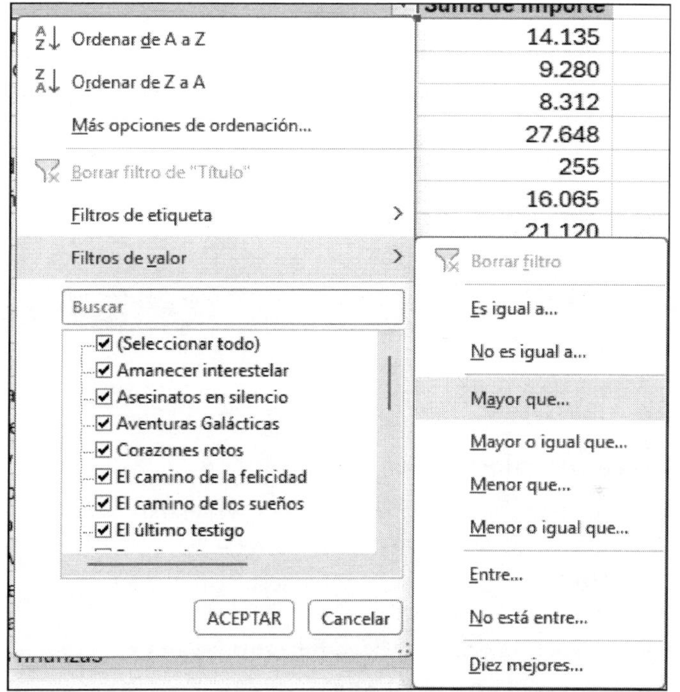

Aparece en pantalla el cuadro de diálogo **Filtrar por valores**.

✎ Escriba 20000.

- Haga clic en **Aceptar**.

  La tabla dinámica se ha filtrado y muestra únicamente las categorías que han generado una facturación superior a 20 000.

Categoría	Título	Suma de Importe
Cómics	Aventuras Galácticas	8.312
	Héroes en la sombra	14.066
	Supernova	1.344
Total Cómics		**23.722**
Novela policíaca	Asesinatos en silencio	9.280
	El último testigo	21.120
	La sombra del pasado	18.560
Total Novela policíaca		**48.960**
Novela	Corazones rotos	27.648
	El camino de la felicidad	255
	El camino de los sueños	16.065
	Las promesas perdidas	15.360
Total Novela		**59.328**
Ciencia Ficción	Amanecer interestelar	14.135
	Estrellas lejanas	6.651
	Luna roja	7.482
Total Ciencia Ficción		**28.268**
Historia	Guerras olvidadas	15.360
	La batalla de Stalingrado	21
	Las batallas del tiempo	34.818
	Revoluciones olvidadas	12.800
Total Historia		**62.999**
Total general		**223.276**

b. Filtrar por rango de valores

Este filtro permite encontrar, por ejemplo, los libros que han generado una facturación dentro de un rango comprendido entre 10 000 y 20 000.

- En la columna **Título**, haga clic en el menú desplegable del filtro y seleccione **Filtros de valor - Entre**.

  Aparece en pantalla el cuadro de diálogo **Filtrar por valor**.

- En los campos de entrada, escriba **10000** y **20000**.

La tabla dinámica muestra la lista de títulos que han generado una facturación dentro del rango de 10 000 a 20 000.

Título	Suma de Importe
Amanecer interestelar	14.135
El camino de los sueños	16.065
Guerras olvidadas	15.360
Héroes en la sombra	14.066
La sombra del pasado	18.560
Las promesas perdidas	15.360
Revoluciones olvidadas	12.800
Total general	**106.345**

c. Utilizar el filtro Diez mejores

El filtro de los "10 mejores" (o "N mejores") en las tablas dinámicas de Excel permite destacar los elementos más eficientes o los menos eficientes según criterios numéricos.

Mostrar los tres primeros resultados

- En la columna **Título**, haga clic en el menú desplegable del filtro y seleccione **Filtros de valor - Diez mejores**.

  Aparecerá en la pantalla el cuadro de diálogo **Filtro 10 mejores**.

- En la primera lista desplegable, seleccione **superiores** y sustituya **10** por **3**. Verifique que **Elementos** y **Suma de importe** están seleccionados en las dos últimas listas desplegables.

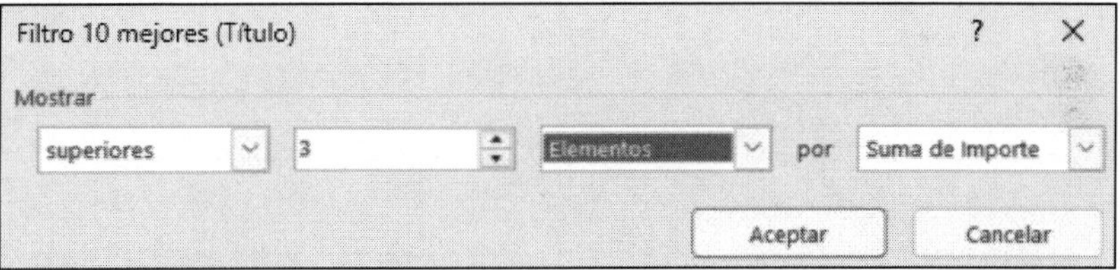

- Haga clic en **Aceptar**.

  El resultado es el siguiente:

Título	Suma de Importe
Corazones rotos	27.648
El último testigo	21.120
Las batallas del tiempo	34.818
Total general	**83.586**

Mostrar el 20 % superior

Ahora deseamos mostrar el 20 % de los títulos que han generado la mejor facturación.

- Configure el cuadro de diálogo **Filtro 10 mejores** como se indica en la siguiente captura.

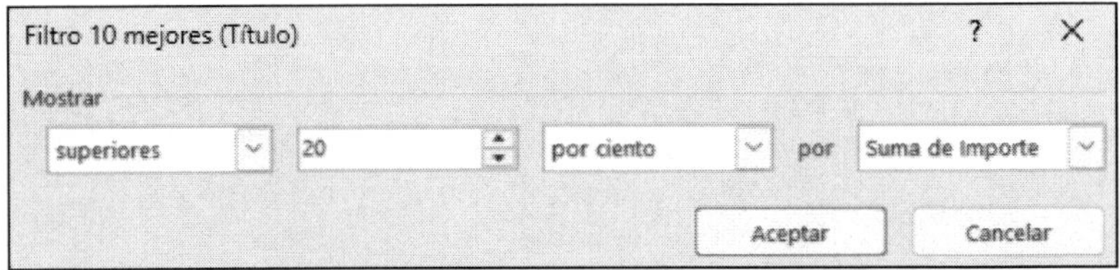

El resultado es el siguiente:

Título	Suma de Importe
Corazones rotos	27.648
Las batallas del tiempo	34.818
Total general	**62.466**

Identificar los elementos menos eficientes

- Si desea mostrar los cinco libros con la facturación más baja, configure el cuadro de diálogo **Filtro 10 mejores** como se muestra en la siguiente captura:

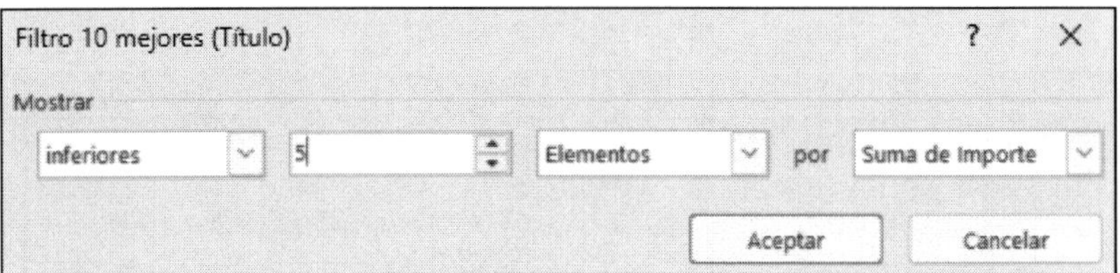

El resultado es el siguiente:

Título	Suma de Importe
Identidades en crisis: una sociedad en busca de referencias	42
La batalla de Stalingrado	21
Las desigualdades invisibles	42
Las dinámicas sociales en evolución	42
Políticas económicas y desarrollo sostenible	133
Total general	**280**

F. Agrupación de datos

La herramienta **Agrupar** permite consolidar datos para mejorar la claridad y facilitar la comprensión.

Vamos a agrupar las categorías de los libros en dos grupos homogéneos:

Ficción:

Cómics

Novela policíaca

Novela

Ciencia Ficción

Ciencias humanas:

Economía

Historia

Sociología

Encontrará esta tabla dinámica en la hoja **Agrupar** del archivo **Ventas_Librairia_filtro.xlsx**.

Categoría	Suma de Importe
Ciencia Ficción	28.268
Cómics	23.722
Economía	627
Historia	62.999
Novela	59.328
Novela policíaca	48.960
Sociología	126
Total general	**224.029**

✎ En la tabla dinámica, seleccione las categorías Cómics, Novela policiaca, Novela y Ciencia Ficción (utilice la tecla Ctrl para seleccionar categorías discontinuas).

- Haga clic derecho y seleccione **Agrupar**.

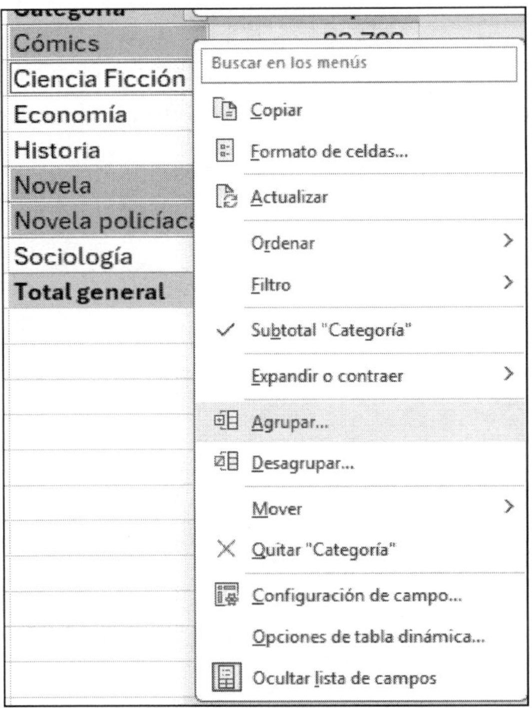

Aparece una nueva columna y se ha creado un grupo llamado **Grupo1**.

Categoría2	Categoría	Suma de Importe
⊟ Grupo1	Cómics	23.722
	Ciencia Ficción	28.268
	Novela	59.328
	Novela policíaca	48.960
Total Grupo1		**160.277**
⊟ Economía	Economía	627
Total Economía		**627**
⊟ Historia	Historia	62.999
Total Historia		**62.999**
⊟ Sociología	Sociología	126
Total Sociología		**126**
Total general		**224.029**

- Asigne un nombre al grupo: haga clic en la celda **B6** y, en la barra de fórmulas, reemplace **Grupo1** por **Ficción**.
- Seleccione las categorías **Economía**, **Historia** y **Sociología**.
- Haga clic derecho y elija la opción **Agrupar**.
- Cambie el nombre del **Grupo2**: renómbrelo como **Ciencias Humanas**.

El resultado es el siguiente:

Categoría2	Categoría	Suma de Importe
Ficción	Cómics	23.722
	Ciencia Ficción	28.268
	Novela	59.328
	Novela policíaca	48.960
Total Ficción		**160.277**
Ciencias Humanas	Economía	627
	Historia	62.999
	Sociología	126
Total Ciencias Humanas		**63.752**
Total general		**224.029**

- Si desea desagrupar los grupos, haga clic derecho sobre el nombre del grupo y elija la opción **Desagrupar**.

Los datos originales volverán a aparecer.

Esta funcionalidad resulta útil para comparar diferentes conjuntos de datos con facilidad.

1. Agrupar datos de tipo fecha

Los grupos de fechas permiten a los usuarios sintetizar y visualizar información de tipo temporal.

Desde su versión de 2013, Excel ha incorporado funcionalidades avanzadas que automatizan la detección de campos de fecha y la creación de agrupaciones, facilitando así el trabajo de los analistas y usuarios.

Excel dispone de una función de agrupación automática que detecta los campos de fecha en los datos. Esta función permite la creación de agrupaciones y jerarquías sin necesidad de intervención del usuario.

- Seleccione una celda de tabla dinámica vacía disponible en la pestaña **Agrupar**.
- En el panel **Campos de tabla dinámica**, coloque el campo **Fecha de compra** en la zona **Filas** y el campo **Importe** en la zona **Valores**.

Excel agrega automáticamente los datos por año.

Años (Fecha de co	Trimestres (Fecha	Fecha de compra	Suma de Importe
⊞**2024**			109.257
⊞**2025**			114.772
Total general			**224.029**

En el panel **Campos de tablas dinámicas**, en la zona de filas, Excel ha creado automáticamente una jerarquía basada en **Años**, **Trimestres**, **Meses** y, posteriormente, en el día.

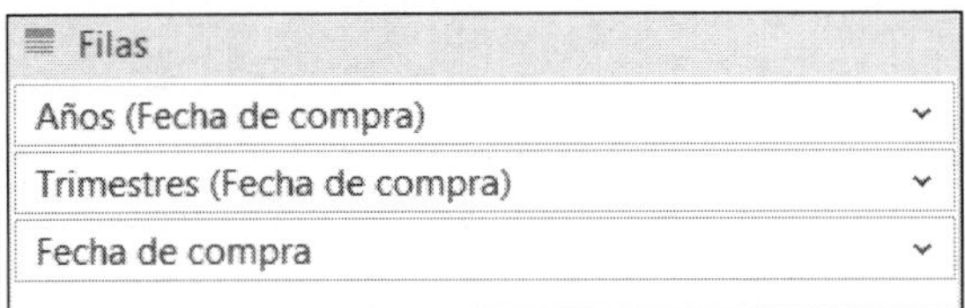

- Para expandir la jerarquía en la tabla dinámica, haga clic en el icono ⊞ situado a la izquierda de cada año. Por ejemplo, para el trimestre 2 de 2024, el volumen de negocios es de **20.257**.

Años (Fecha de co	Trimestres (Fecha	Fecha de compra	Suma de Importe
⊟**2024**	⊟**Trim.1**	11/01/2024	2.918
		13/01/2024	2.048
		18/01/2024	2.048
		21/01/2024	2.583
		30/01/2024	2.048
		11/02/2024	2.039
		12/02/2024	2.592
		04/03/2024	2.048
		23/03/2024	1.920
		28/03/2024	3.878
	⊞**Trim.2**		20.257
	⊞**Trim.3**		34.636
	⊞**Trim.4**		30.242
⊞**2025**			114.772
Total general			**224.029**

Por defecto, las fechas se han agrupado por años. Es posible modificar esta agregación.

- Haga clic derecho en un valor de la etiqueta de fila y seleccione **Agrupar**.
- Seleccione, por ejemplo, únicamente **Trimestre**.
- Haga clic en **Aceptar**.

El volumen de negocio está ahora agrupado por trimestre, independientemente del año. Esta agregación permite determinar si existe una estacionalidad en las ventas.

Trimestres (Fecha de compra)	Suma de Importe
Trim.1	53.365
Trim.2	55.844
Trim.3	69.637
Trim.4	45.183
Total general	**224.029**

A primera vista, parece haber un ligero aumento de la actividad en el tercer trimestre.

2. Utilizar los segmentos y las cronologías

Los segmentos (también llamados *slicers*) son herramientas visuales que permiten filtrar rápidamente los datos de las tablas dinámicas. Ofrecen una interfaz intuitiva para seleccionar categorías y se utilizan frecuentemente en la creación de cuadros de mando.

Encontrará esta tabla dinámica en la pestaña **Segmento** del archivo **Ventas_Libreria_filtro.xlsx**.

Etiquetas de fila	Suma de Importe
Amanecer interestelar	14.135
Asesinatos en silencio	9.280
Aventuras Galácticas	8.312
Corazones rotos	27.648
El camino de la felicidad	255
El camino de los sueños	16.065
El último testigo	21.120
Estrellas lejanas	6.651
Guerras olvidadas	15.360
Héroes en la sombra	14.066
Identidades en crisis: una sociedad en busca de referencias	42
La batalla de Stalingrado	21
La economía de los tiempos modernos	152
La revolución digital y la economía	171
La sombra del pasado	18.560
Las batallas del tiempo	34.818
Las desigualdades invisibles	42
Las dinámicas sociales en evolución	42
Las promesas perdidas	15.360
Los engranajes de las finanzas	171
Luna roja	7.482
Políticas económicas y desarrollo sostenible	133
Revoluciones olvidadas	12.800
Supernova	1.344
Total general	**224.029**

a. Insertar una segmentación

- Seleccione una celda de la tabla dinámica.
- En la cinta de opciones, vaya a la pestaña contextual **Analizar tabla dinámica**. En el grupo **Filtrar**, haga clic en **Insertar segmentación de datos**.
  El cuadro de diálogo **Insertar segmentos** aparecerá en pantalla:

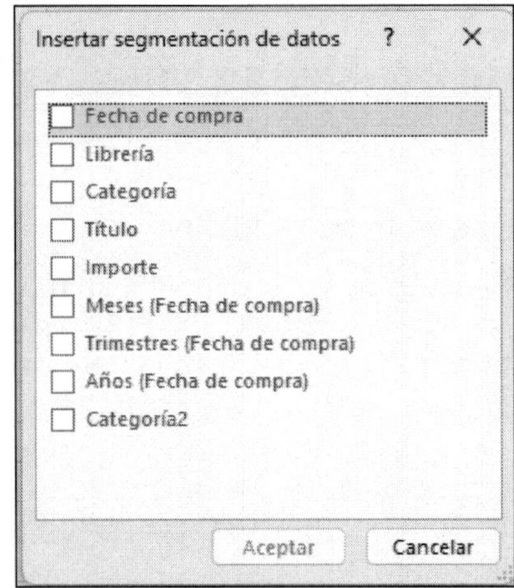

- Seleccione el o los campos para los que desea añadir una segmentación, por ejemplo, **Librería** y **Categoría**.
- Haga clic en **Aceptar**.

Las dos segmentaciones aparecen.

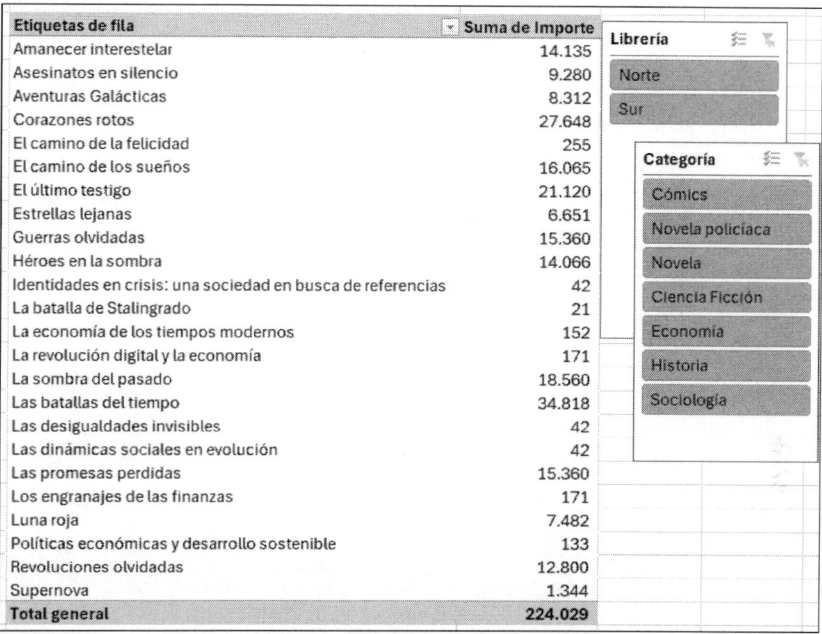

Etiquetas de fila	Suma de Importe
Amanecer interestelar	14.135
Asesinatos en silencio	9.280
Aventuras Galácticas	8.312
Corazones rotos	27.648
El camino de la felicidad	255
El camino de los sueños	16.065
El último testigo	21.120
Estrellas lejanas	6.651
Guerras olvidadas	15.360
Héroes en la sombra	14.066
Identidades en crisis: una sociedad en busca de referencias	42
La batalla de Stalingrado	21
La economía de los tiempos modernos	152
La revolución digital y la economía	171
La sombra del pasado	18.560
Las batallas del tiempo	34.818
Las desigualdades invisibles	42
Las dinámicas sociales en evolución	42
Las promesas perdidas	15.360
Los engranajes de las finanzas	171
Luna roja	7.482
Políticas económicas y desarrollo sostenible	133
Revoluciones olvidadas	12.800
Supernova	1.344
Total general	**224.029**

✎ Ajuste el tamaño y la ubicación de las segmentaciones.

✎ Seleccione, por ejemplo, la categoría **Novela policíaca** y la librería **Norte**.
Los datos de la tabla dinámica se filtran automáticamente.

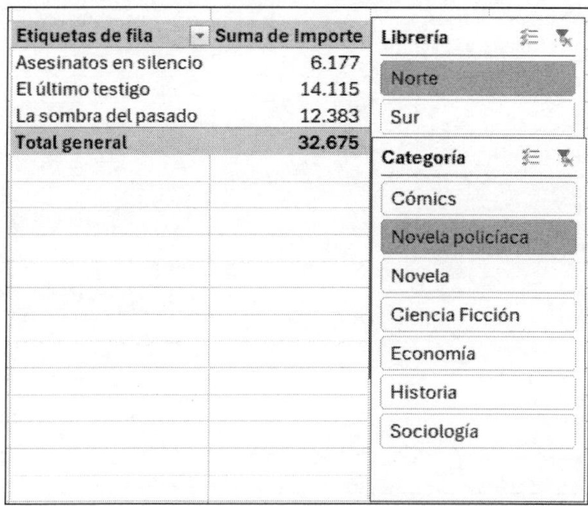

Etiquetas de fila	Suma de Importe
Asesinatos en silencio	6.177
El último testigo	14.115
La sombra del pasado	12.383
Total general	**32.675**

- Para eliminar el filtro aplicado en la segmentación, haga clic en el botón **Borrar filtro**.

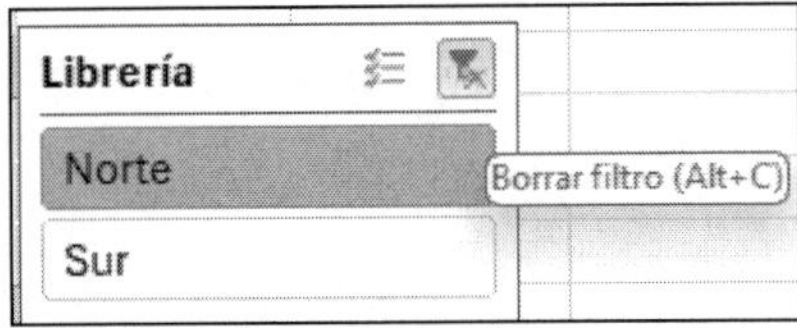

- Para realizar selecciones múltiples en una segmentación, simplemente haga clic en **Selección múltiple**.

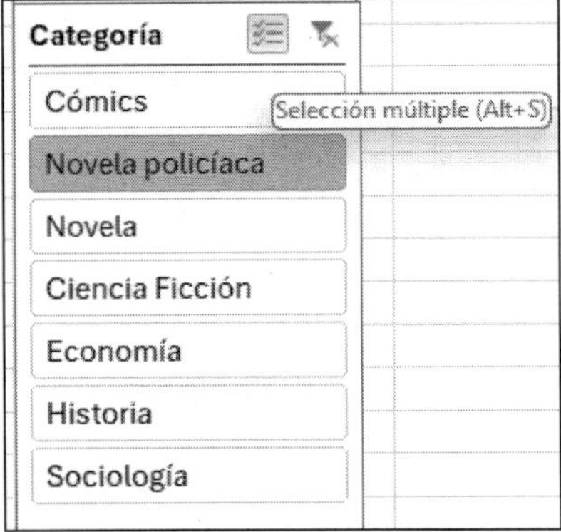

- Seleccione tanto **Novela Policíaca** como **Ciencia ficción**.

  Los datos de la tabla dinámica se filtran:

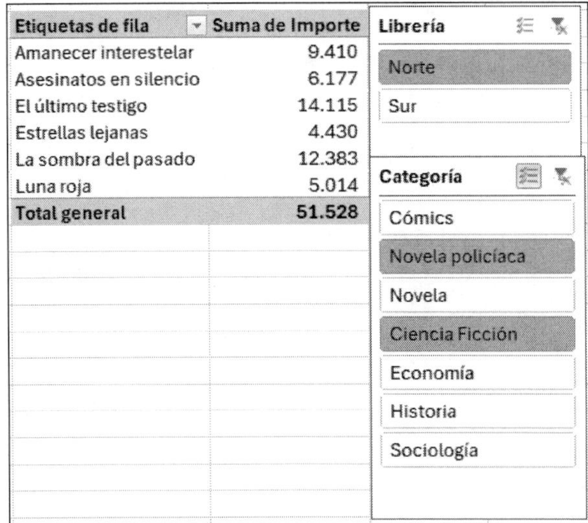

Etiquetas de fila	Suma de Importe
Amanecer interestelar	9.410
Asesinatos en silencio	6.177
El último testigo	14.115
Estrellas lejanas	4.430
La sombra del pasado	12.383
Luna roja	5.014
Total general	**51.528**

b. Personalizar una segmentación

Es posible dar formato a una segmentación.

- Seleccione la segmentación. En la cinta de opciones, aparece la pestaña contextual **Segmentación**.

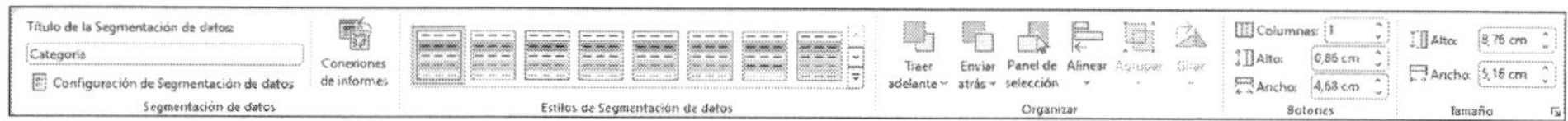

Las secciones **Estilos de segmentación de datos**, **Organizar**, **Botones** y **Tamaño** permiten dar formato a la segmentación.

- Seleccione la segmentación correspondiente a las categorías.
- En el menú **Segmentación** de la cinta de opciones, en la sección **Estilos de Segmentación de datos**, seleccione, por ejemplo, **Blanco, Otro estilo de segmentación de datos 1**.

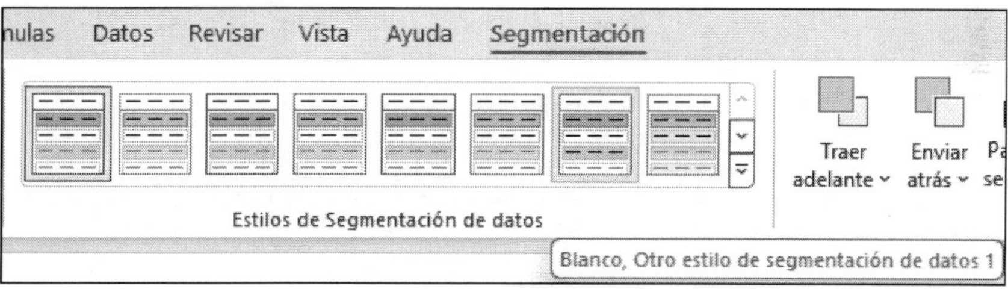

- En la sección **Botones**, **Columnas**, escriba **2** para distribuir el contenido de la segmentación en 2 columnas.

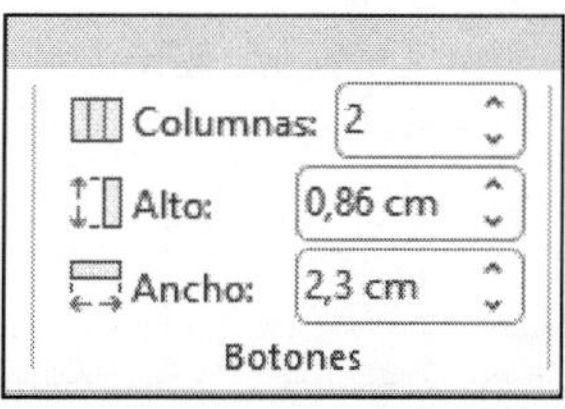

La segmentación ha sido modificada con éxito.

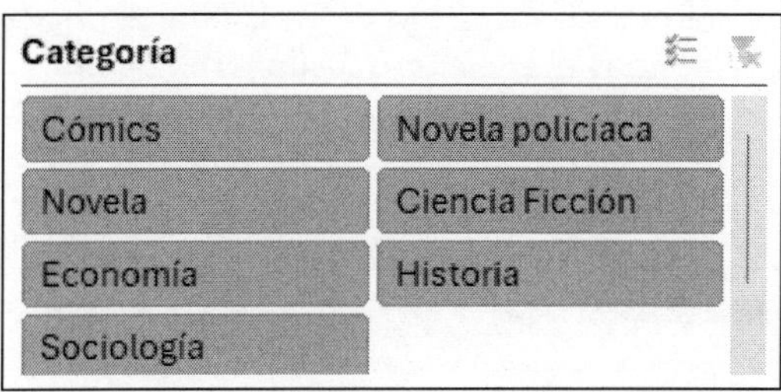

c. Usar las cronologías

Las cronologías son, en cierto modo, una variante de las segmentaciones. Se centran específicamente en los campos de fecha y permiten filtrar los datos por períodos.

Para agregar una cronología:

- Seleccione una celda de la tabla dinámica.
- En la cinta de opciones, vaya a la pestaña **Analizar tabla dinámica**, en la sección **Filtrar**, haga clic en **Insertar escala de tiempo**

  El cuadro de diálogo **Introducir escalas de tiempo** aparecerá en pantalla:

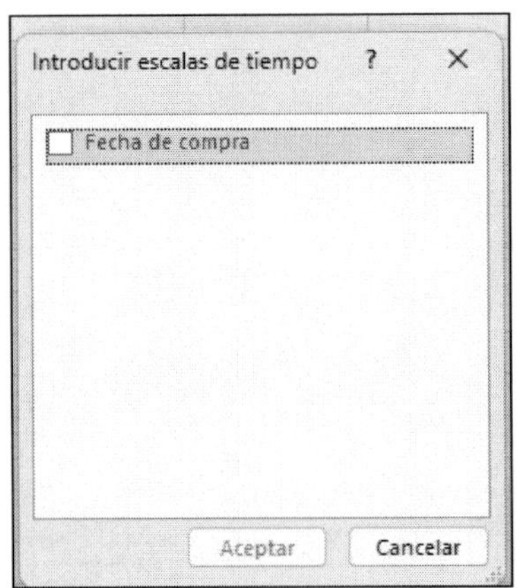

- Seleccione el campo **Fecha de compra** y haga clic en **Aceptar**.

  Aparecerá una cronología en la pantalla.

  Es posible que sea necesario moverla o modificar su tamaño según sea necesario.

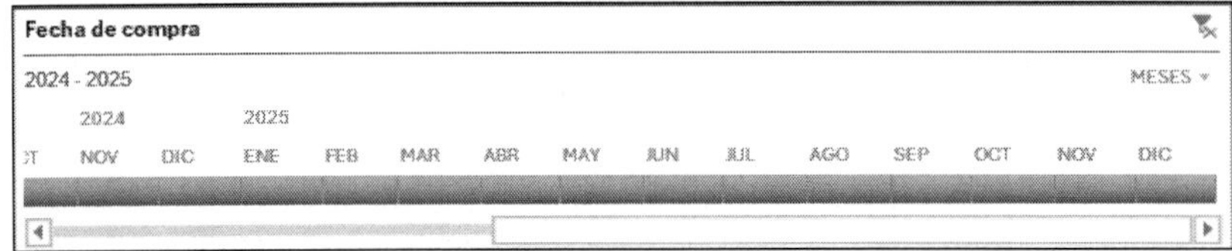

- Para seleccionar un solo mes o un rango de varios meses, haga clic y arrastre la barra azul. Por ejemplo, seleccione desde enero hasta junio de 2024.

De forma predeterminada, la cronología está configurada con un intervalo de **Meses**.

- Para cambiar este intervalo, haga clic en el menú desplegable **Meses** ubicado en la parte superior derecha de la cronología y seleccione el intervalo deseado.

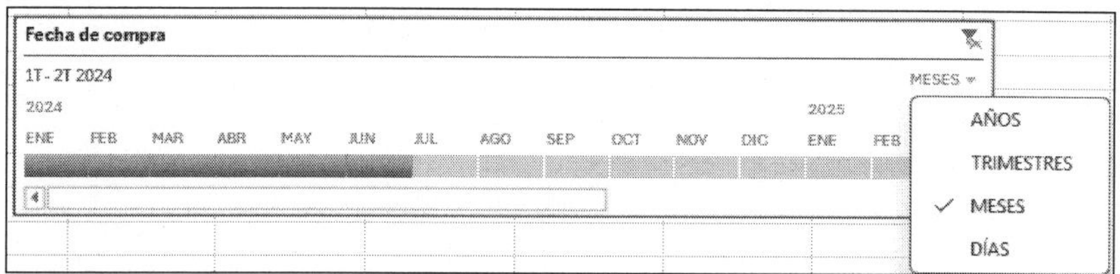

- Al igual que las segmentaciones, puede dar formato a las cronologías a través de la pestaña **Escala de tiempo** en la cinta de opciones.

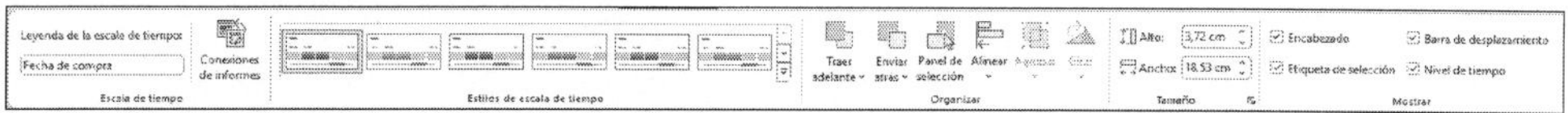

d. Filtrar varias tablas dinámicas con segmentaciones y cronologías

Supongamos que tenemos varias tablas dinámicas en un libro de Excel, ya sea en la misma hoja o en hojas diferentes, y queremos filtrarlas de la misma manera.

Gracias a la funcionalidad **Conexiones de informe**, es posible usar una misma **segmentación** para filtrar simultáneamente varias tablas dinámicas

Para estudiar la funcionalidad **Conexiones de informe**, consideremos un ejemplo práctico.

En la hoja **conexión_informe** se encuentran dos tablas dinámicas.

Estas dos tablas dinámicas han sido nombradas previamente:

- **CA_Año** para la distribución del volumen de negocio por año y trimestre;
- **CA_Librería** para la distribución del volumen de negocio por librería.

A la derecha de las dos tablas dinámicas se encuentra una segmentación basada en las categorías.

Año / Trimestre	Suma de Importe
2024	**109 257**
Trim.1	24 122
Trim.2	20 257
Trim.3	34 636
Trim.4	30 242
2025	**114 772**
Trim.1	29 243
Trim.2	35 588
Trim.3	35 001
Trim.4	14 941
Total general	**224 029**

Librería	Suma de Importe
Norte	149 315
Sur	74 714
Total general	**224 029**

Categoría
- Cómics
- Novela policíaca
- Novela
- Ciencia Ficción
- Economía
- Historia
- Sociología

Nuestro objetivo es conectar las dos tablas dinámicas al segmento.

✎ Haga clic con el botón derecho sobre la segmentación y seleccione **Conexiones de informes**. Otra opción es ir a la pestaña contextual **Segmentación**, en el grupo **Segmentación de datos**, y luego hacer clic en **Conexiones de informe**.

El cuadro de diálogo **Conexión de informe** aparecerá en pantalla, mostrando los nombres de todas las tablas dinámicas presentes en el archivo.

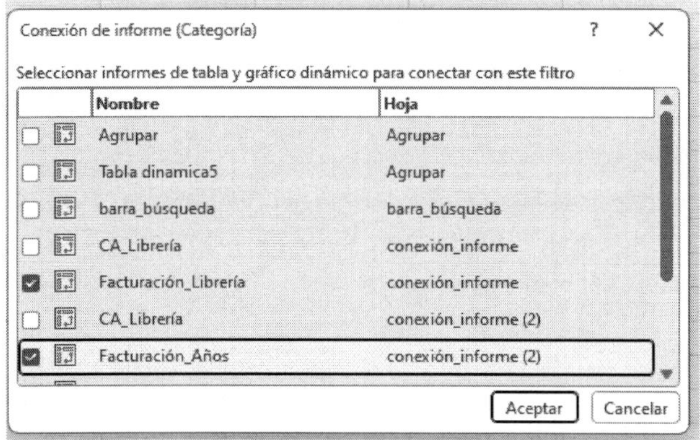

A priori, la tabla dinámica **Facturación_Años** ya está conectada a esta segmentación.

- Seleccione también la tabla dinámica **Facturación_Librería**

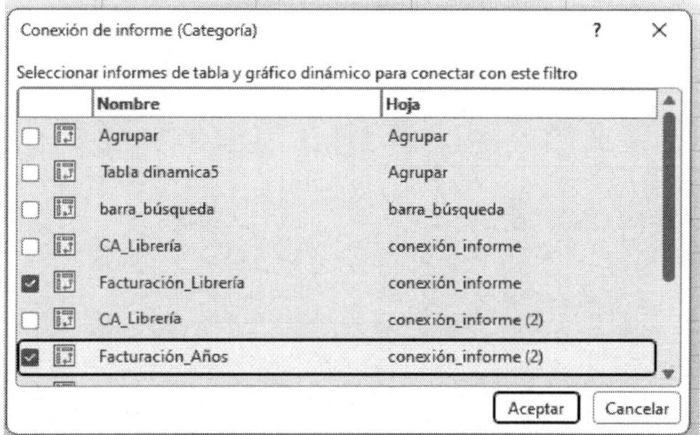

- Haga clic en **Aceptar**.
  Ahora es posible filtrar ambas tablas dinámicas mediante la segmentación.
- En la segmentación, seleccione, por ejemplo, las categorías **Novela policíaca** y **Ciencia ficción**:

Año / Trimestre	Suma de Importe
2024	**29 488**
Trim.1	9 431
Trim.2	5 504
Trim.3	9 500
Trim.4	5 053
2025	**47 740**
Trim.1	5 664
Trim.2	17 502
Trim.3	18 463
Trim.4	6 111
Total general	**77 228**

Librería	Suma de Importe
Norte	149 315
Sur	74 714
Total general	**224 029**

Categoría
Cómics
Novela policíaca
Novela
Ciencia Ficción
Economía
Historia
Sociología

G. Conclusión

En este capítulo, ha aprendido numerosos métodos para ordenar y filtrar los datos de las tablas dinámicas, permitiéndole mostrar exactamente la información deseada.

También ha descubierto cómo agregar segmentaciones y cronologías para hacer que sus tablas dinámicas sean más interactivas. En el próximo capítulo, exploraremos cómo visualizar los datos de las tablas dinámicas utilizando gráficos.

Capítulo 5

Los gráficos dinámicos

A. Introducción

A la hora de realizar análisis con Excel, los gráficos dinámicos son una herramienta clave para enriquecer las tablas y visualizar rápidamente información esencial. Ofrecen una representación dinámica que se ajusta automáticamente a los cambios en la tabla de origen, incluidos los filtros y movimientos de campos.

Estos gráficos permiten filtrar los datos rápidamente mediante segmentaciones, ya sea para destacar un tipo de producto, un representante comercial o un servicio. A diferencia de los gráficos tradicionales que se basan en celdas fijas, los gráficos dinámicos aprovechan la potencia de las tablas dinámicas, garantizando así una mayor flexibilidad y capacidad de respuesta.

B. Creación del primer gráfico

Abra el libro **VentaAgenciasImmo.xlsx**, que contiene las ventas de dos agencias inmobiliarias.
Este archivo contiene la tabla T_Agencia.

	A	B	C	D	E
1	AGENCIAS	TIPO DE PROPIEDAD	COSTE VISITAS	Nº DE VISITAS	PRECIO DE VENTA
2	MÁLAGA	VILLA	46 €	1	627.190 €
3	GRANADA	APARTAMENTO	462 €	6	127.190 €
4	MÁLAGA	APARTAMENTO	276 €	4	278.720 €
5	MÁLAGA	GARAJE	43 €	1	23.860 €
6	MÁLAGA	APARTAMENTO	84 €	1	168.900 €
7	GRANADA	VILLA	430 €	5	601.680 €
8	MÁLAGA	TERRENO	123 €	3	143.250 €
9	MÁLAGA	TERRENO	244 €	4	189.610 €
10	GRANADA	VILLA	366 €	6	294.680 €

El objetivo es crear un histograma de ventas por agencia y tipo de inmueble.

1. Crear el gráfico dinámico

- Seleccione una celda de la tabla.
- En la pestaña **Insertar**, en el grupo **Gráficos**, haga clic en el botón **Gráfico dinámico** y, a continuación, en **Gráfico dinámico y tabla dinámica**.

El cuadro de diálogo **Crear tabla dinámica** aparece en la pantalla. La tabla **T_Agencia** se selecciona automáticamente.

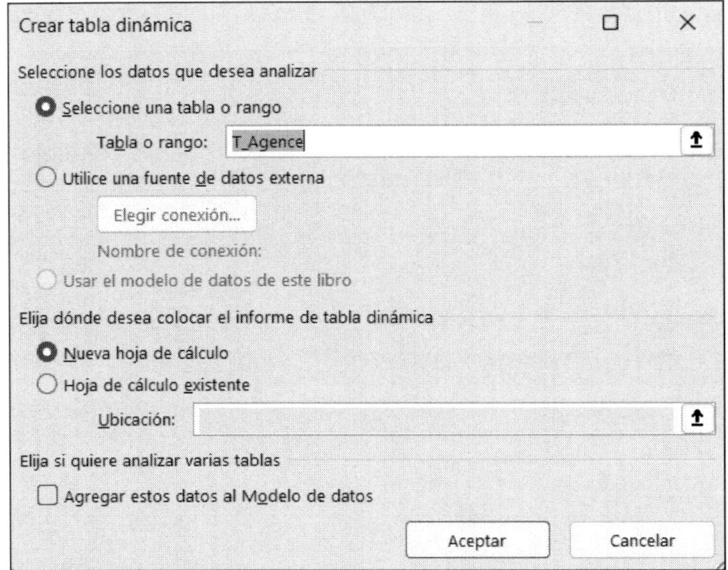

- Haga clic en **Aceptar**.

Todos los elementos de diseño del gráfico se muestran en la hoja de cálculo.

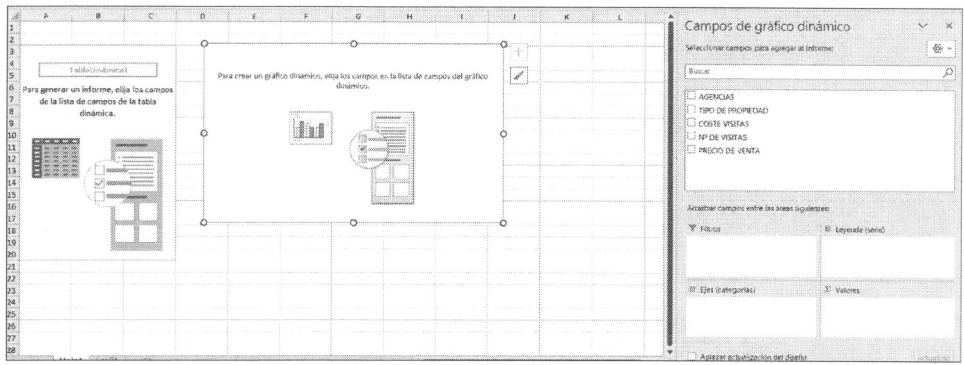

El área del gráfico, actualmente vacía, se muestra en pantalla.

✎ En el panel **Campos de gráfico dinámico**, arrastre el campo **TIPO DE PROPIEDAD** a la zona **Ejes (categorías)**, el campo **AGENCIAS** a la zona **Leyenda (serie)** y el campo **PRECIO DE VENTA** a la zona **Valores**.

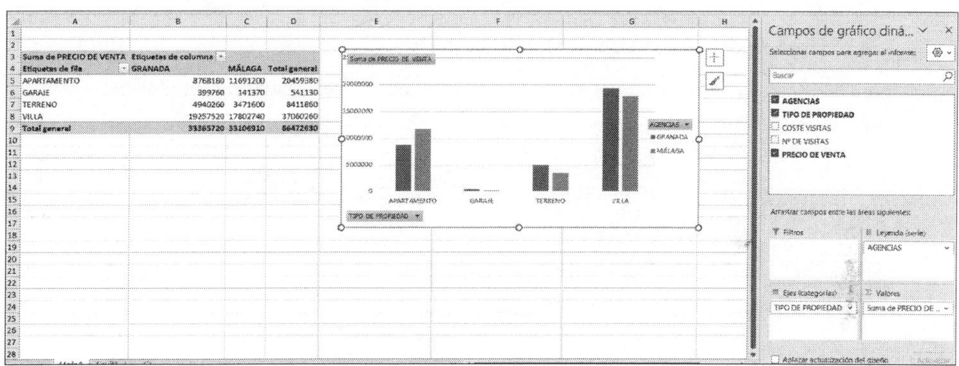

Observe que el gráfico integra directamente los filtros relativos a las categorías y la leyenda.

2. Formato

La presentación actual del gráfico podría mejorarse.

- Seleccione el gráfico.
- En la pestaña **Diseño**, en el grupo **Diseños de gráfico**, haga clic en **Agregar elemento de gráfico**.

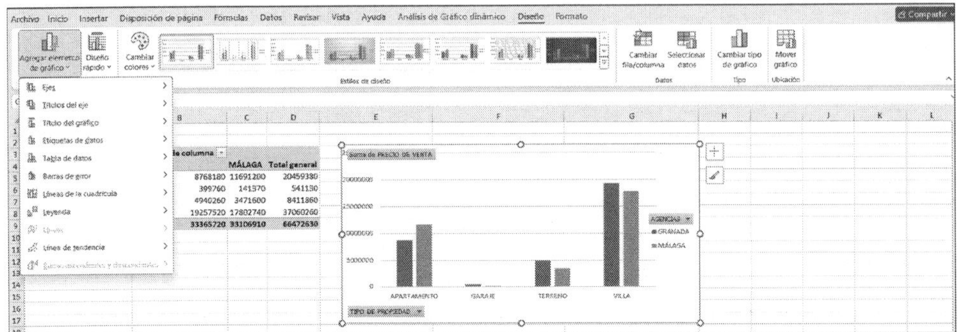

- Seleccione **Títulos del eje** y haga clic en la opción **Vertical primario**.
- Escriba directamente el título del importe y confirme.
- Haga clic de nuevo en el botón **Agregar elemento de gráfico**, seleccione la opción **Título del gráfico**, haga clic en **Encima del gráfico**, escriba directamente el título **Estadísticas 2025** y confirme.
- Si es necesario, modifique el tamaño del gráfico para ampliarlo.

  Se obtiene el siguiente resultado:

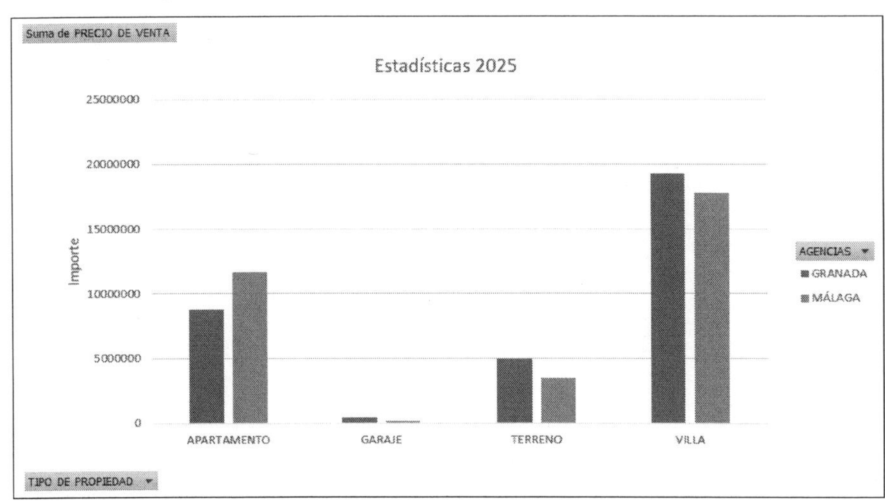

Puede aplicar un estilo predefinido al gráfico.

✎ Para ello, en la pestaña **Diseño**, en el grupo **Estilos de diseño**, haga clic, por ejemplo, en **Estilo 2**.

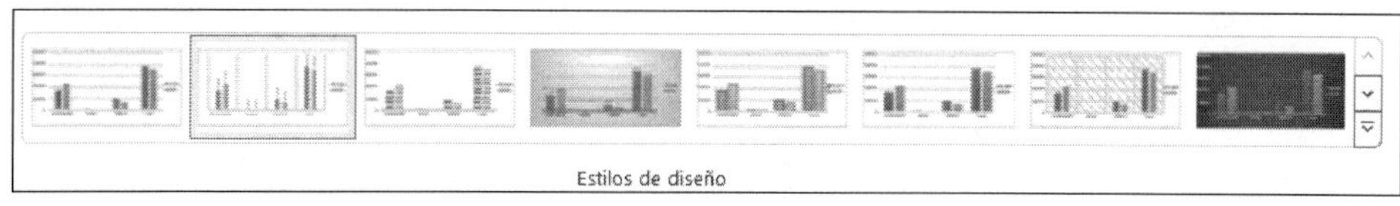

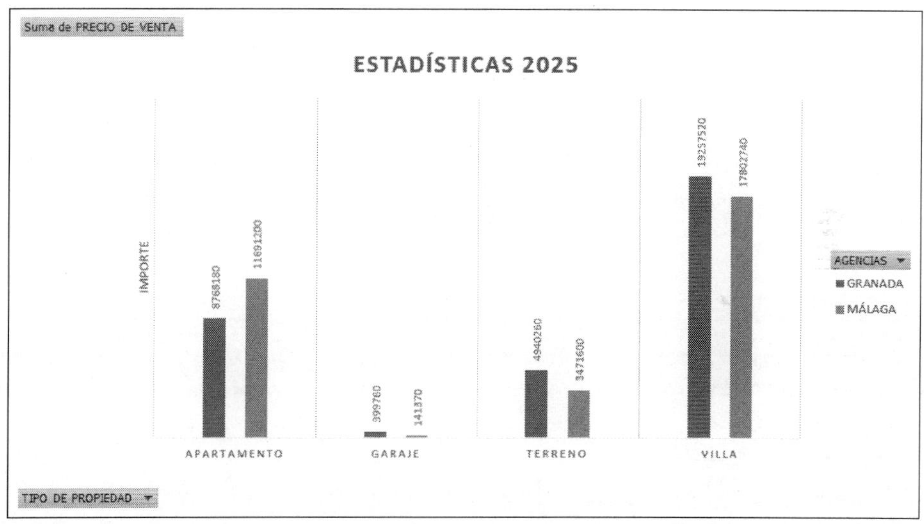

3. Filtrar los elementos del gráfico

Una de las principales ventajas de los gráficos dinámicos es la facilidad con la que se pueden definir filtros para seleccionar la información que se desea mostrar.

En este caso, queremos comparar en el gráfico la información relacionada con las ventas de garajes para cada agencia.

Como vimos anteriormente, Excel ha integrado directamente en el gráfico los diferentes filtros disponibles.

✎ Despliegue el filtro TIPO DE PROPIEDAD en el gráfico y marque la opción GARAJE.

El gráfico se actualiza automáticamente. Debería obtener un gráfico idéntico al que se muestra a continuación.

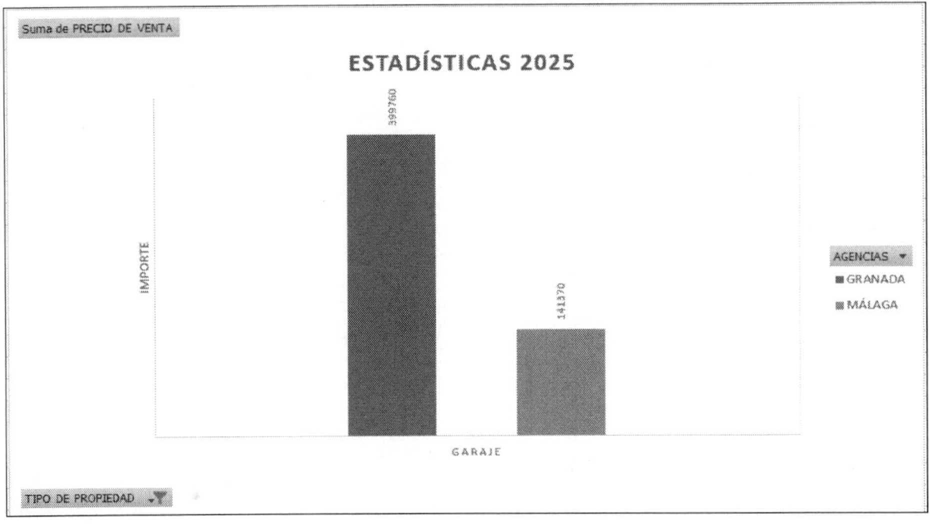

Los filtros se pueden configurar indistintamente en el gráfico o en la tabla dinámica. Ambos elementos están vinculados.

4. Invertir los ejes

Para demostrar lo fácil que es modificar un gráfico dinámico, se intercambiarán las agencias y los tipos de propiedad.

- Primero, elimine los filtros.

Existen dos métodos para invertir los ejes del gráfico.

- La primera opción consiste en usar el panel **Campos de gráfico dinámico** para intercambiar los campos de la zona **Leyenda (Series)** con los de la zona **Eje (Categorías)**.
  La tabla dinámica y el gráfico se modifican al instante.

La segunda opción consiste en utilizar el botón **Cambiar fila/columna**, que se encuentra en el grupo Datos de la pestaña Diseño.

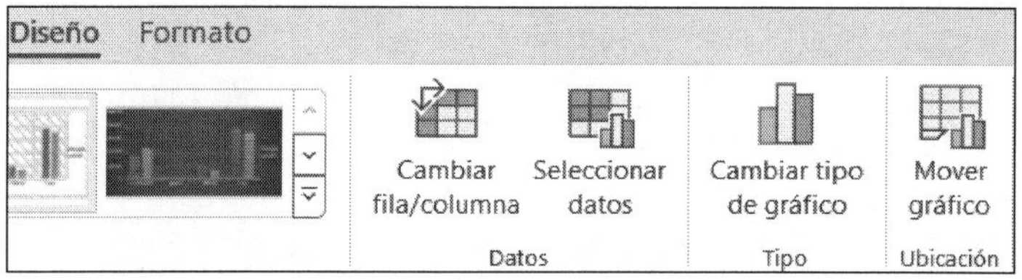

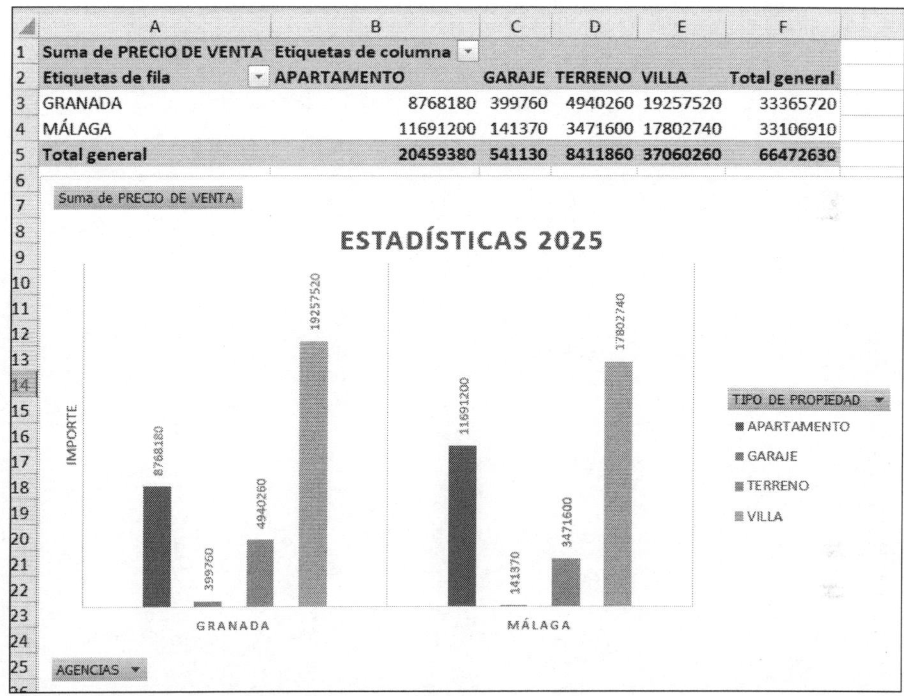

Suma de PRECIO DE VENTA	Etiquetas de columna				
Etiquetas de fila	APARTAMENTO	GARAJE	TERRENO	VILLA	Total general
GRANADA	8768180	399760	4940260	19257520	33365720
MÁLAGA	11691200	141370	3471600	17802740	33106910
Total general	**20459380**	**541130**	**8411860**	**37060260**	**66472630**

Esta técnica tan sencilla le permitirá hacer pruebas sin perder tiempo para elegir siempre la disposición más adecuada.

C. Crear un gráfico a partir de una tabla dinámica existente

Desea crear gráficos para ilustrar sus datos durante una reunión. Las tablas dinámicas ya han sido creadas, por lo que solo queda crear los gráficos a partir de ellas.

Utilizaremos para ello el libro **BacoWeb.xlsx**. Este archivo contiene datos sobre las ventas de una tienda de vinos.

Este archivo contiene, en la hoja **TD**, una tabla dinámica cuya lista de campos se muestra a continuación. La facturación anual se calcula por región de origen, y se ha configurado un filtro en base al color.

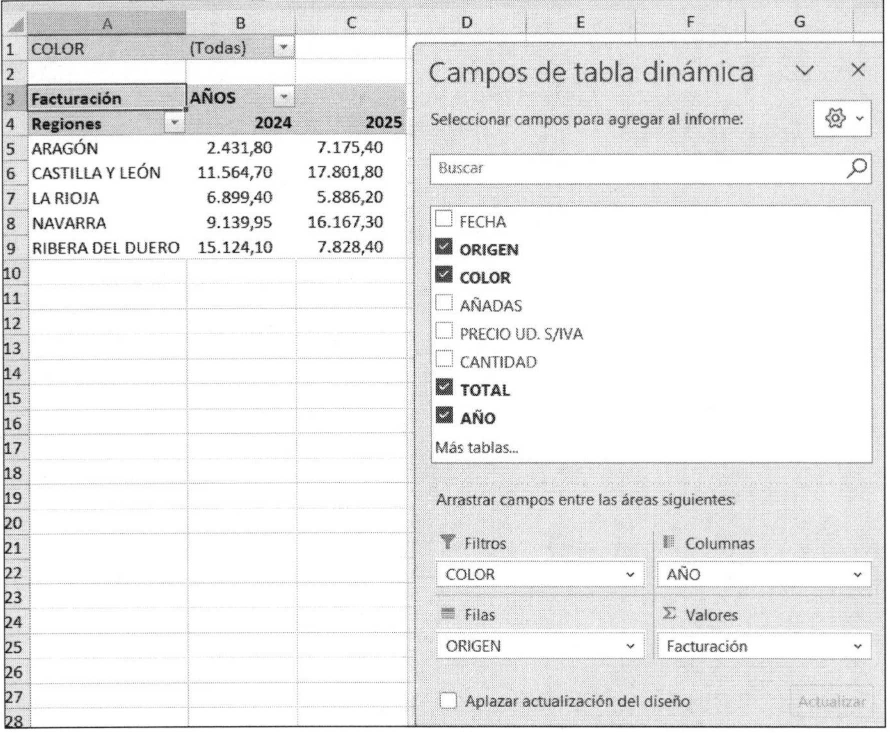

El objetivo es mostrar el desglose de las ventas en un gráfico.

1. Crear el gráfico

- Seleccione la tabla dinámica.

Hay dos métodos posibles.

<u>Primer método</u>

- En la pestaña **Insertar**, en el grupo **Gráficos**, haga clic en el botón **Insertar gráfico de columnas o de barras** y luego seleccione **Columnas agrupadas**.

<u>Segundo método</u>

- En la pestaña **Insertar**, dentro del grupo **Gráficos**, haga clic en el botón **Gráfico dinámico**.
- Seleccione **Columnas agrupadas** y haga clic en **Aceptar**.

  El gráfico se ha insertado en la hoja:

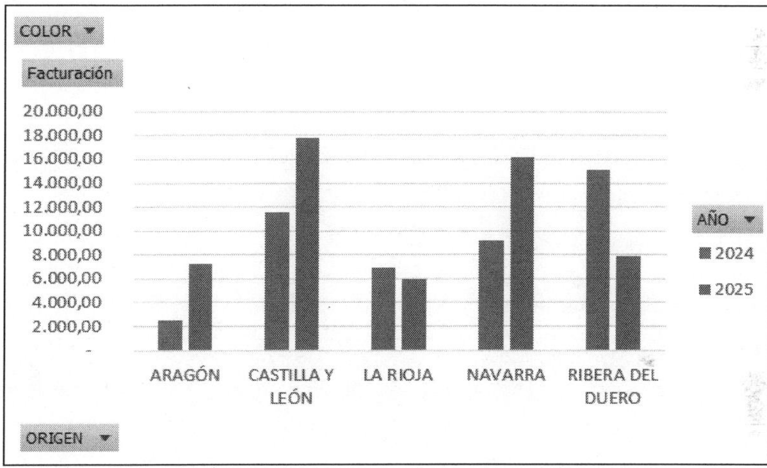

  Como el gráfico se ha diseñado a partir de una tabla dinámica, los tres filtros están disponibles.

- Si es necesario, ajuste el tamaño del gráfico.

El objetivo es mostrar únicamente los datos relativos a los vinos tintos.

- Aplique un filtro en el gráfico según el color: despliegue el filtro COLOR y seleccione únicamente TINTO.

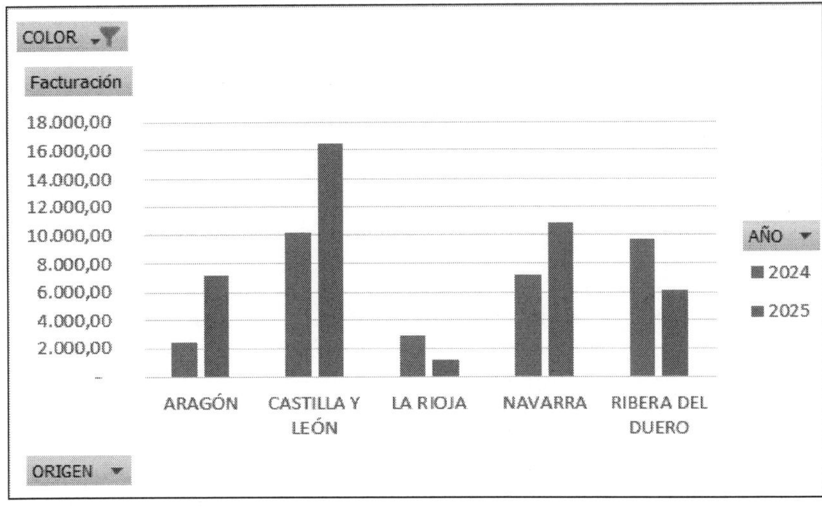

El gráfico se puede mejorar.

Cuando se impra el gráfico, no se podrá saber a qué color de vino se refieren los datos. Por lo tanto, se recomienda definir un título variable.

- Haga clic en el gráfico para seleccionarlo.
- En la pestaña **Diseño**, en el grupo **Diseños de gráfico**, haga clic en **Agregar elemento de gráfico**, seleccione la opción **Título del gráfico** y haga clic en **Encima del gráfico**.

  Se inserta el título y se selecciona la zona de título.

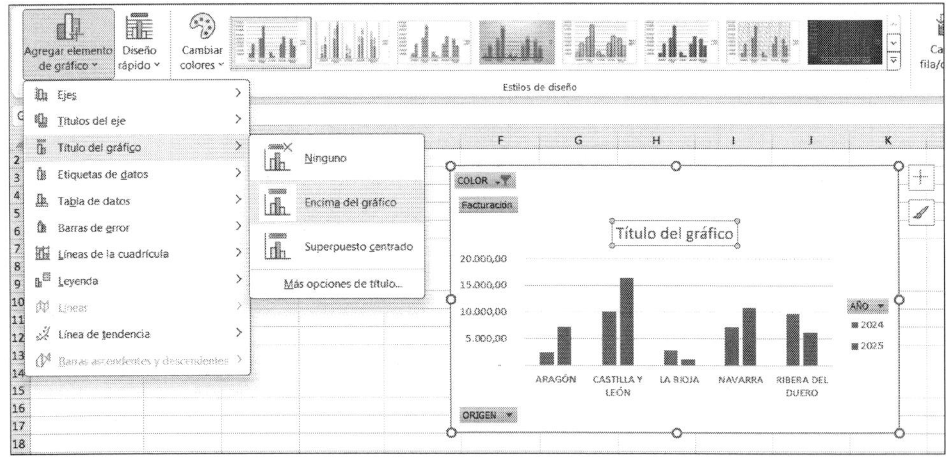

- Escriba directamente el signo igual (=), haga clic en la celda **B1** y confirme.
  La fórmula mostrada debe ser: =TCD!$B$1.

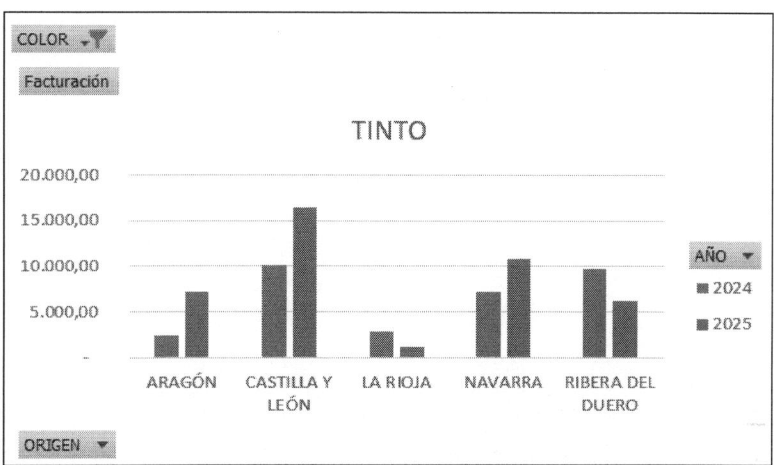

Si es necesario, ajuste la fuente y el tamaño de la zona de texto.

Ahora, al seleccionar un color, este se mostrará directamente en el gráfico.

2. Insertar escala de tiempo

La escala de tiempo permite filtrar la información de origen para realizar el análisis únicamente sobre ciertos datos. Esta funcionalidad, muy sencilla de implementar, se aplica tanto a las tablas dinámicas como a los gráficos dinámicos.

En este ejemplo, se analizará un período de fechas específico, por ejemplo, las ventas trimestrales.

- Primero, elimine el filtro sobre el color de los vinos.
- Haga clic en el gráfico para seleccionarlo.
- En la pestaña **Análisis de Gráfico dinámico**, haga clic en el botón **Insertar escala de tiempo** dentro del grupo **Filtrar**.

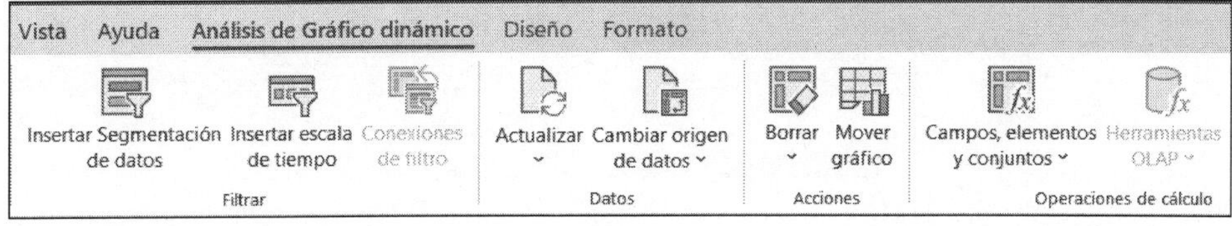

Aparece el cuadro de diálogo **Introducir escalas de tiempo**.

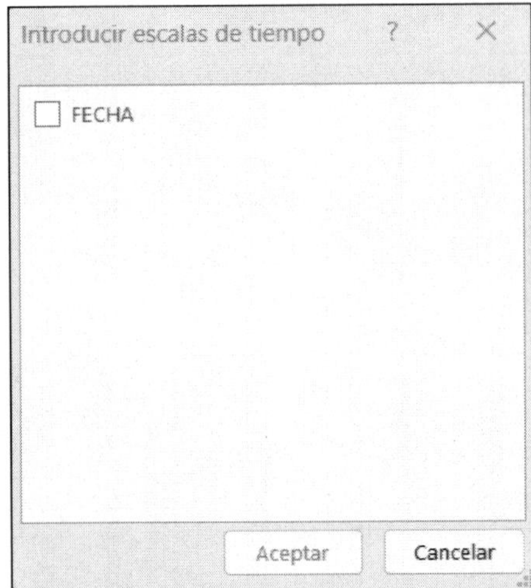

Marque el campo **FECHA** y haga clic en **Aceptar** para confirmar.
La escala de tiempo aparece en pantalla.

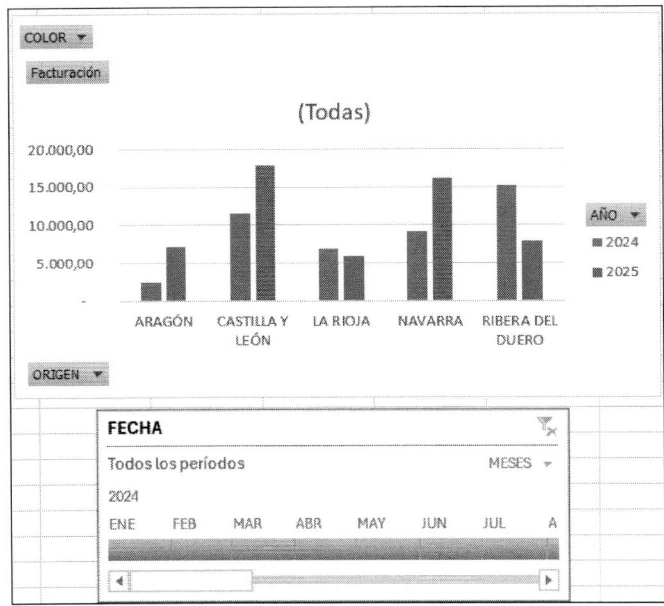

✎ Seleccione los dos primeros trimestres de 2024 en el panel de escala de tiempo. La tabla dinámica y el gráfico se actualizan al instante:

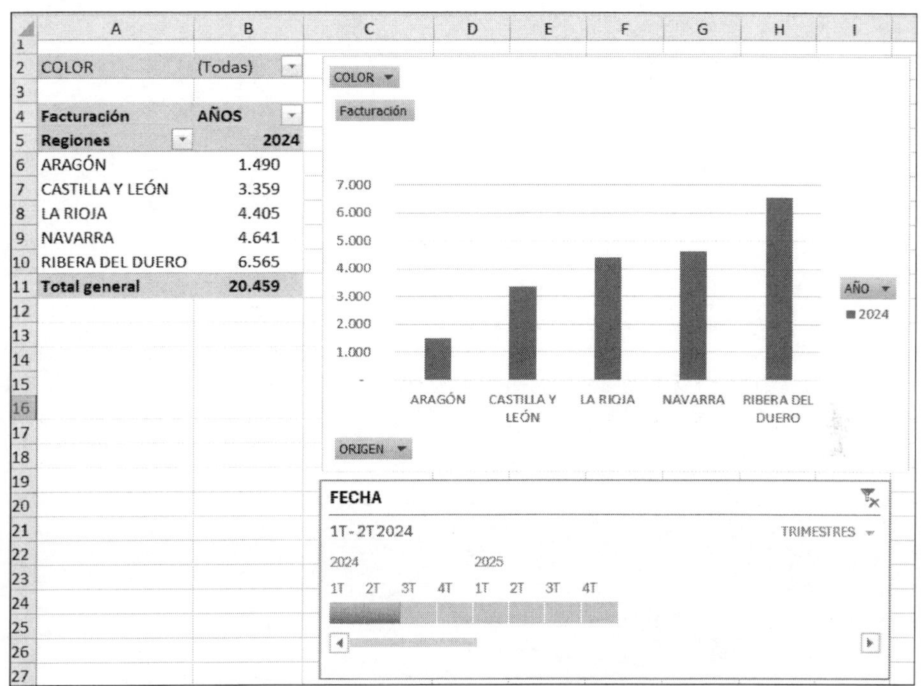

✎ Para deshacer la escala de tiempo, pulse el botón **Borrar filtro** .

D. Modificar un gráfico

En el siguiente ejemplo, se utilizará un gráfico existente para estudiar cómo aplicar diferentes presentaciones a cada serie de un gráfico.

Este gráfico dinámico y su tabla dinámica se encuentran en el archivo **Materialfoto.xlsx**.

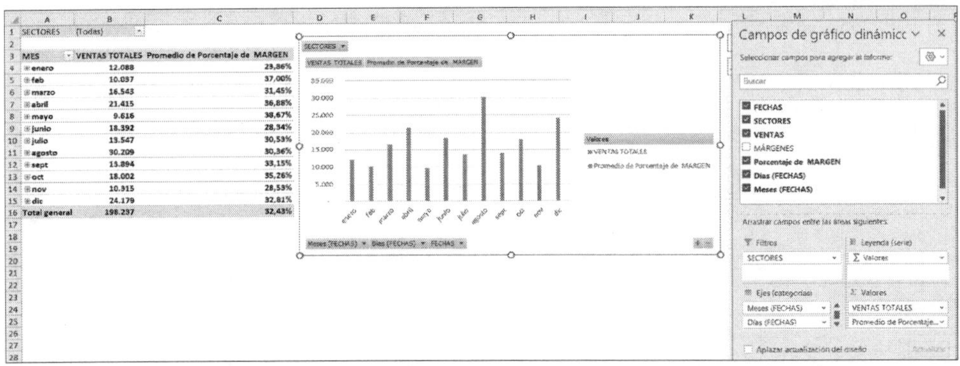

Los valores de los márgenes medios son muy pequeños en comparación con las ventas, por lo que los márgenes no son visibles. El gráfico en su estado actual no es representativo. Por ello, primero se incluirán los márgenes medios con una línea y, después, se añadirá un eje secundario al gráfico.

- Seleccione el gráfico.
- En la pestaña **Diseño**, dentro del grupo **Tipo**, haga clic en **Cambiar tipo de gráfico**.

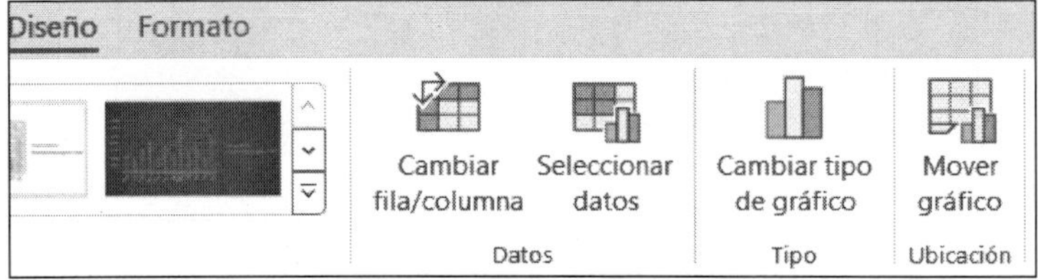

Aparece en pantalla la ventana **Cambiar tipo de gráfico**.

- En el tipo de gráfico, seleccione **Gráfico combinado**.
- En el cuadro, elija el tipo de gráfico y el eje para la serie de datos, marque **Eje secundario** para la serie **Promedio de Porcentaje de MARGEN**.

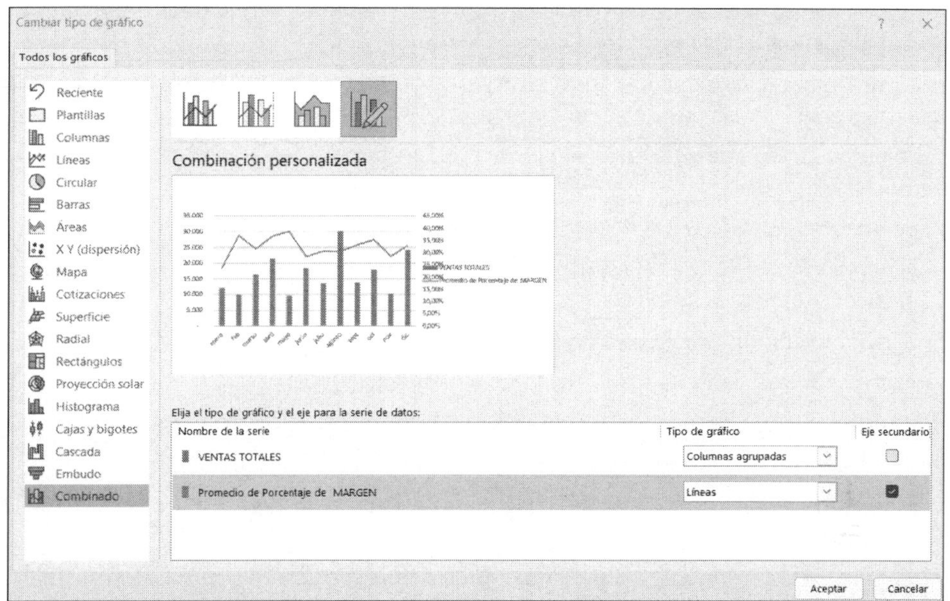

Haga clic en **Aceptar**.

El resultado es el siguiente:

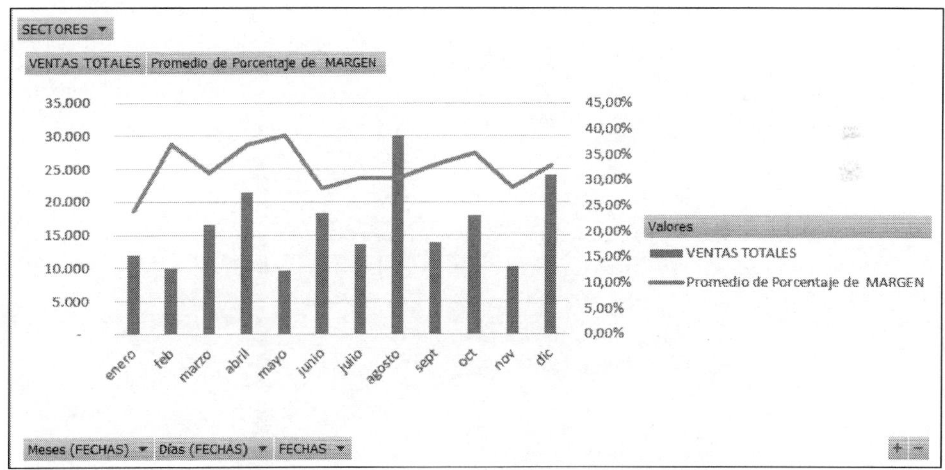

A continuación, la serie de márgenes se representa mediante una línea, y se finaliza la personalización del formato.

Para mejorar la legibilidad del gráfico, se recomienda combinar los colores de las líneas o histogramas con las etiquetas de los ejes.

Las ventas totales se muestran en azul y el promedio de porcentaje de margen en naranja.

- Seleccione el gráfico.
- Haga clic en el botón **Elementos de gráfico** ⊞ en la parte superior derecha del gráfico.
- Seleccione **Títulos de ejes - Vertical primario**.
- Escriba directamente el título **Importe** y confirme.
- Repita estas operaciones seleccionando **Títulos de ejes - Vertical secundario**.
- Escriba directamente **Promedio Margen** y confirme.
- Seleccione el eje secundario (%), haga clic con el botón derecho y haga clic en **Dar formato a eje**.
- En el panel **Dar Formato a eje - Opciones de eje**, cambie las unidades principales a 0,1.

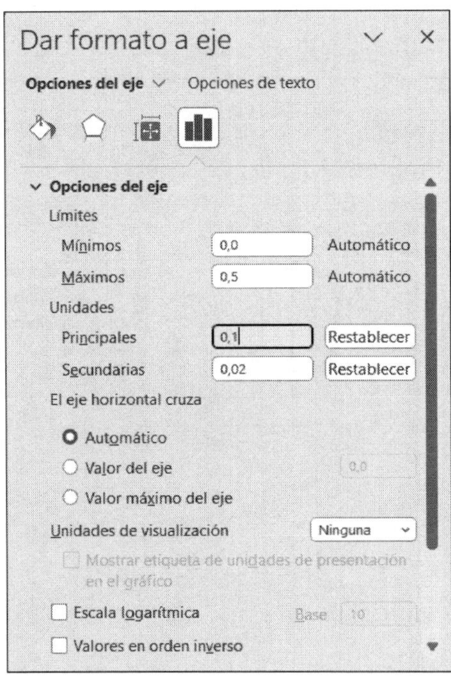

✎ Seleccione la categoría **Número**, ajuste las posiciones decimales a 0.

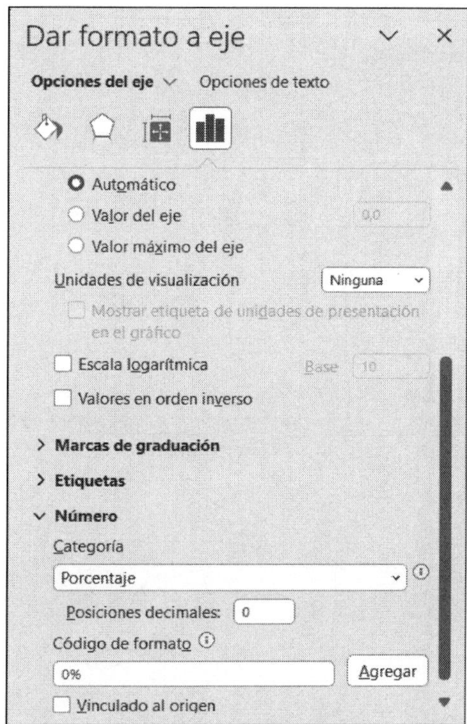

✎ Por último, añada el título **Ventas 2024** al gráfico.

El gráfico debería tener el siguiente aspecto.

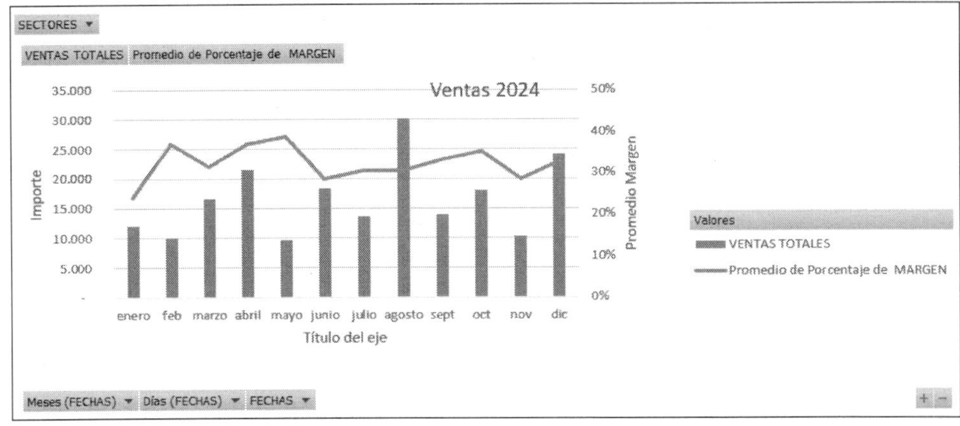

Capítulo 6

Los cálculos en las tablas dinámicas

A. Introducción

Las tablas dinámicas ofrecen una amplia gama de funcionalidades de cálculo. Aunque los cálculos estándar están disponibles, también puede personalizar sus propias fórmulas.

En este capítulo, trabajaremos con los siguientes datos:

	A	B	C	D
1	Fecha	Comunidad Autónoma	Artículo	Importe
2	02/01/2025	Andalucía	Auriculares	100
3	14/01/2025	Andalucía	Consola de videojuegos	200
4	18/01/2025	Andalucía	Auriculares	100
5	22/01/2025	Andalucía	Auriculares	100
6	26/01/2025	Andalucía	Patinete eléctrico	120
7	30/01/2025	Andalucía	Consola de videojuegos	200
8	04/02/2025	Andalucía	Auriculares	100
9	08/02/2025	Andalucía	Patinete eléctrico	120
10	12/02/2025	Andalucía	Consola de videojuegos	200
11	16/02/2025	Andalucía	Reloj conectado	75
12	20/02/2025	Andalucía	Altavoz Bluetooth	50

Estas cifras muestran las ventas de equipos de audio y vídeo en distintas tiendas y regiones.

Encontrará estos datos en la hoja de **datos** del archivo **cálculo_td.xlsx**.

B. Modificar la agregación de un campo de valor

Existen dos formas de cambiar la agregación de un campo en una tabla dinámica, cada una con una solución sencilla y eficaz, en función de sus necesidades concretas. Para demostrar estas técnicas, utilizaremos la tabla dinámica disponible en la hoja **AGREGACIÓN**:

Etiquetas de fila	Suma de Importe
Altavoz Bluetooth	4.150
Auriculares	7.400
Consola de videojuegos	12.400
Patinete eléctrico	4.800
Reloj conectado	6.225
Smartphone	4.400
Total general	**39.375**

De forma predeterminada, se utiliza la agregación **suma**.

<u>Primer método: utilizar el panel de Campos de tabla dinámica</u>

✎ En el panel **Campos de tabla dinámica**, localice la sección **Valores**.

Aquí verá la lista de campos utilizados actualmente para los cálculos; en nuestro caso, se trata del campo **Suma de Importe**.

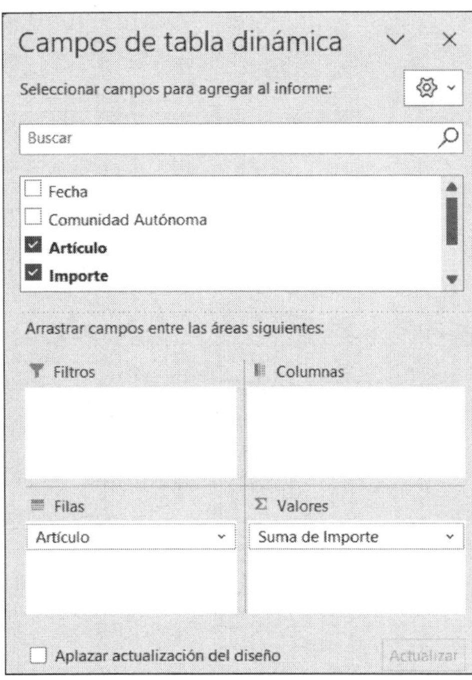

- Haga clic en la flecha desplegable del campo cuya agregación desea modificar (en este ejemplo, **Suma de Importe**).
- Seleccione **Configuración de campo de valor**.
  Aparecerá el cuadro de diálogo **Configuración de campo de valor**.
- En el cuadro de diálogo **Configuración de campo de valor**, en la pestaña **Resumir campo de valor por**, elija el tipo de cálculo que desea usar (por ejemplo, **Promedio**).

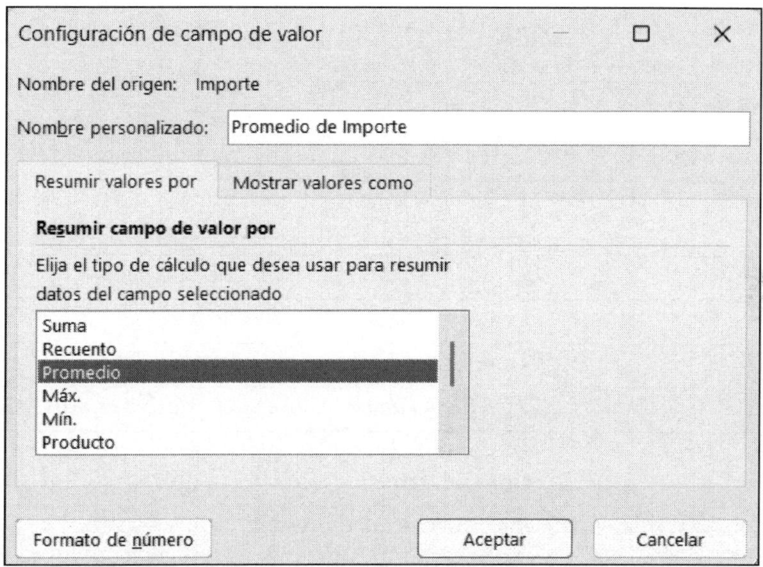

- Haga clic en **Aceptar** para aplicar el cambio.
  Se obtiene el siguiente resultado:

Etiquetas de fila	Promedio de Importe
Altavoz Bluetooth	50
Auriculares	100
Consola de videojuegos	200
Patinete eléctrico	120
Reloj conectado	75
Smartphone	100
Total general	**102**

Segundo método: utilizar el menú contextual (clic derecho)

- Haga clic derecho sobre un valor en la tabla dinámica.
- Seleccione la opción **Resumir valores por**.
- En el submenú, elija el tipo de agregación que desea utilizar, por ejemplo, **Recuento**.
  La tabla dinámica se actualizará inmediatamente para mostrar el nuevo tipo de cálculo.

En la pestaña **Resumir valores por** encontrará distintos tipos de cálculo aplicables a los datos:

Tipo de cálculo	Descripción
Suma	La suma de los valores de un punto de datos.
Recuento	El número de filas para un punto de datos. Es similar a la función CONTAR en Excel.
Promedio	El valor medio de un punto de datos.
Max	El valor más alto del punto de datos.
Min	El valor más pequeño del punto de datos.
Producto	El producto de los valores del punto de datos.
Contar números	El número de celdas que contienen números para un punto de datos. Es similar a la función CONTAR en Excel.
Desviación (**Desvest**)	Una estimación de la desviación estándar de una población, donde la muestra es un subconjunto de toda la población.
Desviación p (**Desvestp**)	La desviación estándar de una población, donde la población está compuesta por todos los valores que se deben resumir.
Varianza (**Var**)	Estimación de la varianza de una población, en la que la muestra es un subconjunto de toda la población.
Varianza p (**Varp**)	La varianza de una población, donde la población está formada por todos los valores a resumir.

C. Añadir un segundo campo de cálculo

En una tabla dinámica, puede ser útil visualizar varios cálculos simultáneamente, como por ejemplo el total general y el número de entradas para un campo específico.

En la hoja **segundo_campo** se encuentra una tabla dinámica con los campos **Comunidad Autónoma** en filas e **Importe** en valores:

Etiquetas de fila	Suma de Importe
Andalucía	9.750
Asturias	400
Castilla y León	8.450
Galicia	8.825
Madrid	11.950
Total general	**39.375**

Puede añadir una nueva columna para mostrar el número de ventas por comunidad autónoma.

- En el panel de **Campos de tabla dinámica**, coloque nuevamente el campo **Importe** en la zona **Valores**.

De forma predeterminada, se aplicará la agregación **Suma**. Para modificarla:

- En el panel **Campos de tabla dinámica**, en el área **Valores**, haga clic en **Suma de Importe2** y seleccione **Configuración de campo de valor**.
- Seleccione **Recuento** como tipo de agregación.
- Haga clic en **Aceptar**.

Su tabla dinámica ahora muestra tanto el total de las ventas (**Suma de Importe2**) como la cantidad de ventas (**Suma de Importe2**) por comunidad autónoma.

Etiquetas de fila	Suma de Importe	Cuenta de Importe2
Andalucía	9.750	83
Asturias	400	4
Castilla y León	8.450	108
Galicia	8.825	98
Madrid	11.950	93
Total general	**39.375**	**386**

Para cambiar el orden de los campos en la sección **Valores**, muévalos verticalmente:

- En el panel **Campos de tabla dinámica**, en el área **Valores**, realice un clic y arrastre para colocar el campo **Cuenta de Importe2** por encima del campo **Suma de Importe**.

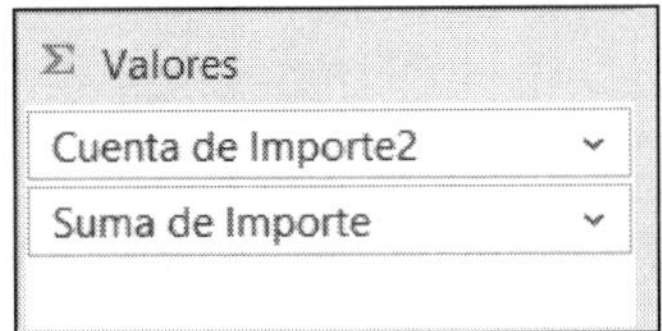

En la tabla dinámica, el campo **Suma de Importe** ahora aparece a la derecha del campo **Cuenta de Importe2**.

Etiquetas de fila	Cuenta de Importe2	Suma de Importe
Andalucía	83	9.750
Asturias	4	400
Castilla y León	108	8.450
Galicia	98	8.825
Madrid	93	11.950
Total general	**386**	**39.375**

D. Cálculos disponibles con la opción Mostrar los valores

Estos cálculos permiten presentar los datos en forma de comparaciones o proporciones en relación con otros datos.

Estos son los principales tipos de cálculo disponibles:

Tipo de cálculo	Descripción
Sin cálculo	Es el valor predeterminado, no se realiza ningún cálculo.
% del total general	El valor del campo dividido por el total general global de la tabla dinámica.
% del total de columnas	El valor del campo dividido por el total de la columna en la que se encuentra.
% del total de filas	El valor del campo dividido por el total de la línea en la que aparece.
% de...	El valor del campo dividido por el número de su elección.

Tipo de cálculo	Descripción
% del total de filas principales	Cuando hay más de un campo en el área **Filas** del panel **Campos de tabla dinámica**, un campo situado encima de otro campo se denomina campo principal. Este cálculo muestra el valor del campo dividido por el total de la fila principal a la que pertenece el valor.
% del total de la columnas principales	Cuando hay más de un campo en el área **Columnas** del panel **Campos de tabla dinámica**, un campo situado encima de otro campo se denomina campo principal. Este cálculo muestra el valor del campo dividido por el total de la columna principal a la que pertenece el valor.

Aquí tiene algunos ejemplos de cálculo; para presentar los cálculos principales, utilizaremos la tabla dinámica disponible en la hoja **Mostrar valores**.

Etiquetas de fila	Suma de Importe	Suma de Importe2
Andalucía	9.750	9750
Asturias	400	400
Castilla y León	8.450	8450
Galicia	8.825	8825
Madrid	11.950	11950
Total general	**39.375**	**39375**

1. Mostrar el porcentaje del total

Para mostrar un porcentaje del total para un campo dado:

- Haga clic derecho en un valor de la columna **Suma de Importe2** y seleccione **Mostrar valores como - % del total general**.

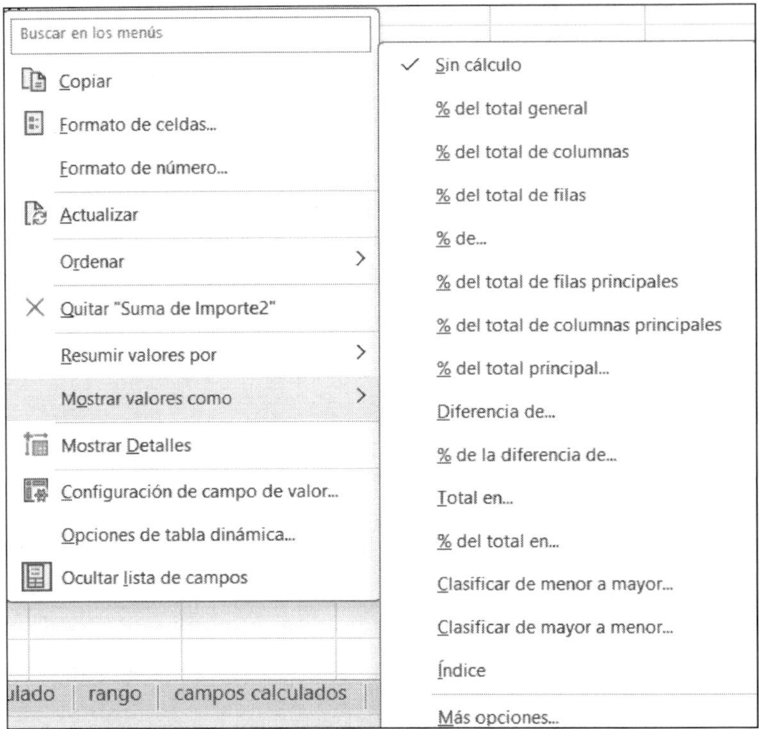

La tabla dinámica muestra entonces la distribución del volumen de negocio por comunidad autónoma, en importes y en porcentajes.

Etiquetas de fila	Suma de Importe	Suma de Importe2
Andalucía	9.750	24,76%
Asturias	400	1,02%
Castilla y León	8.450	21,46%
Galicia	8.825	22,41%
Madrid	11.950	30,35%
Total general	**39.375**	**100,00%**

2. Mostrar las variaciones entre las filas

Para mostrar la diferencia entre los valores de cada fila:

- Seleccione un valor en la columna **Suma de Importe2**.
- Haga clic derecho y luego seleccione **Mostrar valores como - Diferencia de**. Aparecerá en pantalla el cuadro de diálogo **Mostrar los valores**.

✎ En la lista desplegable **Campo base**, seleccione **Comunidad Autónoma**.

✎ En la lista desplegable **Elemento base**, seleccione **Andalucía** y valide con **Aceptar**.

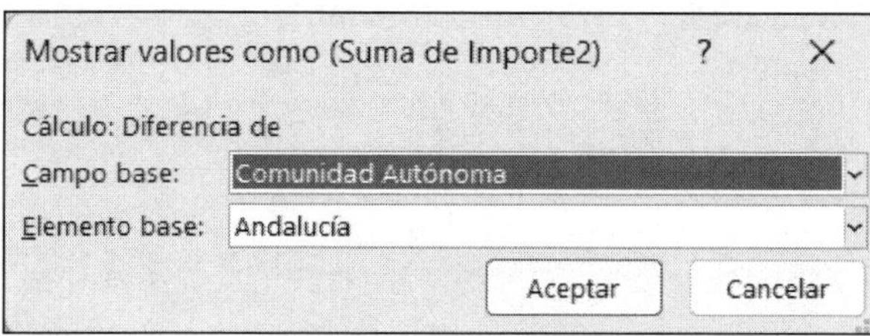

✎ Cambie el nombre de la columna por **Diferencia | Andalucía**.

Etiquetas de fila	Suma de Importe	Diferencia | Andalucía
Andalucía	9.750	
Asturias	400	-9350
Castilla y León	8.450	-1300
Galicia	8.825	-925
Madrid	11.950	2200
Total general	**39.375**	

3. Mostrar un total acumulado

Un total acumulado es la suma progresiva de una serie de valores, donde cada nuevo valor se añade al anterior. Sirve para seguir la acumulación de un total a lo largo del tiempo o de los datos.

Utilizaremos para este ejemplo la tabla dinámica disponible en la hoja **Total acumulado**.

✎ Seleccione un valor en la columna **Total acumulado**.

✎ Haga clic derecho y luego seleccione **Mostrar valores como – Total en**.
Aparecerá en pantalla el cuadro de diálogo **Mostrar valores como (Total acumulado)**.

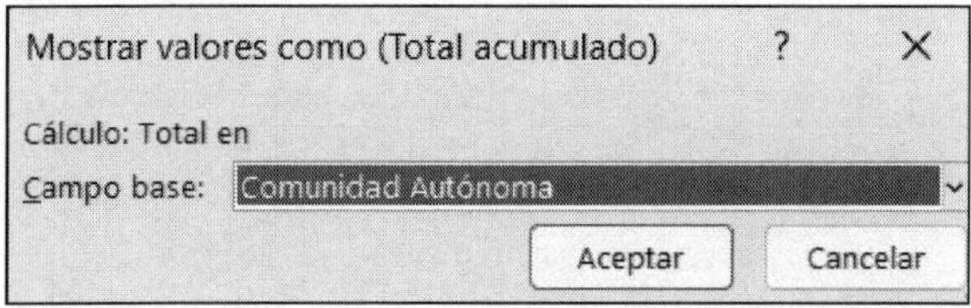

✎ Seleccione **Comunidad Autónoma** en la lista desplegable **Campo base** y haga clic en **Aceptar** para confirmar.

A continuación, se muestra el resultado:

Etiquetas de fila	Suma de Importe	Total acumulado
Andalucía	9750	9750
Asturias	400	10150
Castilla y León	8450	18600
Galicia	8825	27425
Madrid	11950	39375
Total general	**39375**	

4. Mostrar rango

El rango indica la posición de un valor dentro de una lista ordenada, ya sea en orden ascendente o descendente. Permite comparar los valores entre sí y conocer dónde se encuentra cada elemento dentro del conjunto de datos.

Realizaremos este ejemplo utilizando la tabla dinámica disponible en la hoja **Rango**.

- Seleccione un valor en la columna **Rango**.
- Haga clic derecho y luego seleccione **Mostrar valores como - Clasificar de menor a mayor**.

  Aparecerá en pantalla el cuadro de diálogo **Mostrar valores como (Rango)**.
- En la lista desplegable **Campo base**, seleccione **Comunidad Autónoma**.

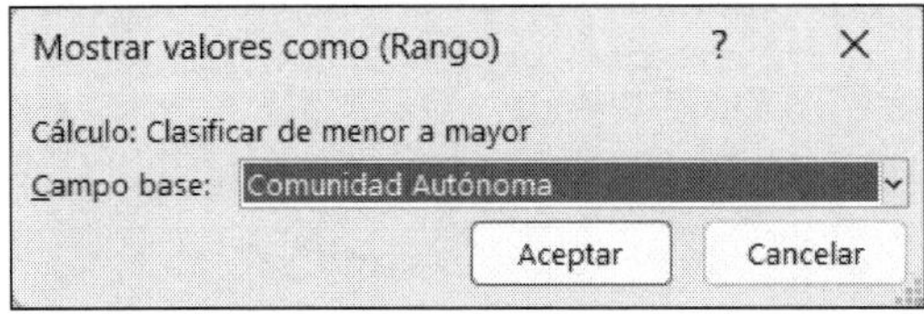

- Haga clic en **Aceptar** para confirmar.

  El resultado obtenido es el siguiente:

Etiquetas de fila	Suma de Importe	Rango
Andalucía	9750	4
Asturias	400	1
Castilla y León	8450	2
Galicia	8825	3
Madrid	11950	5
Total general	**39375**	

E. Crear cálculos personalizados

Aunque es posible crear campos calculados en una tabla dinámica, este método se ha vuelto menos común con la llegada de Power Pivot y el lenguaje DAX, que ofrecen posibilidades de cálculo más avanzadas y adaptadas a las necesidades actuales.

El capítulo Introducción a Power Pivot de este libro ofrecerá una introducción a Power Pivot.

El objetivo para 2026 es aumentar las ventas un 6% respecto a 2025.

En la hoja **campos calculados** se encuentra una tabla dinámica con los campos **Comunidad Autónoma** en filas y **Importe** en valores (columna Facturación 2025).

Etiquetas de fila	Facturación 2025
Andalucía	9.750
Asturias	400
Castilla y León	8.450
Galicia	8.825
Madrid	11.950
Total general	**39.375**

- Seleccione una celda de la tabla dinámica.
- En la cinta de opciones, haga clic en la pestaña **Analizar tabla dinámica**.
- En la sección **Cálculos**, seleccione **Campos, elementos y conjuntos - Campo calculado.**

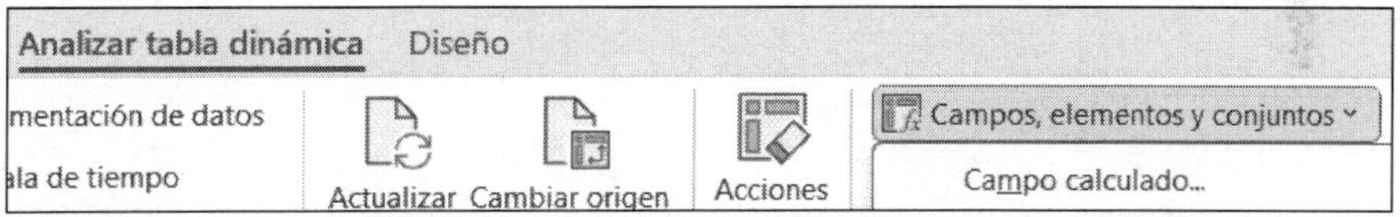

- En el cuadro de diálogo **Insertar campo calculado**, asigne al campo el nombre **Objetivo 2026**.

- En el campo **Campos** seleccione **Importe** - **Insertar campo** y luego escriba ***1,06** en el campo **Fórmula**.

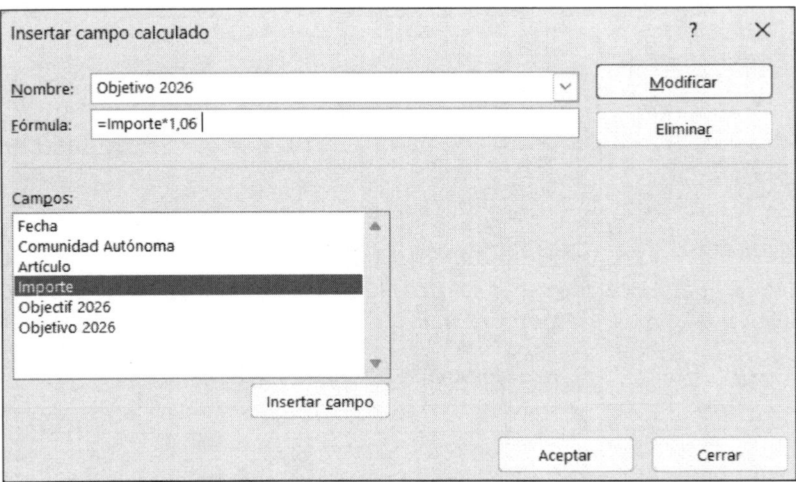

Según la configuración regional de Windows, es posible que deba escribir 1.06.

- Haga clic en **Aceptar**.

En el panel de **Campos de tabla dinámica**, se ha añadido el campo **Objetivo 2026**.

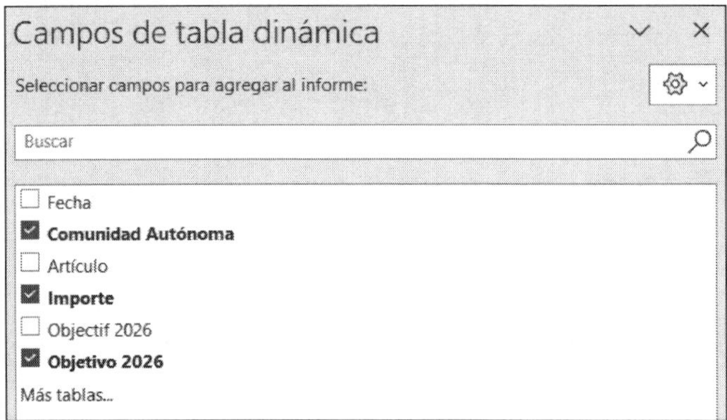

- Arrastre el campo **Objetivo 2026** al área **Valores**.

La tabla dinámica muestra ahora una nueva columna con los objetivos de ventas para 2026.

Etiquetas de fila	Facturación 2025	Suma de Objetivo 2026
Andalucía	9750	10335
Asturias	400	424
Castilla y León	8450	8957
Galicia	8825	9354,5
Madrid	11950	12667
Total general	**39375**	**41738**

Para documentarlos, puede enumerar todos los elementos y campos calculados:

- Seleccione la tabla dinámica.
- Haga clic en la pestaña **Analizar tabla dinámica**.
- Seleccione **Campos, elementos y conjuntos - Crear lista de fórmulas.**
  Aparecerá una nueva hoja con la lista de elementos calculados y campos calculados.

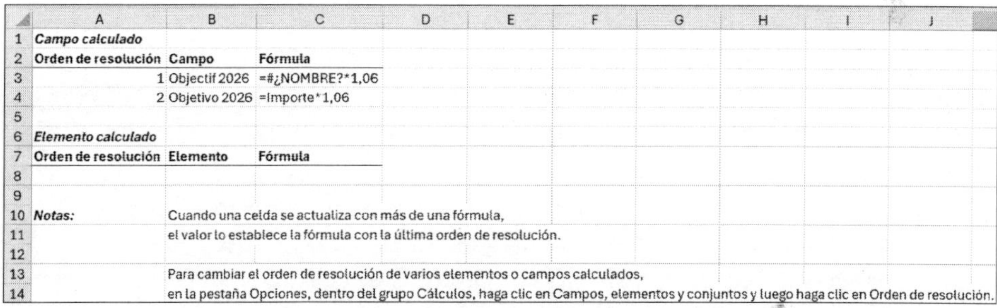

	A	B	C
1	*Campo calculado*		
2	**Orden de resolución**	**Campo**	**Fórmula**
3	1	Objectif 2026	=#¿NOMBRE?*1,06
4	2	Objetivo 2026	=Importe*1,06
5			
6	*Elemento calculado*		
7	**Orden de resolución**	**Elemento**	**Fórmula**
8			
9			
10	*Notas:*	Cuando una celda se actualiza con más de una fórmula,	
11		el valor lo establece la fórmula con la última orden de resolución.	
12			
13		Para cambiar el orden de resolución de varios elementos o campos calculados,	
14		en la pestaña Opciones, dentro del grupo Cálculos, haga clic en Campos, elementos y conjuntos y luego haga clic en Orden de resolución.	

F. Usar la función IMPORTARDATOSDINAMICOS

La función IMPORTARDATOSDINAMICOS permite extraer un valor específico de una tabla dinámica. Esta función es especialmente útil para recuperar información precisa sin necesidad de navegar directamente dentro de la tabla dinámica.

En la hoja **OBTENERDATOSDPT** hay una tabla dinámica (TD) con los campos **Articulo** y **Comunidad Autónoma** en filas, y el campo **Importe** como valores.

Etiquetas de fila	Suma de Importe
Altavoz Bluetooth	**4150**
Andalucía	500
Castilla y León	1700
Galicia	1450
Madrid	500
Auriculares	**7400**
Andalucía	1900
Castilla y León	2000
Galicia	1000
Madrid	2500
Consola de videojuegos	**12400**
Andalucía	3800
Galicia	2000
Madrid	6600

Queremos mostrar las cifras de ventas de consolas de videojuegos en Andalucía.

En la celda D3, escriba el signo = y seleccione la celda C19 de la TD.

La fórmula que aparece es: =IMPORTARDATOSDINAMICOS("Importe";$B$7;"Comunidad Autónoma";"Andalucía";"Artículo";"Consola de videojuegos").

El resultado es 3800.

- "**Importe**": este es el campo de valor que desea extraer de la tabla dinámica. En este caso, es el importe de las ventas, por ejemplo.
- $B$7: es la celda que contiene la tabla dinámica. Excel utiliza esta celda como referencia para determinar qué tabla dinámica utilizar.
- "**Comunidad Autónoma**";"**Andalucía** ": estos dos elementos indican que desea los datos para la comunidad autónoma "**Andalucía**". El primer argumento es el nombre del campo ("**Comunidad autónoma** ") y el segundo es el criterio de filtro ("**Andalucía**").
- "**Artículo**";"**Consola de videojuegos**": estos dos elementos filtran los datos para el artículo "**Consola de videojuegos**". Al igual que con la comunidad autónoma, el primer argumento es el nombre del campo ("**Artículo**") y el segundo es el criterio ("**Consola de videojuegos**").

En resumen, esta función devolverá el importe de las ventas de consolas de videojuegos en la comunidad autónoma de Andalucía, tal y como se presenta en la tabla dinámica a la que se hace referencia en la celda $B$7.

La ventaja de esta función es que recupera el valor indicado utilizando las coordenadas indicadas por la función.

Si se modifica la estructura de la tabla dinámica, la función seguirá devolviendo la suma de las ventas de la comunidad autónoma de Andalucía y del producto auriculares.

- En el panel **Campos de tabla dinámica**, en el área **Filas**, seleccione el campo **Comunidad Autónoma** y arrástrelo al área **Columnas**.

El valor de la celda no se modifica.

La función IMPORTARDATOSDINAMICOS se utiliza para realizar búsquedas dinámicas dentro de una tabla dinámica.

En la celda **B3**, una lista desplegable permite seleccionar el artículo deseado.

En la celda **C3** hay otra lista desplegable en la que puede elegir la comunidad autónoma.

La celda **D3** mostrará el resultado en función de las selecciones realizadas en las listas desplegables de las celdas **B3** y **C3**.

- Para obtener el resultado en la celda **D3** según las opciones elegidas en las listas desplegables, introduzca la siguiente fórmula:

=IMPORTARDATOSDINAMICOS("**Importe**";$B$7;"**Comunidad Autónoma**";
C3;"**Artículo**";B3)

Explicación de la fórmula:

- "**Importe**": el campo que desea extraer (en este caso, el importe de las ventas).
- **$B$7**: la celda de referencia de la tabla dinámica.
- "**Comunidad Autónoma**"; **C3**: búsqueda basada en la región seleccionada en la celda C3.
- "**Artículo**"; **B3**: búsqueda basada en el producto seleccionado en la celda B3.

La fórmula devuelve, por tanto, al importe correspondiente a la comunidad autónoma y al artículo seleccionados.

G. Conclusión

Con este capítulo finaliza la primera parte del libro, dedicada a las funcionalidades principales de las tablas dinámicas. En la siguiente parte, se abordarán funcionalidades más avanzadas o recientes relacionadas con esta herramienta.

Capítulo 7
Introducción a Power Query

A. Introducción

Power Query es una herramienta de Microsoft integrada en Excel (desde la versión 2010) que permite limpiar, transformar y cargar datos (proceso ETL - *Extract, Transform, Load*).

Se trata de una herramienta fundamental para los analistas, ya que los datos mal estructurados o sin limpiar pueden llevar a análisis incorrectos.

Power Query automatiza las tareas de preparación de datos, lo que optimiza el proceso y minimiza la posibilidad de errores. Una vez los datos están limpios y transformados, se pueden usar fácilmente para crear análisis detallados e informes mediante tablas dinámicas.

Esta herramienta ha transformado la manipulación de datos, como lo hicieron las tablas dinámicas en la década de 1990.

¿Qué es un ETL?

Un ETL permite realizar tres acciones clave:

- **Extract**: conectarse a una o varias fuentes para recuperar los datos deseados;
- **Transform**: limpiar, dar formato y agregar los datos para hacerlos utilizables;
- **Load**: importar los datos transformados a un lugar específico para su análisis.

Con Power Query, estas operaciones se realizan de manera intuitiva y automatizada, haciendo que la manipulación de datos sea más accesible, incluso para usuarios que no son expertos en programación.

B. Importar y transformar datos con Power Query

El objetivo de esta sección es abordar la importación y las transformaciones básicas con Power Query. Para ello, se utilizará el archivo **Query.xlsx**.

Los datos tienen el siguiente aspecto:

	A	B	C	D	E	F	G
1	Año	Mes	Categoría	Artículo	Precio	Fecha	Vendedor
2	2025	Enero	Muebles	Silla	100	01/01/2025	Ortiz
3		Enero	Muebles	Mesa	250	02/01/2025	Díaz
4		Enero	Decoración	Lámpara	50	03/01/2025	Martín
5		Enero	Muebles	Cama	500	04/01/2025	Ramos
6		Enero	Decoración	Jarrón	30	05/01/2025	Díaz
7		Enero	Decoración	Alfombra	150	06/01/2025	Martín
8		Enero	Muebles	Sofá	800	07/01/2025	Ortiz
9		Enero	Electrónica	Televisión	700	08/01/2025	Ramos
10		Enero	Electrónica	Ordenador	1200	09/01/2025	Martín
11		Enero	Electrónica	Teléfono	500	10/01/2025	Díaz
12		Enero	Muebles	Silla	120	11/01/2025	Ortiz
13		Enero	Muebles	Mesa	300	12/01/2025	Díaz
14		Enero	Decoración	Lámpara	60	13/01/2025	Martín
15		Enero	Muebles	Cama	600	14/01/2025	Ramos
16		Enero	Decoración	Jarrón	40	15/01/2025	Díaz
17		Enero	Decoración	Alfombra	200	16/01/2025	Martín
18		Enero	Muebles	Sofá	900	17/01/2025	Ortiz
19		Enero	Electrónica	Televisión	800	18/01/2025	Ramos
20		Enero	Electrónica	Ordenador	1500	19/01/2025	Martín
21		Enero	Electrónica	Teléfono	600	20/01/2025	Díaz

El objetivo de este caso práctico es:

- importar los datos en Power Query;
- eliminar la columna de vendedores;
- copiar hacia abajo el valor 2025 que está presente únicamente en la primera fila de la columna **Año**;
- filtrar los datos para enfocar el análisis en las categorías **Muebles** y **Electrónica**;
- después del procesamiento, cargar los datos en Excel directamente en forma de tabla dinámica.

1. Importar datos

Power Query permite conectarse a una gran variedad de fuentes, tales como:

- archivos de Excel;
- bases de datos SQL, Access;
- sitios web;
- servicios en línea (API, SharePoint).

Importar datos de un archivo Excel

✎ Abrir un nuevo libro de Excel.

✎ En la pestaña **Datos**, dentro del grupo **Obtener y transformar datos**, seleccione **Obtener datos - De un archivo** y luego **Desde un libro de Excel**.

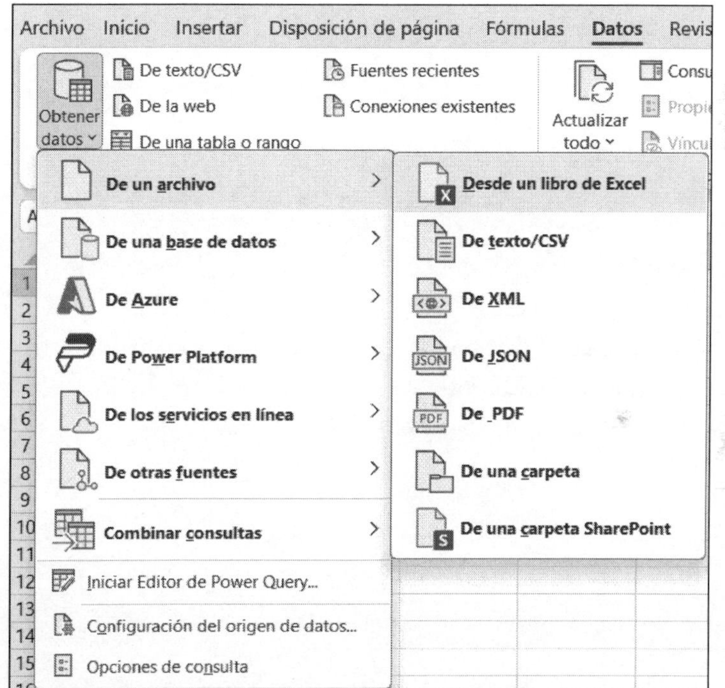

Se abre el cuadro de diálogo **Importar datos** para seleccionar el archivo.

✎ Seleccione el archivo **Query.xlsx** y haga clic en **Importar**. Aparecerá el cuadro de diálogo **Navegador**.

Seleccione la hoja **Hoja1**, y se mostrará una vista previa de los datos.

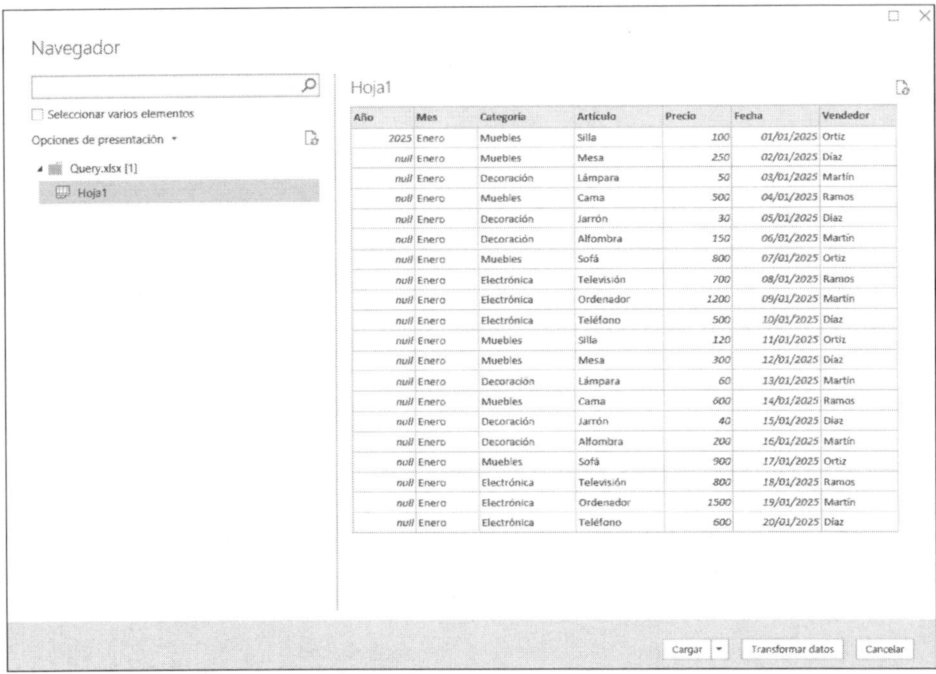

Año	Mes	Categoría	Artículo	Precio	Fecha	Vendedor
2025	Enero	Muebles	Silla	100	01/01/2025	Ortiz
null	Enero	Muebles	Mesa	250	02/01/2025	Díaz
null	Enero	Decoración	Lámpara	50	03/01/2025	Martín
null	Enero	Muebles	Cama	500	04/01/2025	Ramos
null	Enero	Decoración	Jarrón	30	05/01/2025	Díaz
null	Enero	Decoración	Alfombra	150	06/01/2025	Martín
null	Enero	Muebles	Sofá	800	07/01/2025	Ortiz
null	Enero	Electrónica	Televisión	700	08/01/2025	Ramos
null	Enero	Electrónica	Ordenador	1200	09/01/2025	Martín
null	Enero	Electrónica	Teléfono	500	10/01/2025	Díaz
null	Enero	Muebles	Silla	120	11/01/2025	Ortiz
null	Enero	Muebles	Mesa	300	12/01/2025	Díaz
null	Enero	Decoración	Lámpara	60	13/01/2025	Martín
null	Enero	Muebles	Cama	600	14/01/2025	Ramos
null	Enero	Decoración	Jarrón	40	15/01/2025	Díaz
null	Enero	Decoración	Alfombra	200	16/01/2025	Martín
null	Enero	Muebles	Sofá	900	17/01/2025	Ortiz
null	Enero	Electrónica	Televisión	800	18/01/2025	Ramos
null	Enero	Electrónica	Ordenador	1500	19/01/2025	Martín
null	Enero	Electrónica	Teléfono	600	20/01/2025	Díaz

Esta vista previa permite comprobar los datos antes de cargarlos o transformarlos.

Haga clic en **Transformar datos**.

El editor de Power Query aparece en pantalla.

✎ En el lado derecho, en el panel **Configuración de la consulta** - PROPIEDADES, nombre la consulta como **Ventas_enero** y pulse ↵.

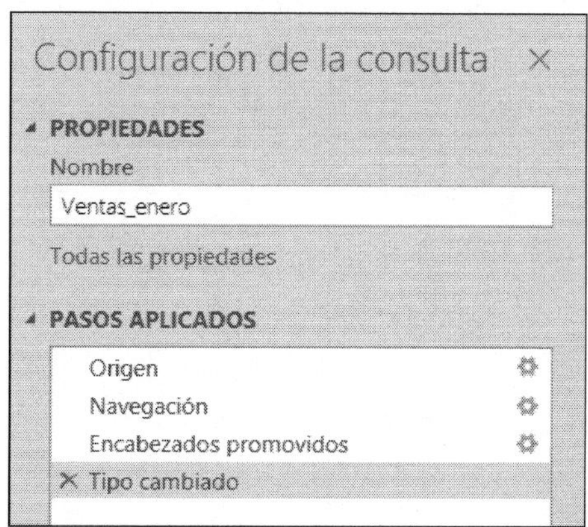

2. Limpiar y transformar los datos

Después de importar los datos, puede comenzar la fase de transformación.

Power Query ofrece una amplia gama de transformaciones automáticas.

a. Eliminar columnas

A veces, no todas las columnas de un archivo son necesarias. Power Query permite eliminar aquellas que no son relevantes.

En nuestro caso, vamos a eliminar la columna **Vendedor**.

✎ Seleccione la columna **Vendedor**, haga clic derecho y luego haga clic en **Quitar**.

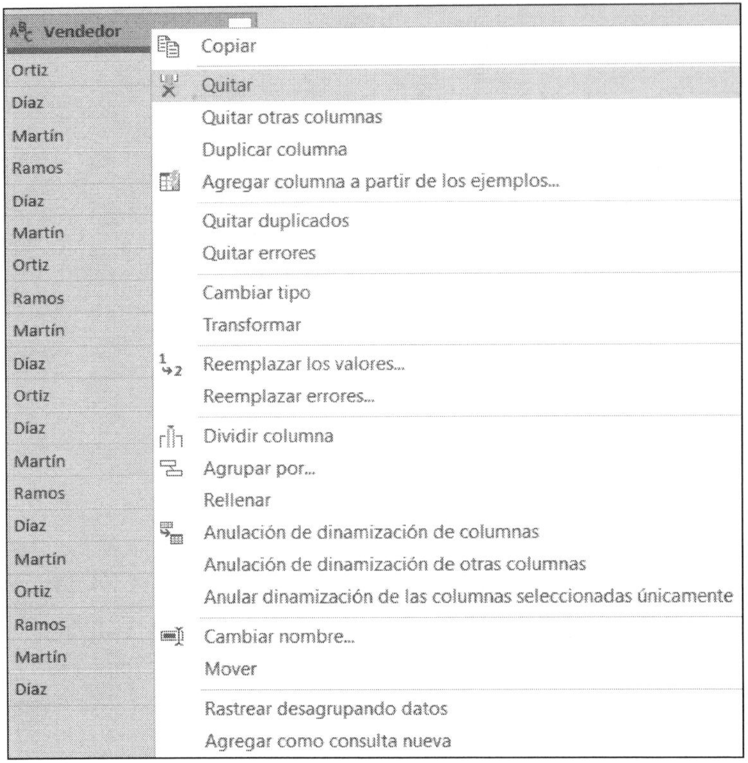

b. Rellenar hacia abajo

En la columna **Año**, solo la primera fila muestra **2025**. Las demás filas actualmente tienen el valor **null** pero también corresponden al año 2025.

	Año	Mes	Categoría
1	*2025*	Enero	Muebles
2	*null*	Enero	Muebles
3	*null*	Enero	Decoración
4	*null*	Enero	Muebles
5	*null*	Enero	Decoración
6	*null*	Enero	Decoración
7	*null*	Enero	Muebles
8	*null*	Enero	Electrónica

✎ Para copiar el valor **2025** hacia abajo, seleccione la columna **Año**.

- En la cinta de opciones, haga clic en la pestaña **Transformar**, dentro del grupo **Cualquier columna**, seleccione **Rellenar - Abajo**.

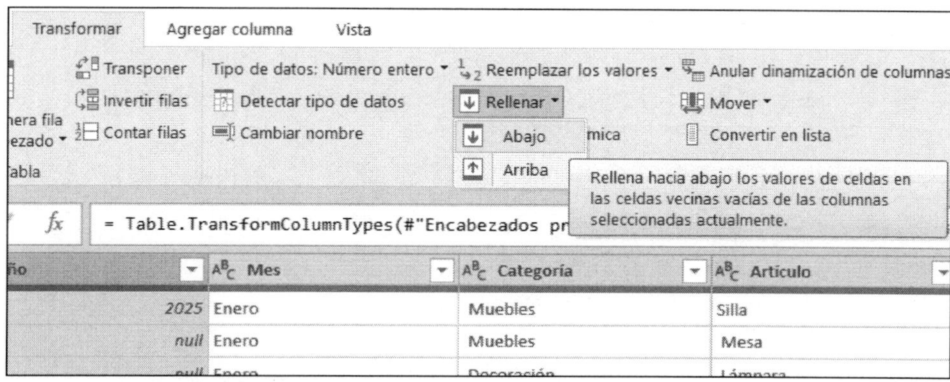

El valor **2025** se ha copiado en toda la columna:

	Año	Mes
1	2025	Enero
2	2025	Enero
3	2025	Enero
4	2025	Enero
5	2025	Enero
6	2025	Enero
7	2025	Enero
8	2025	Enero
9	2025	Enero
10	2025	Enero
11	2025	Enero
12	2025	Enero
13	2025	Enero
14	2025	Enero
15	2025	Enero
16	2025	Enero
17	2025	Enero
18	2025	Enero
19	2025	Enero
20	2025	Enero

c. Filtrar los datos

Al igual que en Excel, es posible filtrar los datos para trabajar únicamente con los elementos relevantes.

Para nuestro análisis, queremos solo las categorías **Muebles** y **Electrónica**.

- En la columna **Categoría**, abra el menú desplegable del filtro ubicado en el lado derecho del encabezado de la columna.
- Desmarque el campo **Decoración**.

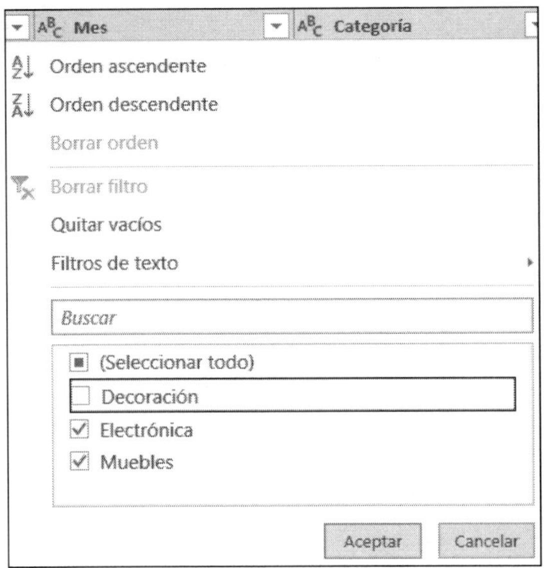

- Haga clic en **Aceptar**.

La columna se ha filtrado.

	Año	Mes	Categoría	Artículo	Precio	Fecha
1	2025	Enero	Muebles	Silla	100	01/01/2025
2	2025	Enero	Muebles	Mesa	250	02/01/2025
3	2025	Enero	Muebles	Cama	500	04/01/2025
4	2025	Enero	Muebles	Sofá	800	07/01/2025
5	2025	Enero	Electrónica	Televisión	700	08/01/2025
6	2025	Enero	Electrónica	Ordenador	1200	09/01/2025
7	2025	Enero	Electrónica	Teléfono	500	10/01/2025
8	2025	Enero	Muebles	Silla	120	11/01/2025
9	2025	Enero	Muebles	Mesa	300	12/01/2025
10	2025	Enero	Muebles	Cama	600	14/01/2025
11	2025	Enero	Muebles	Sofá	900	17/01/2025
12	2025	Enero	Electrónica	Televisión	800	18/01/2025
13	2025	Enero	Electrónica	Ordenador	1500	19/01/2025
14	2025	Enero	Electrónica	Teléfono	600	20/01/2025

Cada uno de estos pasos de transformación se guarda automáticamente en el editor de Power Query. Aparecen en el panel de **Configuración de la consulta**, dentro de la sección PASOS APLICADOS.

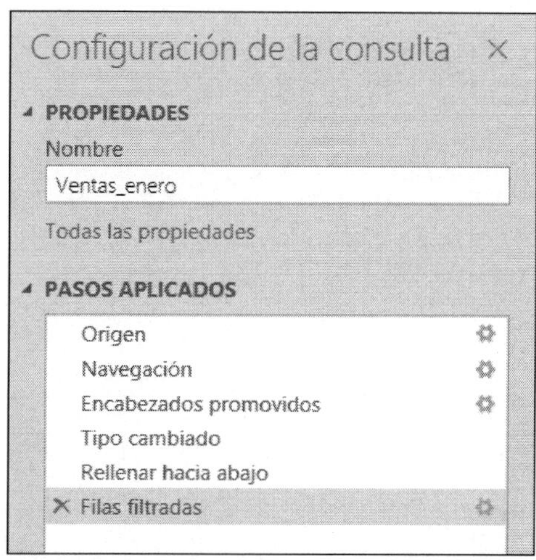

También se encuentran en forma de código M, un lenguaje de programación dedicado a la manipulación de datos, que Power Query genera automáticamente para usted, sin necesidad de intervención manual.

Puede encontrar el código M generado para cada paso en la barra de fórmulas:

✎ Para acceder al código M completo generado, en la pestaña **Inicio**, dentro del grupo **Consulta**, haga clic en **Editor avanzado**.

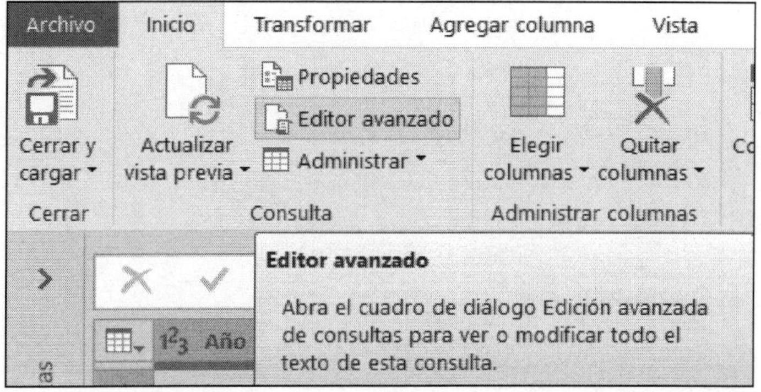

El código M se muestra en el cuadro de diálogo, donde puede editarse.

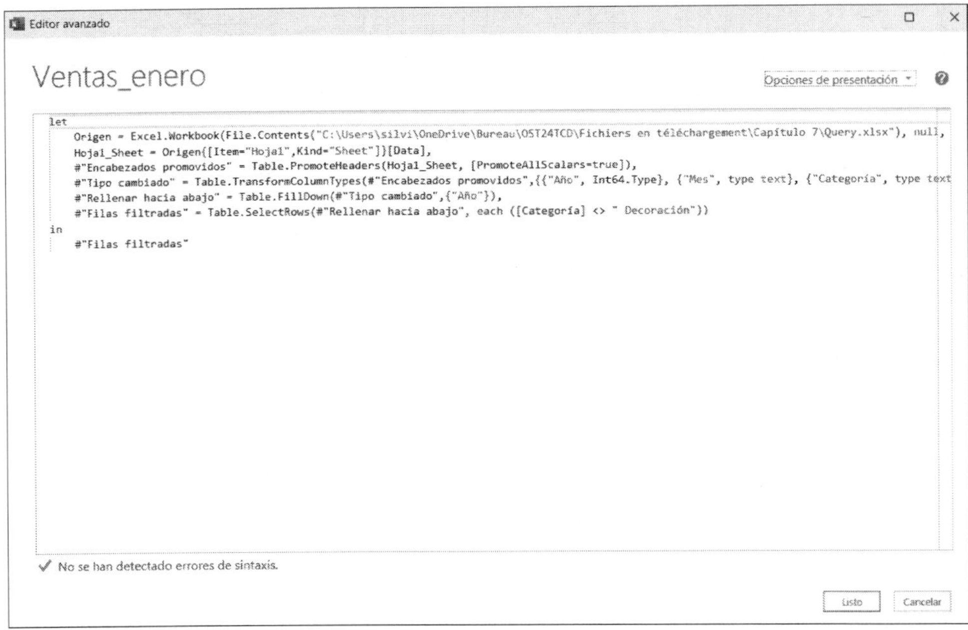

d. Cargar los datos

Una vez que los datos han sido importados a Power Query y se han realizado las modificaciones necesarias, hay varias opciones disponibles para cargarlos en Excel.

- En la pestaña **Inicio**, haga clic en el menú desplegable del botón **Cerrar y cargar**. Se presentan dos opciones:

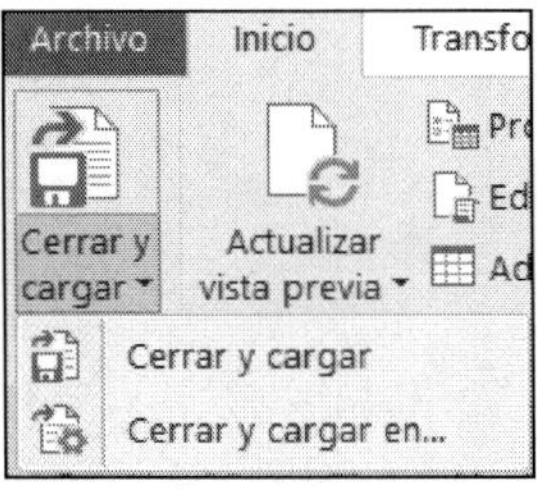

- Haga clic en **Cerrar y cargar**.

Los datos se cargan en forma de tabla de datos estándar en Excel.

	A	B	C	D	E	F
1	Año	Mes	Categoría	Artículo	Precio	Fecha
2	2025	Enero	Muebles	Silla	100	01/01/2025
3	2025	Enero	Muebles	Mesa	250	02/01/2025
4	2025	Enero	Muebles	Cama	500	04/01/2025
5	2025	Enero	Muebles	Sofá	800	07/01/2025
6	2025	Enero	Electrónica	Televisión	700	08/01/2025
7	2025	Enero	Electrónica	Ordenador	1200	09/01/2025
8	2025	Enero	Electrónica	Teléfono	500	10/01/2025
9	2025	Enero	Muebles	Silla	120	11/01/2025
10	2025	Enero	Muebles	Mesa	300	12/01/2025
11	2025	Enero	Muebles	Cama	600	14/01/2025
12	2025	Enero	Muebles	Sofá	900	17/01/2025
13	2025	Enero	Electrónica	Televisión	800	18/01/2025
14	2025	Enero	Electrónica	Ordenador	1500	19/01/2025
15	2025	Enero	Electrónica	Teléfono	600	20/01/2025

A la derecha se encuentra el panel **Consultas y conexiones**.

- Si el panel **Consultas y conexiones** no es visible, vaya a la pestaña **Datos** y haga clic en **Consultas y conexiones**.

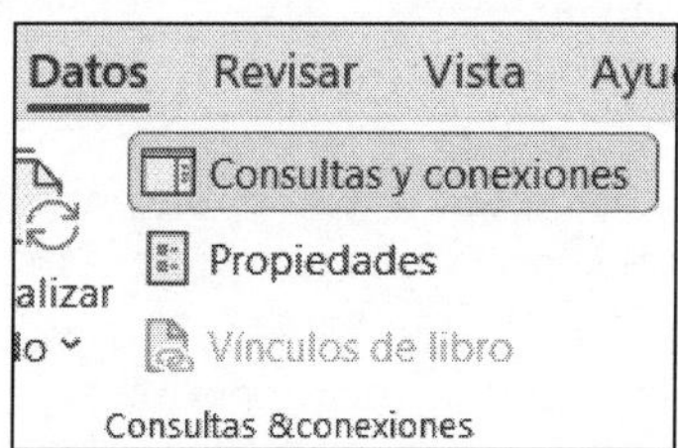

El panel muestra las diferentes consultas de Power Query presentes en el libro. Por el momento, este libro contiene la consulta **Ventas_Enero**.

- Haga doble clic en esta consulta para volver al editor de Power Query.

Esto permitirá alternar fácilmente entre Excel y Power Query.

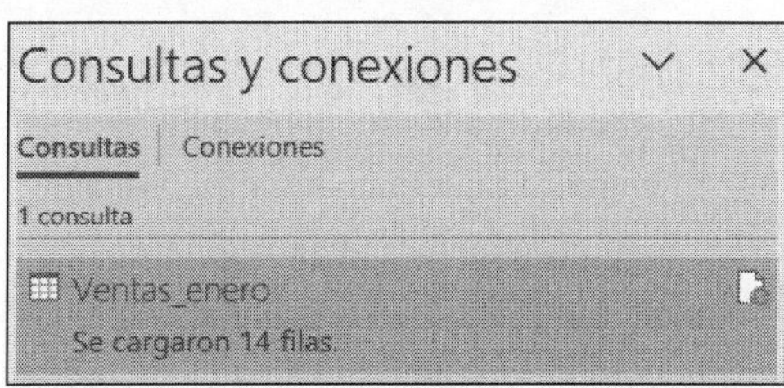

En Power Query, en la pestaña **Inicio**, haga clic en **Cerrar y cargar en.**
Aparecerá un cuadro de diálogo titulado **Importar datos.**

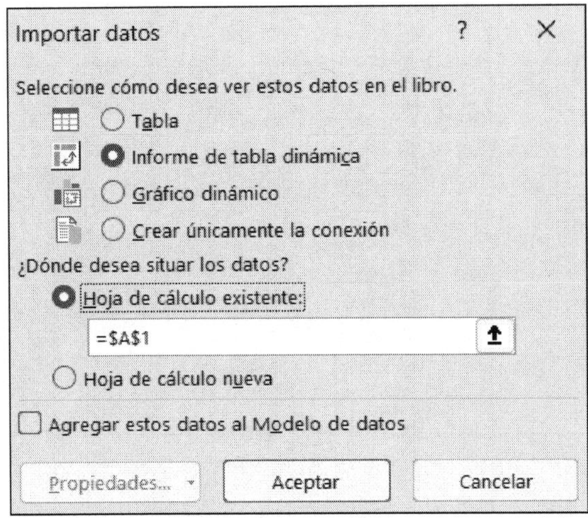

Este cuadro de diálogo ofrece varias opciones para importar datos:

- **Hoja de cálculo nueva**: puede elegir cargar los datos en una nueva hoja de cálculo. Esto crea una nueva hoja en su libro de Excel donde se colocarán los datos transformados.
- **Hoja de cálculo existente**: también puede optar por cargar los datos en una hoja de cálculo existente. A continuación, debe especificar la ubicación exacta (por ejemplo, la celda de inicio) en la que se insertarán los datos.
- **Crear únicamente la conexión**: esta opción permite crear una conexión con los datos sin cargarlos inmediatamente en una hoja de cálculo. Esta opción resulta útil si se desea emplear los datos en otras herramientas o cargarlos posteriormente.
- **Agregar estos datos al Modelo de datos**: al marcar esta opción, los datos se añadirán al modelo de datos de Power Pivot, lo que permitirá utilizarlos para análisis más avanzados e informes interactivos.

Esta última opción se tratará en el capítulo Introducción a Power Pivot.

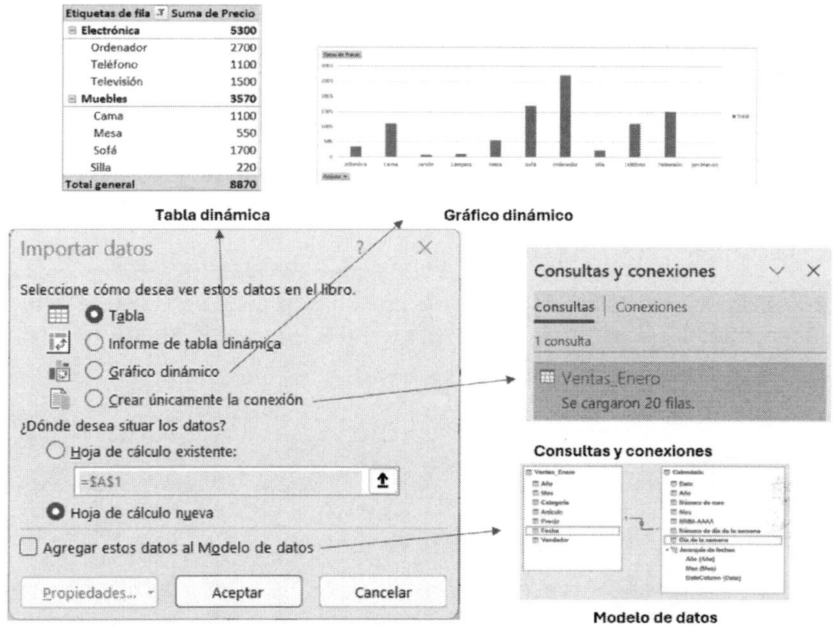

Etiquetas de fila	Suma de Precio
Electrónica	5300
Ordenador	2700
Teléfono	1100
Televisión	1500
Muebles	3570
Cama	1100
Mesa	550
Sofá	1700
Silla	220
Total general	8870

C. Actualizar los datos

Una vez que los datos se hayan importado y transformado, si el archivo fuente o la base de datos se actualiza (por ejemplo, se añaden nuevas filas o se modifican valores existentes), puede actualizar fácilmente los datos en Power Query para reflejar estos cambios. Para hacerlo, basta con hacer clic en el botón **Actualizar todo** en la pestaña **Datos** de la cinta de opciones de Excel. Power Query se reconecta con la fuente de datos, importa los nuevos datos y vuelve a aplicar todos los pasos de transformación definidos previamente.

- Cambie algunos valores en el archivo **Query.xlsx**.
- En la pestaña **Datos**, en el grupo **Consultas y conexiones**, haga clic en el botón **Actualizar todo**.

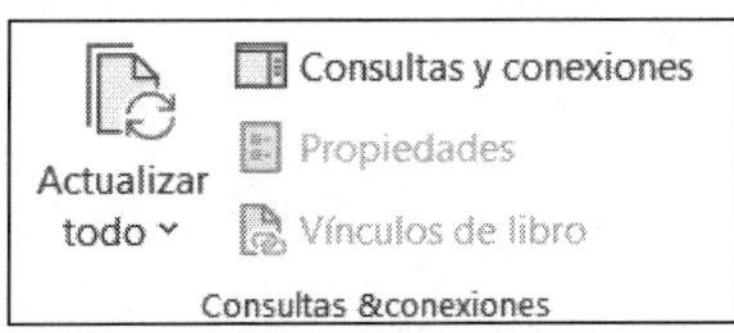

Los datos están actualizados.

D. Automatizar la preparación de datos

Uno de los puntos fuertes de Power Query reside en su capacidad para automatizar la preparación de datos. Una vez definidos los pasos de limpieza y transformación, pueden reutilizarse y actualizarse en datos nuevos y similares, sin tener que rehacerlos manualmente.

Supongamos que todos los meses recibe un archivo de ventas mensuales en un formato idéntico.

Una vez que haya configurado la consulta de Power Query para limpiar y estructurar los datos del primer mes, podrá actualizar la consulta cada mes con el nuevo archivo de ventas, sin necesidad de repetir manualmente los pasos de transformación.

Hemos creado la consulta **Ventas_enero** en la sección anterior. Ahora, en febrero, hemos recibido los siguientes datos:

	A	B	C	D	E	F	G
1	Año	Mes	Categoría	Artículo	Precio	Fecha	Vendedor
2	2025	Febrero	Electrónica	Ordenador	300	02/02/2025	Díaz
3		Febrero	Electrónica	Teléfono	60	03/02/2025	Ortiz
4		Febrero	Muebles	Silla	600	04/02/2025	Díaz
5		Febrero	Muebles	Mesa	40	05/02/2025	Martín
6		Febrero	Decoración	Lámpara	200	06/02/2025	Ramos
7		Febrero	Muebles	Cama	900	07/02/2025	Díaz
8		Febrero	Decoración	Jarrón	800	08/02/2025	Martín
9		Febrero	Decoración	Alfombra	1500	09/02/2025	Ortiz
10		Febrero	Muebles	Sofá	600	10/02/2025	Ramos
11		Febrero	Electrónica	Televisión	100	11/02/2025	Martín
12		Febrero	Electrónica	Ordenador	250	12/02/2025	Díaz
13		Febrero	Electrónica	Teléfono	50	13/02/2025	Ortiz
14		Febrero	Muebles	Silla	500	14/02/2025	Díaz
15		Febrero	Muebles	Mesa	30	15/02/2025	Martín

Encontrará estos datos en el archivo **Ventas_Febrero.xlsx**.

Los datos son diferentes, pero la estructura es la misma. Podremos utilizar los pasos creados anteriormente en Power Query.

Primer paso: copiar la consulta

- Vuelva al archivo **Informe de ventas.xlsx** si es necesario, vaya a la pestaña **Datos** - grupo **Consultas y conexiones** y haga clic en el botón **Consultas y conexiones**.

Aparece el panel **Consultas y conexiones**.

- Haga doble clic en la consulta **Ventas_enero**.

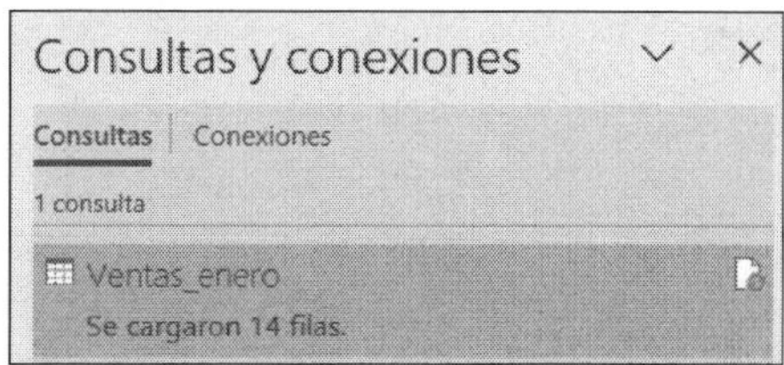

Se abre el editor Power Query.

- En la parte izquierda de la pantalla, haga clic con el botón derecho en la consulta **Ventas_enero** y seleccione **Duplicar**.

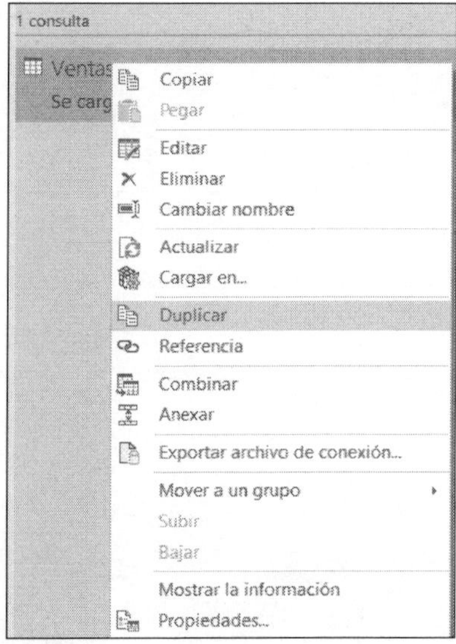

La consulta se ha duplicado.

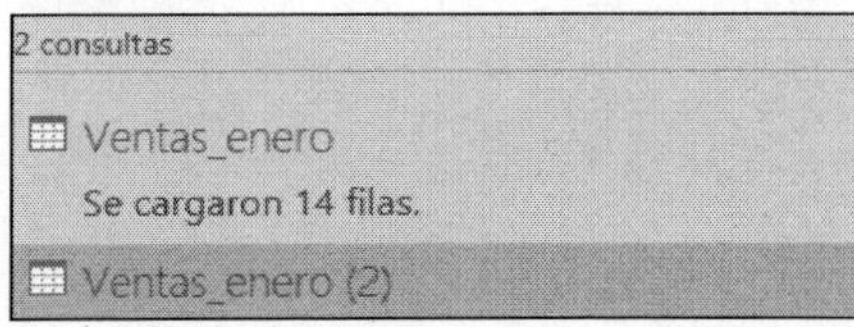

Segundo paso: cambiar la fuente de datos

- En la parte derecha de la pantalla, en el panel **Configuración de la consulta**, haga doble clic en el paso **Origen**.

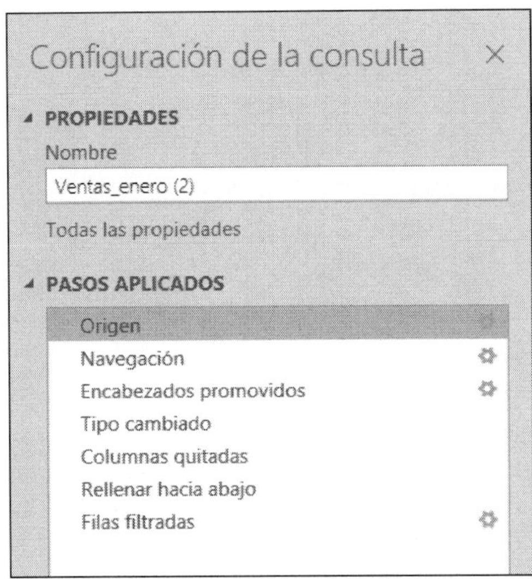

Aparecerá un cuadro de diálogo del **Libro de Excel**.

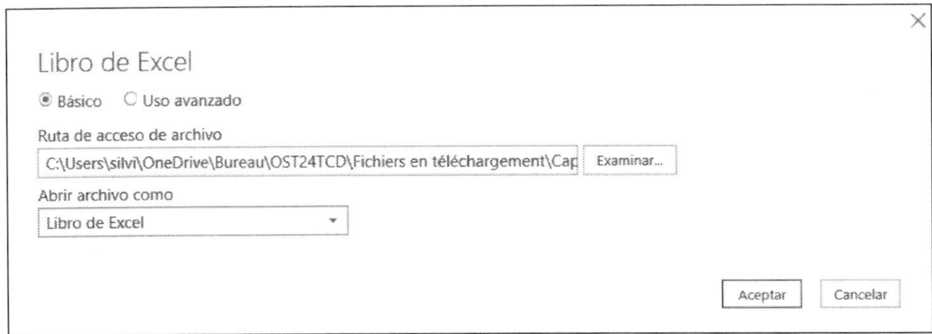

- Haga clic en el botón **Examinar**.

  Aparece el cuadro de diálogo **Importar datos**.

- Seleccione el archivo **Ventas_Febrero**, haga clic en el botón **Importar** y, a continuación, en el botón **Aceptar**.

✎ En el panel **Configuración de la consulta**, haga clic en el último paso de la sección PASOS APLICADOS.

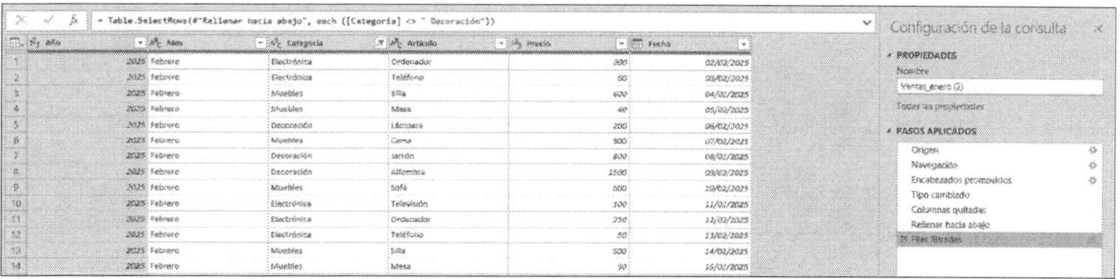

Los pasos se aplicaron a los datos del archivo **Ventas_Febrero**.

✎ En el panel **Configuración de la consulta** - PROPIEDADES, en el cuadro **Nombre**, asigne a la consulta el nombre **Ventas_Febrero** y pulse ⏎.

A partir de este momento, el libro contiene dos consultas, una con datos de enero y otra con datos de febrero:

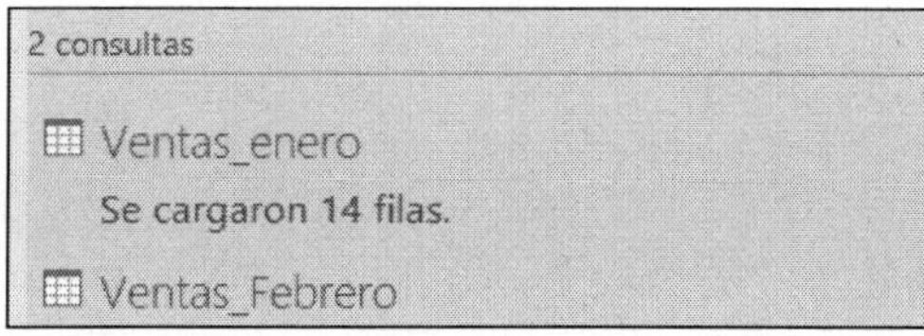

E. Otras funciones de Power Query

Power Query es una auténtica aplicación de reprocesamiento y manipulación de datos. Como tal, incluye muchas otras funciones.

1. Añadir consultas

Cuando se utiliza la opción **Añadir consultas**, se combinan datos de distintas fuentes en una única consulta. Esto resulta especialmente útil cuando se trabaja con conjuntos de datos similares procedentes de archivos o bases de datos distintos.

- En la cinta del editor Power Query, en la pestaña **Inicio - Combinar**, haga clic en el botón **Anexar consultas - Anexar consultas para crear una nueva**.

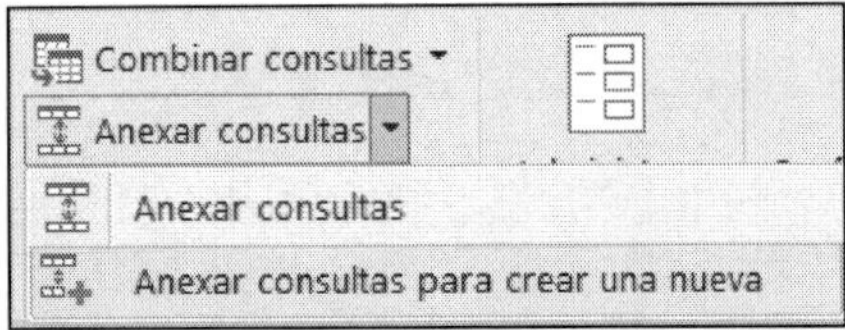

Aparece en pantalla el cuadro de diálogo **Anexar**.

- En la lista desplegable **Primera tabla**, seleccione **Ventas_enero**, y en la lista desplegable **Segunda tabla**, seleccione **Ventas_Febrero**.

Anexar
Concatena filas de dos tablas en una única tabla.
Dos tablas   Tres o más tablas
Primera tabla
Ventas_enero
Segunda tabla
Ventas_Febrero
Aceptar   Cancelar

- Haga clic en **Aceptar**.

Aparece una nueva tabla denominada **Anexar1**.

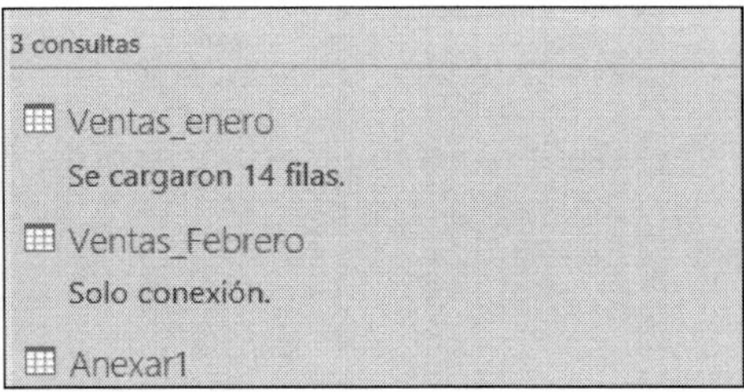

Contiene datos de enero y febrero.

```
= Table.Combine({Ventas_enero, Ventas_Febrero})
```

	Año	Mes	Categoría	Artículo	Precio	Fecha
1	2025	Enero	Muebles	Silla	100	01/01/2025
2	2025	Enero	Muebles	Mesa	250	02/01/2025
3	2025	Enero	Muebles	Cama	500	04/01/2025
4	2025	Enero	Muebles	Sofá	800	07/01/2025
5	2025	Enero	Electrónica	Televisión	700	08/01/2025
6	2025	Enero	Electrónica	Ordenador	1200	09/01/2025
7	2025	Enero	Electrónica	Teléfono	500	10/01/2025
8	2025	Enero	Muebles	Silla	120	11/01/2025
9	2025	Enero	Muebles	Mesa	300	12/01/2025
10	2025	Enero	Muebles	Cama	600	14/01/2025
11	2025	Enero	Muebles	Sofá	900	17/01/2025
12	2025	Enero	Electrónica	Televisión	800	18/01/2025
13	2025	Enero	Electrónica	Ordenador	1500	19/01/2025
14	2025	Enero	Electrónica	Teléfono	600	20/01/2025
15	2025	Febrero	Electrónica	Ordenador	300	02/02/2025
16	2025	Febrero	Electrónica	Teléfono	60	03/02/2025

✎ En el panel **Configuración de la consulta**, asigne a la consulta el nombre **Informe_consolidado** y pulse ↵.

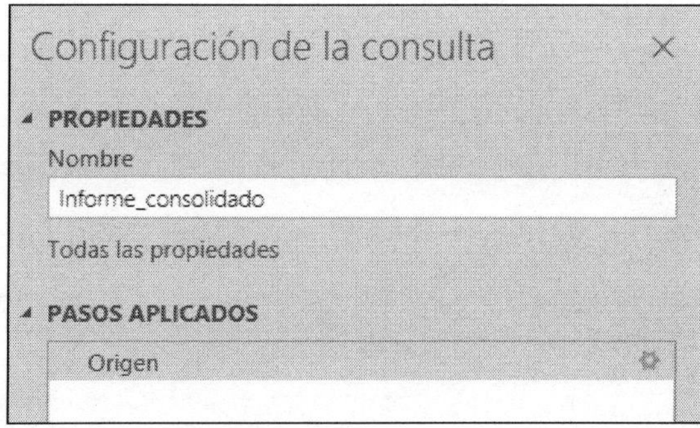

Ahora puede crear un informe consolidado en forma de tabla dinámica utilizando estos datos.

✎ En la pestaña **Inicio** - grupo **Cerrar**, haga clic en **Cerrar y cargar - Cerrar y cargar en**.

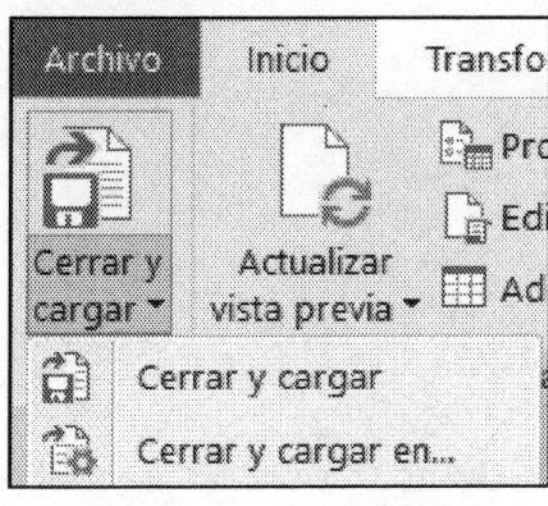

Aparece el cuadro de diálogo **Importar datos**.

- Seleccione la opción **Informe de tabla dinámica**.

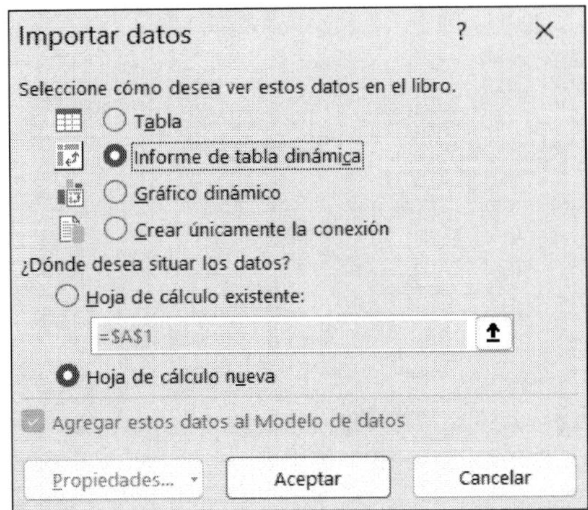

- Haga clic en **Aceptar**

  Aparece un informe de tabla dinámica en blanco.

- Coloque los campos **Mes**, **Categoría**, **Artículos** en el área de **Filas** y el campo **Precio** en el área de **Valores**.

  El resultado es el siguiente:

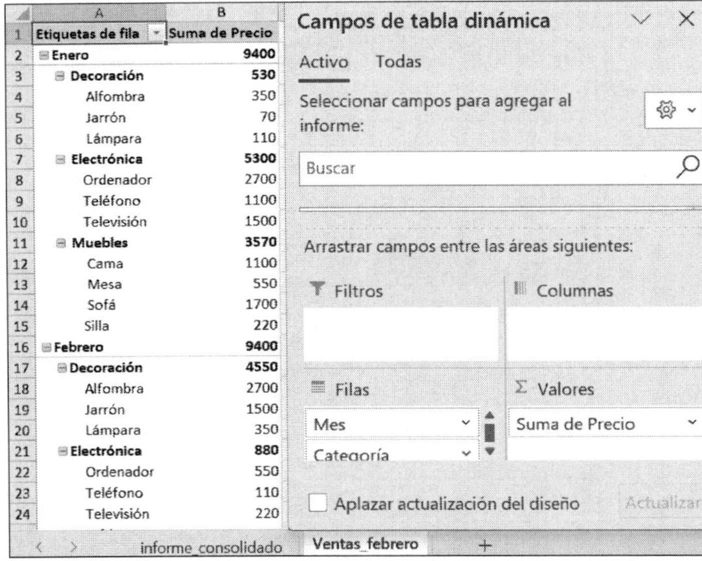

2. Combinar consultas

La herramienta **Combinar consultas** en Power Query permite combinar varias tablas en una sola utilizando columnas comunes como claves de unión. Por ejemplo, si tienes una tabla que contiene información sobre clientes y otra tabla con detalles sobre los clientes, puedes fusionar estas dos tablas utilizando la columna ID Clientes.

La tabla **T_Clientes** contiene información sobre los clientes, con un **ID Cliente** único para cada cliente.

ID Cliente	Apellido	Ciudad
1	Ortiz	Madrid
2	Díaz	Barcelona
3	Martín	Sevilla
4	Ramos	Toledo

La tabla **T_Pedidos** contiene información sobre los pedidos, con un **ID Cliente** que corresponde al ID del cliente que realizó el pedido.

ID Pedido	ID Cliente	Artículo	Cantidad
1	1	Silla	2
2	2	Mesa	1
3	3	Lámpara	4
4	1	Cama	1
5	4	Jarrón	3
6	2	Sofá	1

Encontrarás estos datos en el archivo **fusión.xlsx**.

Es posible utilizar la herramienta **Combinar consultas** en Power Query para unir estas dos tablas utilizando la columna común **ID Cliente**. Esto le permitirá crear una nueva tabla que contenga todas las informaciones de ambas tablas, vinculadas por el ID del cliente.

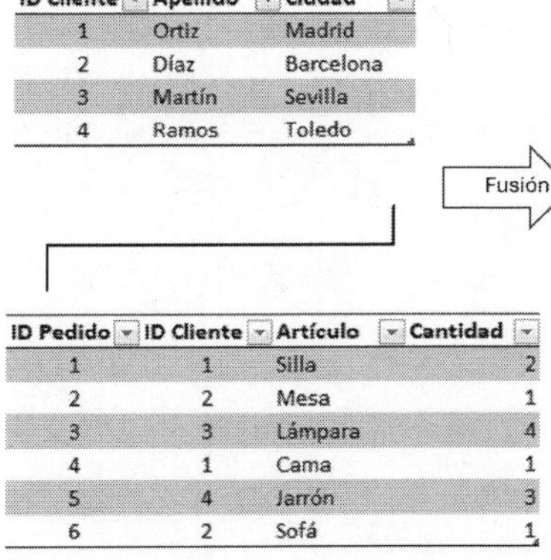

ID Cliente	Apellido	Ciudad
1	Ortiz	Madrid
2	Díaz	Barcelona
3	Martín	Sevilla
4	Ramos	Toledo

ID Pedido	ID Cliente	Artículo	Cantidad
1	1	Silla	2
2	2	Mesa	1
3	3	Lámpara	4
4	1	Cama	1
5	4	Jarrón	3
6	2	Sofá	1

Fusión

T_cliente.Apellido	T_cliente.Ciudad	Artículo	Cantidad
Ortiz	Madrid	Silla	2
Ortiz	Madrid	Cama	1
Díaz	Barcelona	Mesa	1
Martín	Sevilla	Lámpara	4
Ramos	Toledo	Jarrón	3
Díaz	Barcelona	Sofá	1

A partir de esta tabla combinada, por ejemplo, puede generarse un informe detallado de las compras por ciudad.

Primera etapa: importar los datos en Power Query

- Abra el archivo **fusión.xlsx**.
- Seleccione una celda de la tabla **T_Clientes**, pestaña **Datos**, grupo **Obtener y transformar datos**, haga clic en **De una tabla o rango**.

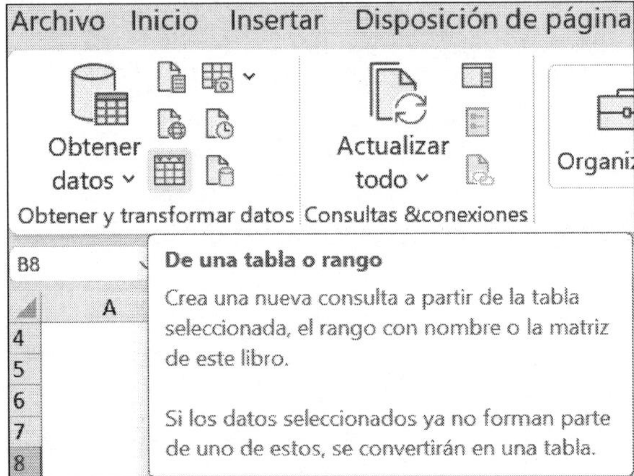

Otra posibilidad consiste en hacer clic con el botón derecho y después **Obtener datos de Tabla/Rango**.

El editor Power Query se abre.

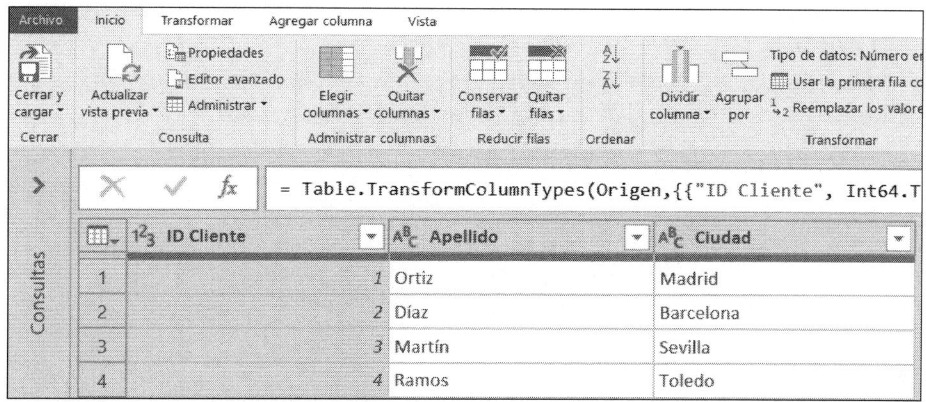

En **Inicio**, haga clic en **Cerrar y cargar** y después en **Cerrar y cargar en.**

Verá en pantalla el cuadro de diálogo **Importar datos.**

Seleccione **Crear únicamente la conexión.**

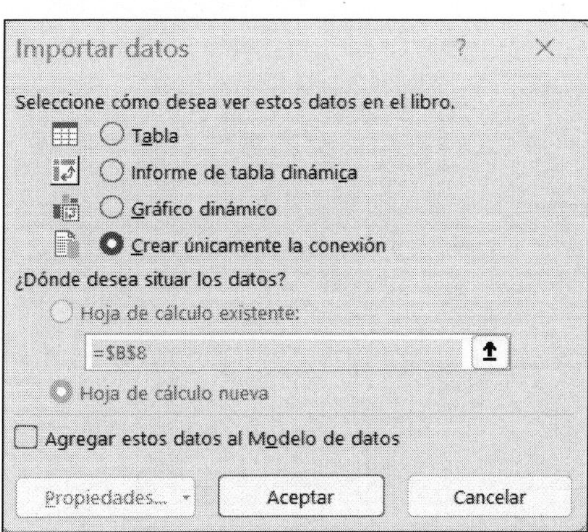

- Haga clic en **Aceptar**.
- Se ha creado una consulta llamada **T_Clientes**, que aparece en la zona **Consultas y Conexiones**.
- Ahora seleccione una celda en la tabla **T_Pedidos**, vaya a la pestaña **Datos**, grupo **Obtener y transformar datos**, haga clic en **De una tabla o rango**.

  Las dos tablas han sido importadas en Power Query.

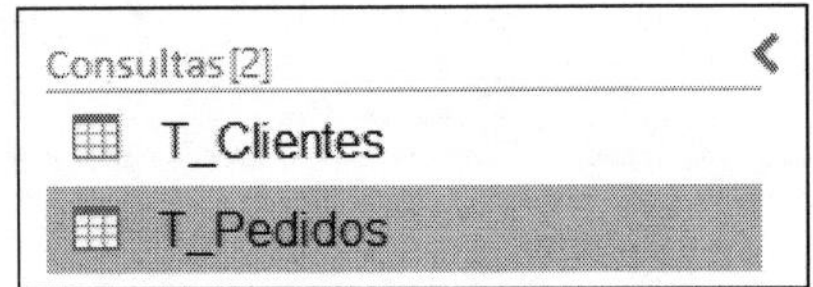

Segunda etapa: Combinar las consultas

- En la cinta de opciones de PowerQuery, **Inicio**, grupo **Combinar**, haga clic en **Combinar consultas** y a continuación **Combinar consultas para crear una nueva**.

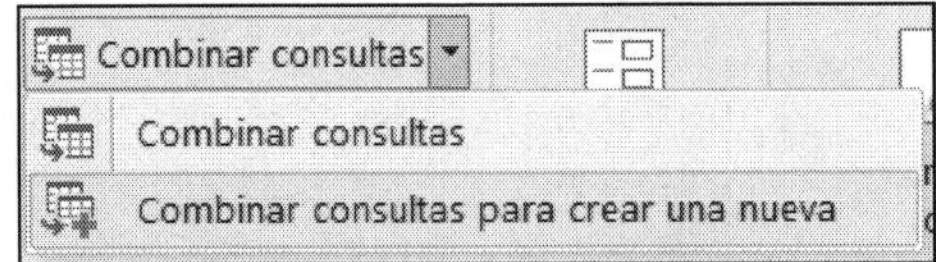

Aparece el cuadro diálogo en pantalla.

- Para la primera tabla seleccione la tabla **T_Pedidos**.
- Para la segunda tabla seleccione la tabla **T_Clientes**.
- Seleccione la columna **ID Cliente** en las dos tablas.

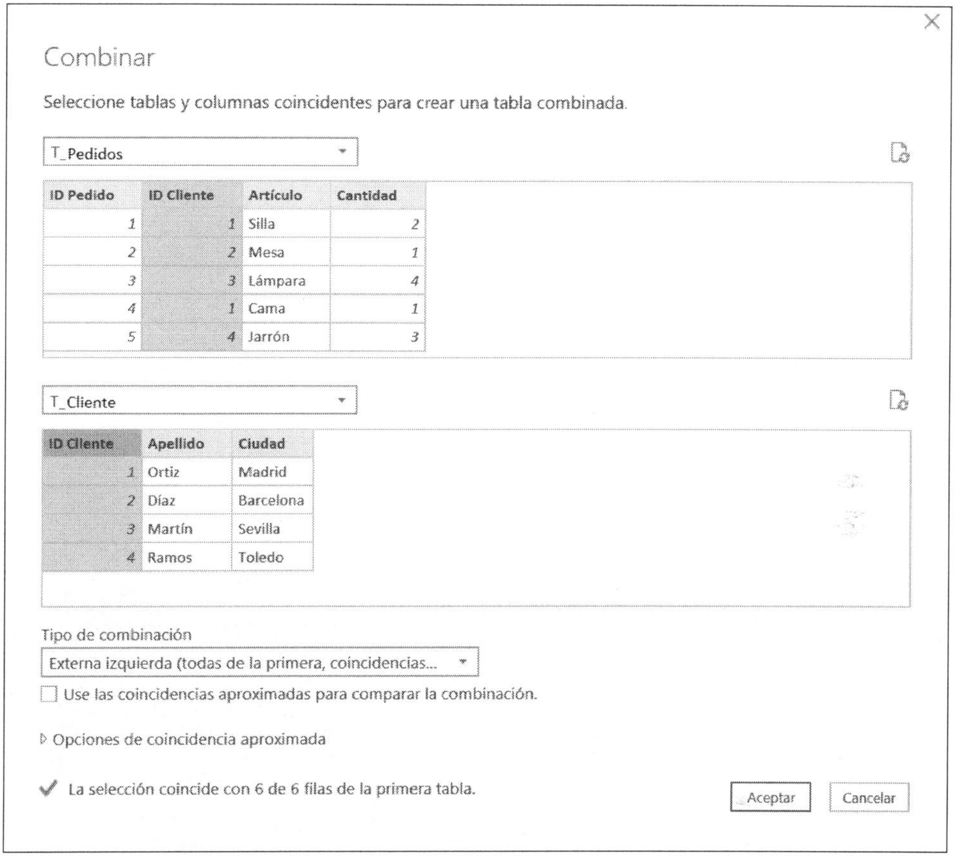

Combinar

Seleccione tablas y columnas coincidentes para crear una tabla combinada.

T_Pedidos

ID Pedido	ID Cliente	Artículo	Cantidad
1	1	Silla	2
2	2	Mesa	1
3	3	Lámpara	4
4	1	Cama	1
5	4	Jarrón	3

T_Cliente

ID Cliente	Apellido	Ciudad
1	Ortiz	Madrid
2	Díaz	Barcelona
3	Martín	Sevilla
4	Ramos	Toledo

Tipo de combinación

Externa izquierda (todas de la primera, coincidencias...

☐ Use las coincidencias aproximadas para comparar la combinación.

▷ Opciones de coincidencia aproximada

✓ La selección coincide con 6 de 6 filas de la primera tabla.

Aceptar Cancelar

- Haga clic en **Aceptar**.

  Aparece una nueva tabla llamada **Combinar1**:

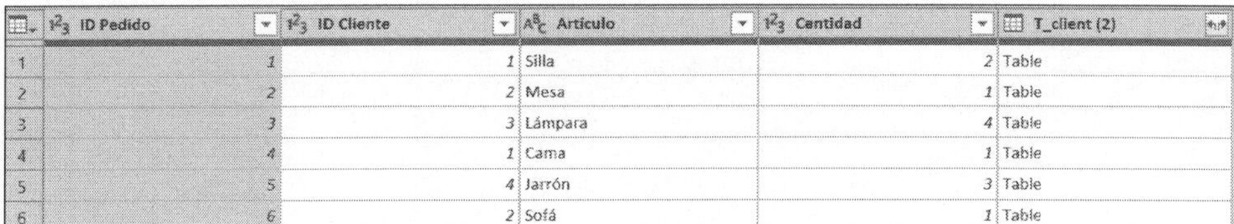

	ID Pedido	ID Cliente	Artículo	Cantidad	T_client (2)
1	1	1	Silla	2	Table
2	2	2	Mesa	1	Table
3	3	3	Lámpara	4	Table
4	4	1	Cama	1	Table
5	5	4	Jarrón	3	Table
6	6	2	Sofá	1	Table

- A nivel de la columna **T_Clientes**, haga clic en el símbolo para desplegar la tabla **T_Clientes**.
- Seleccione únicamente los campos **Apellido** y **Ciudad**.

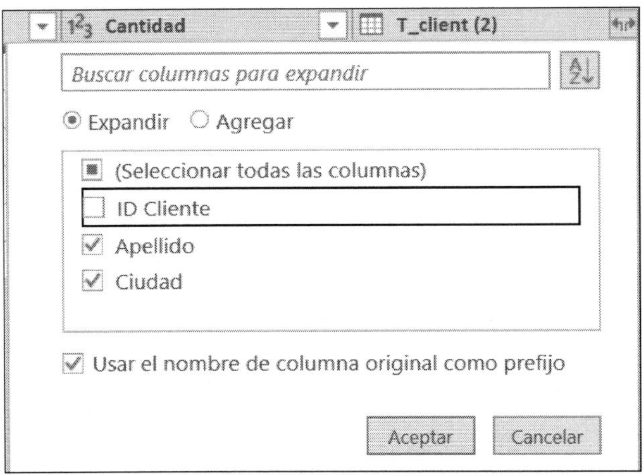

- Haga clic en **Aceptar**.

La tabla combinada aparece.

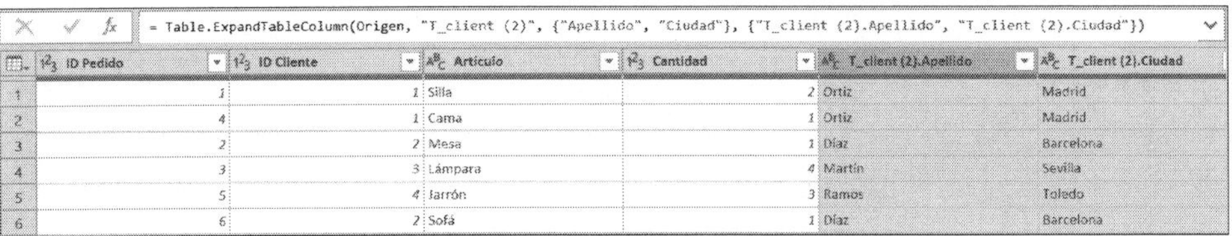

= Table.ExpandTableColumn(Origen, "T_client (2)", {"Apellido", "Ciudad"}, {"T_client (2).Apellido", "T_client (2).Ciudad"})

	ID Pedido	ID Cliente	Artículo	Cantidad	T_client (2).Apellido	T_client (2).Ciudad
1	1	1	Silla	2	Ortiz	Madrid
2	4	1	Cama	1	Ortiz	Madrid
3	2	2	Mesa	1	Díaz	Barcelona
4	3	3	Lámpara	4	Martín	Sevilla
5	5	4	Jarrón	3	Ramos	Toledo
6	6	2	Sofá	1	Díaz	Barcelona

Contiene información sobre los pedidos y los clientes.

- Si es necesario, suprima las columnas **ID_Pedido** e **ID_Cliente**.

Ahora, se creará un informe que detalle las ventas por ciudad:

- En la pestaña **Inicio**, haga clic en **Cerrar y cargar** y a continuación en **Cerrar y cargar en**.

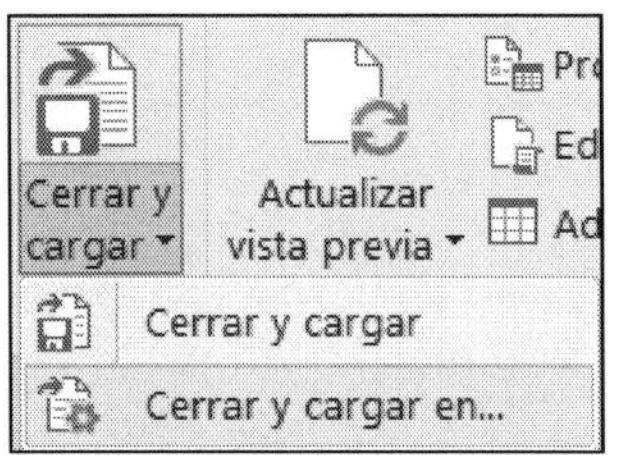

Aparece el cuadro de diálogo **Importar datos**.

✎ Seleccione la opción **Informe de tabla dinámica**.

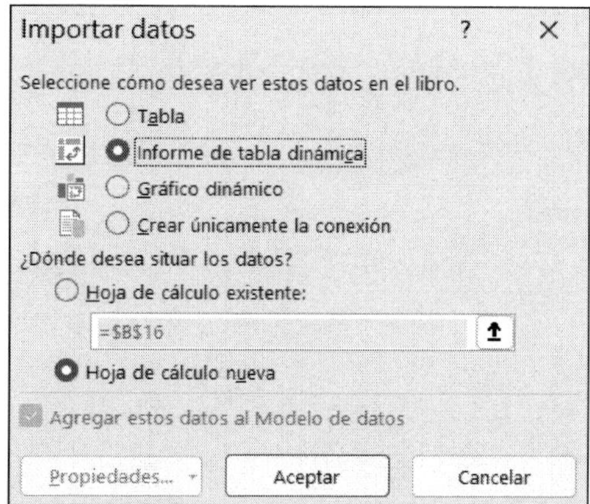

✎ Haga clic en **Aceptar**.

Aparece una nueva hoja dinámica.

✎ En los **Campos de tabla dinámica**, coloque el campo **T_Ciudad** el área **Filas** y el campo **Cantidad** el área **Valores**.

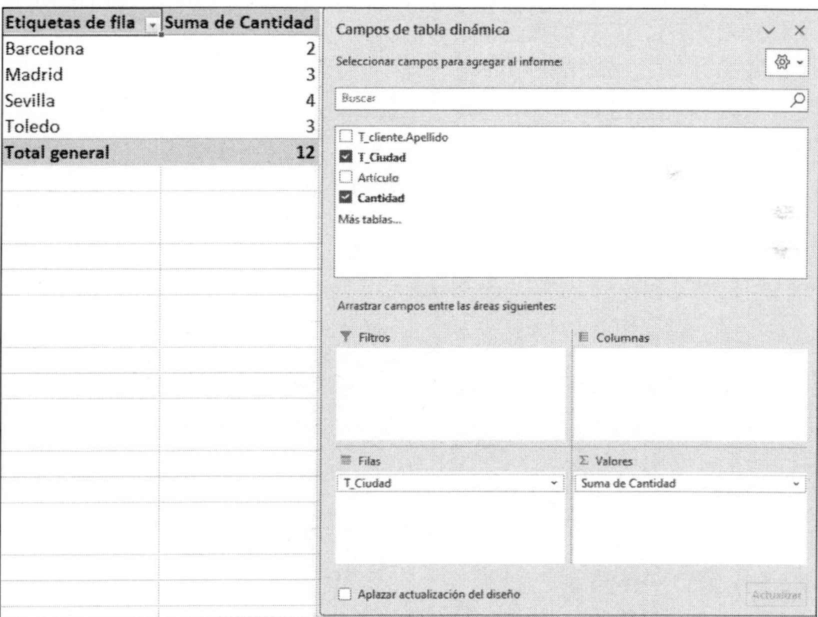

F. Pivotar/despivotar los datos

Las funciones pivotar y despivotar en Power Query permiten transformar las filas, columnas y viceversa, lo que ayuda a estructurar los datos para un uso óptimo de las tablas dinámicas.

Ciudad	Electrónica	Hogar	Textil
Barcelona	713	266	676
Sevilla	358	774	325
Madrid	440	309	268

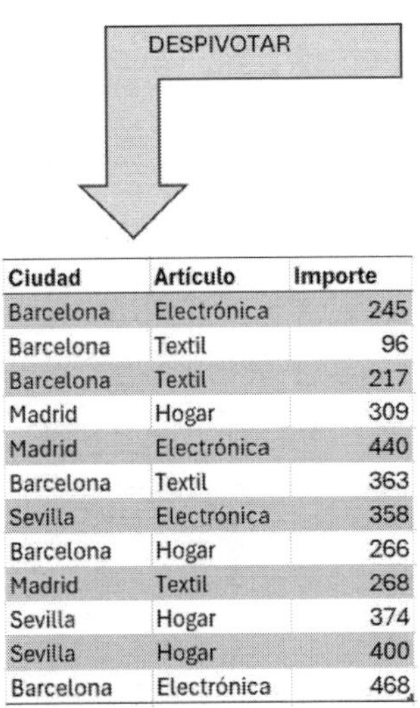

Ciudad	Artículo	Importe
Barcelona	Electrónica	245
Barcelona	Textil	96
Barcelona	Textil	217
Madrid	Hogar	309
Madrid	Electrónica	440
Barcelona	Textil	363
Sevilla	Electrónica	358
Barcelona	Hogar	266
Madrid	Textil	268
Sevilla	Hogar	374
Sevilla	Hogar	400
Barcelona	Electrónica	468

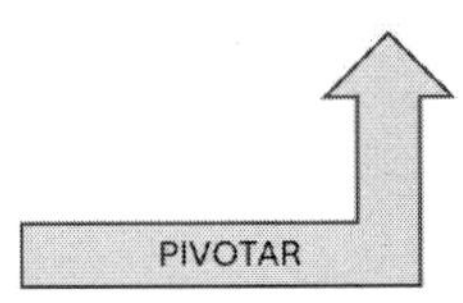

1. La función Pivotar

La función **Pivotar** en Power Query permite transformar las filas en columnas. Por ejemplo, si dispone de un archivo de ventas mensuales con los meses en filas, puede usar la función pivotar para transformar esas filas en columnas para cada mes, los que le permite comparar fácilmente las ventas mensuales.

Supóngase un archivo de ventas con las siguientes columnas:

Ciudad	Artículo	Importe
Barcelona	Electrónica	245
Barcelona	Textil	96
Barcelona	Textil	217
Madrid	Hogar	309
Madrid	Electrónica	440
Barcelona	Textil	363
Sevilla	Electrónica	358
Barcelona	Hogar	266
Madrid	Textil	268
Sevilla	Hogar	374
Sevilla	Hogar	400
Barcelona	Electrónica	468

Encontrará estos datos en la hoja **Pivotar** del archivo **Pivotar_Despivotar.xlsx**.

- Haga clic con el botón derecho en la tabla y a continuación elija **Obtener datos de Tabla/Rango**.

  El editor Power Query se abre con los datos de la tabla.

- En la pestaña **Transformar** de Power Query, en el grupo **Cualquier columna** seleccione **Columna dinámica**.

  Aparece el cuadro de diálogo **Columna dinámica**.

- En la lista desplegable seleccione **Importe**.

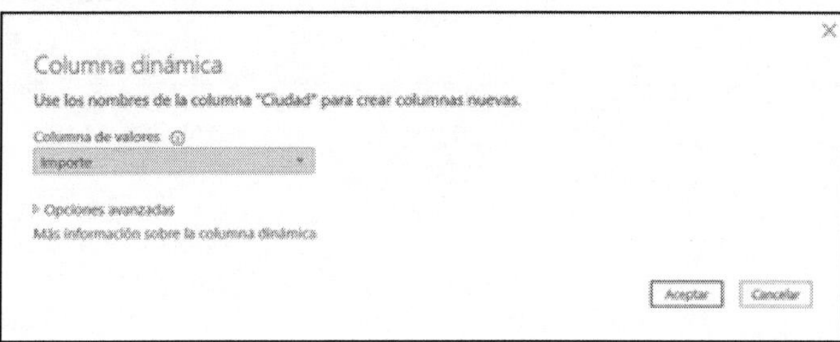

- Haga clic en **Aceptar**.

La columna Ciudad se ha movido cada una de las ciudades se ha convertido en columna, el importe de las ventas se ha agrupado por ciudad:

	Artículo	Barcelona	Madrid	Sevilla
1	Electrónica	713	440	358
2	Hogar	266	309	774
3	Textil	676	268	null

2. La función Despivotar

La función **Despivotar** es lo contrario de la función **Pivotar**. Transforma las columnas en filas.

Para crear una tabla dinámica (TD), es crucial despivotar las columnas para estructurar los datos correctamente. El principio fundamental es que cada columna debe volver a presentar un único tipo de datos.

Se utilizarán los siguientes datos:

Ciudad	Electrónica	Hogar	Textil
Barcelona	713	266	676
Sevilla	358	774	325
Madrid	440	309	268

Encontrará estos datos en la hoja **Despivotar** del archivo **Pivotar_Despivotar.xlsx**.

- Haga clic con el botón derecho en la tabla y a continuación elija **Obtener datos de Tabla/Rango**.

  El editor Power Query se abre con los datos de la tabla.

- Seleccione la columna de las ciudades.
- En la pestaña **Transformar** de Power Query, en el grupo **Cualquier columna** despliegue **Anular dinamización de columnas, Anulación de dinamización de otras columnas.**

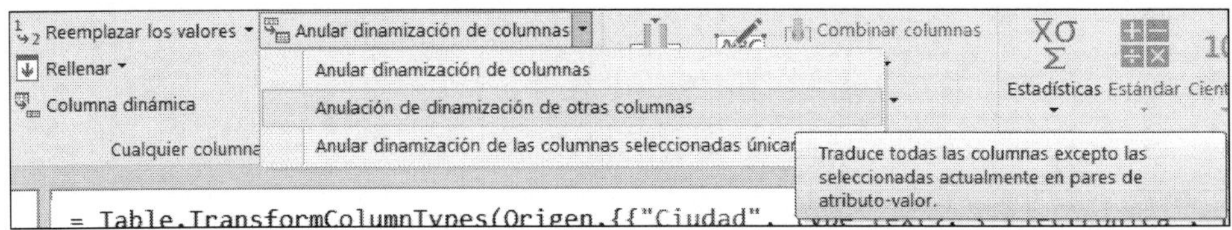

Las columnas han sido despivotadas: las columnas **Barcelona**, **Sevilla** y **Madrid** vuelven a ser una única columna llamada **Ciudad**.

	Ciudad	Atributo	Valor
1	Barcelona	Electrónica	713
2	Barcelona	Hogar	266
3	Barcelona	Textil	676
4	Sevilla	Electrónica	358
5	Sevilla	Hogar	774
6	Sevilla	Textil	325
7	Madrid	Electrónica	440
8	Madrid	Hogar	309
9	Madrid	Textil	268

G. Conclusión

Power Query se ha consolidado como una herramienta fundamental de Excel para preparar y transformar datos de forma rápida, lo que mejora la calidad de los análisis y optimiza el tiempo de trabajo. En el próximo capítulo se abordará Power Pivot, una herramienta que permite crear modelos de datos avanzados y realizar análisis complejos con tablas dinámicas.

Capítulo 8

Introducción a Power Pivot

A. Introducción

Power Pivot es un complemento integrado de Microsoft Excel que permite crear modelos de datos complejos y realizar análisis de datos avanzados. Desde su introducción en Excel 2010, Power Pivot ha cambiado por completo la forma de gestionar y analizar los datos, ofreciendo capacidades que van mucho más allá de la funcionalidad tradicional de Excel.

Una de las principales ventajas de Power Pivot es su capacidad para gestionar grandes cantidades de datos procedentes de diversas fuentes. Ya trabaje con bases de datos SQL, archivos Excel, flujos de datos en línea u otras fuentes, Power Pivot le permite integrarlos en un modelo de datos único. Esto facilita el análisis y la visualización de los datos, y evita tener que trabajar con hojas de cálculo voluminosas y complejas.

Power Pivot utiliza el lenguaje DAX (*Data Analysis Expressions*): un lenguaje de fórmulas que permite crear cálculos personalizados para analizar los datos de manera más profunda.

DAX es similar a las fórmulas tradicionales de Excel, pero ofrece funcionalidades adicionales diseñadas para trabajar con modelos de datos relacionales y tablas dinámicas.

Además de sus capacidades de análisis de datos, Power Pivot también permite crear relaciones entre diferentes tablas de datos, lo que facilita la creación de modelos de datos complejos. Estas relaciones permiten navegar fácilmente entre las distintas tablas y realizar análisis cruzados sin necesidad de duplicar los datos.

Desde su integración en Excel 2016, Power Pivot ha seguido evolucionando y añadiendo nuevas funcionalidades. También se utiliza en otras herramientas de Microsoft, como Power BI Desktop, Azure Analysis Services y SQL Server Analysis Services (SSAS), lo que lo convierte en una herramienta esencial para los profesionales de Business Intelligence y los analistas de datos.

El objetivo de este capítulo es presentar Power Pivot y el lenguaje DAX.

Las funcionalidades de Power Pivot permiten manipular y analizar datos de manera más eficiente y profunda. A continuación, se presentan algunas de las más importantes.

B. Crear un modelo de datos

La creación de modelos de datos con Power Pivot permite estructurar y organizar los datos procedentes de diferentes fuentes para facilitar su análisis.

Power Pivot permite importar datos de diversas fuentes, como bases de datos SQL, archivos Excel, flujos de datos en línea y muchas más. Una vez que los datos se importan, se almacenan en el modelo de datos de Power Pivot.

Como parte de esta introducción a Power Pivot, simplemente vamos a importar tablas de Excel.

Tabla Cliente

ID Cliente	Apellido	Ciudad	Fecha de nacimiento
1	Ortiz	Madrid	15/04/1980
2	Díaz	Barcelona	20/11/1983
3	Martín	Sevilla	14/07/1991
4	Ramos	Toledo	17/02/1985
5	Muñoz	Badajoz	02/10/1980

Tabla Artículos

ID Artículo	Nombre Artículo	Categoría	Precio Unitario
1	Silla	Muebles	50
2	Mesa	Muebles	150
3	Lámpara	Decoración	30
4	Cama	Muebles	200

Tabla Ventas

ID Venta	ID Cliente	ID Artículo	Cantidad	Fecha de Venta
1	1	1	2	01/01/2024
2	2	2	1	02/01/2024
3	3	3	4	03/01/2024
4	4	4	1	04/01/2024
5	4	4	1	04/01/2024
6	5	1	2	05/01/2024
7	2	2	1	02/01/2024
8	3	3	4	03/01/2024
9	4	4	1	04/01/2024
10	4	4	1	04/01/2024
11	5	1	2	05/02/2024
12	2	2	1	02/01/2024
13	3	3	4	03/01/2024

Estos datos están disponibles en el archivo **Powerpivot.xlsx**.

Estas tablas se han denominado anteriormente **T_Clientes**, **T_Artículos** y **T_Ventas**.

- Seleccione una celda de la tabla **T_Clientes**.
- En la cinta de opciones, en la pestaña **Power Pivot**, haga clic en **Agregar a modelo de datos**.

La pestaña Power Pivot de Excel, utilizada para crear modelos de datos

Power Pivot se abre con los datos de la tabla **T_Clientes**.

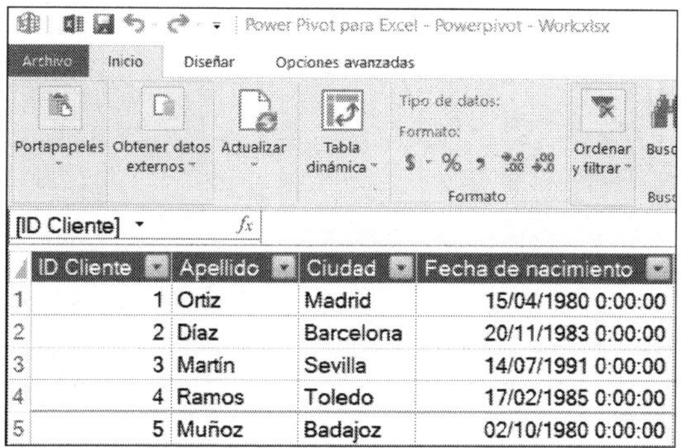

ID Cliente	Apellido	Ciudad	Fecha de nacimiento
1	Ortiz	Madrid	15/04/1980 0:00:00
2	Díaz	Barcelona	20/11/1983 0:00:00
3	Martín	Sevilla	14/07/1991 0:00:00
4	Ramos	Toledo	17/02/1985 0:00:00
5	Muñoz	Badajoz	02/10/1980 0:00:00

- Minimice la ventana Power Pivot y realice la misma operación para las tablas **T_Articulos** y **T_Ventas**.

Dependiendo de su versión de Excel, es posible que no se muestre la pestaña Power Pivot. Para que aparezca, siga estos pasos:

- En la cinta de opciones, seleccione la pestaña **Archivo** y, a continuación, **Opciones**.
  Aparece en pantalla el menú **Opciones de Excel**.
- Seleccione el menú **Complementos**.
- En la lista desplegable **Administrar**, seleccione **Complementos COM** y, a continuación, haga clic **Ir**.

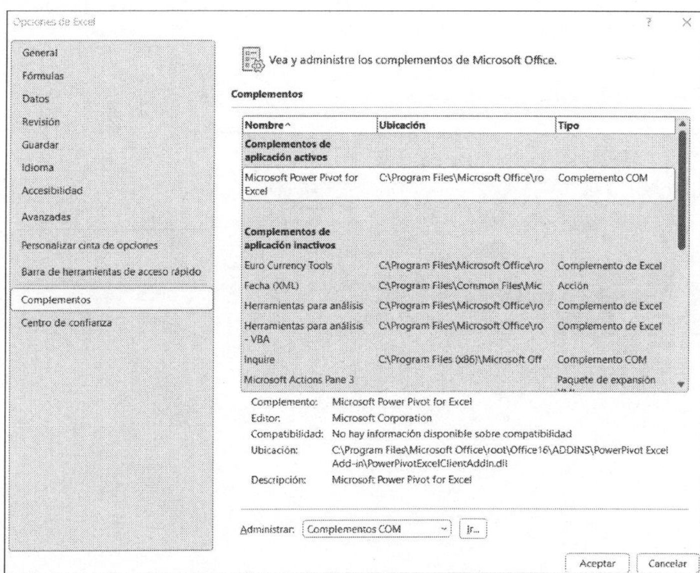

En la pantalla aparece el menú **Complemento COM**.

✎ Seleccione **Microsoft Power Pivot for Excel**.

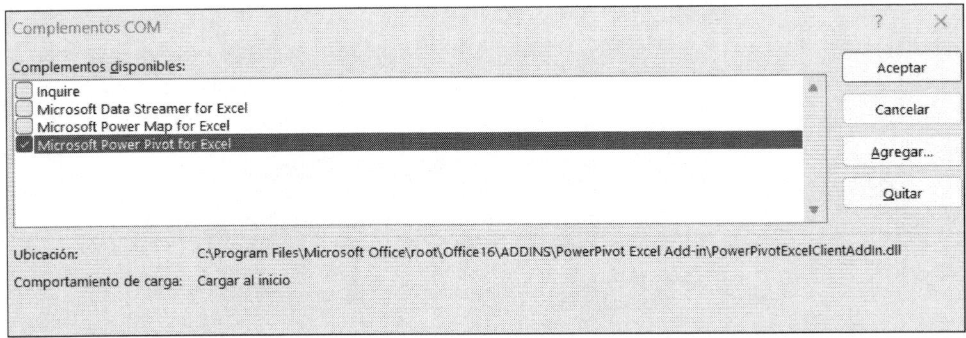

✎ Haga clic en **Aceptar**.

La pestaña Power Pivot debería aparecer ahora en la cinta de opciones.

1. Establecer una tabla de fechas

Nuestro conjunto de datos contiene una dimensión temporal.

En la modelización de bases de datos, crear una tabla de fechas es una buena práctica. Una tabla de fechas permite realizar análisis temporales precisos, como las tendencias mensuales, trimestrales o anuales. Esto facilita el uso de funciones DAX para calcular medidas como las ventas acumuladas, los promedios móviles o las comparaciones entre diferentes períodos.

✎ En la cinta de Power Pivot, seleccione la pestaña **Diseñar**. En el grupo **Calendarios**, haga clic en **Tabla de fechas** y, a continuación, en **Nuevo**.

Se crea una tabla de fechas.

Contiene todos los días incluidos en el intervalo de fechas de nuestro conjunto de datos, así como diversa información relacionada con el tiempo, como el mes o el día:

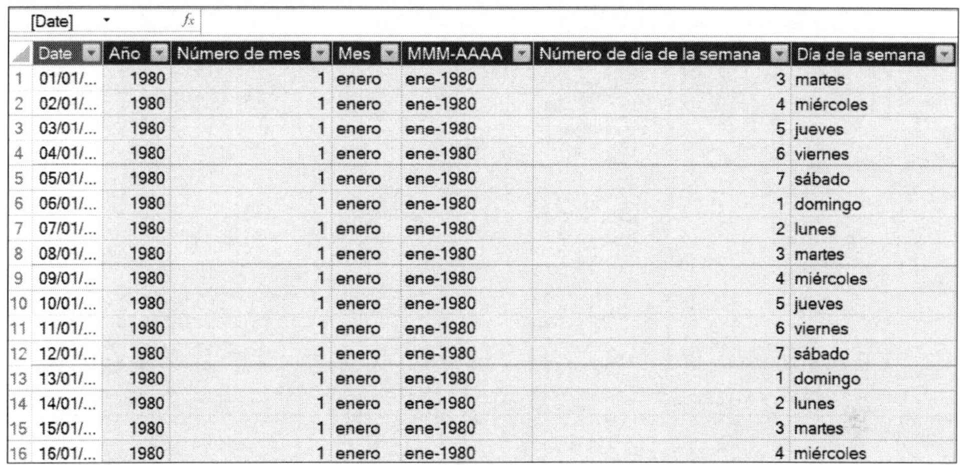

[Date] ▾ fx

	Date	Año	Número de mes	Mes	MMM-AAAA	Número de día de la semana	Día de la semana
1	01/01/...	1980	1	enero	ene-1980	3	martes
2	02/01/...	1980	1	enero	ene-1980	4	miércoles
3	03/01/...	1980	1	enero	ene-1980	5	jueves
4	04/01/...	1980	1	enero	ene-1980	6	viernes
5	05/01/...	1980	1	enero	ene-1980	7	sábado
6	06/01/...	1980	1	enero	ene-1980	1	domingo
7	07/01/...	1980	1	enero	ene-1980	2	lunes
8	08/01/...	1980	1	enero	ene-1980	3	martes
9	09/01/...	1980	1	enero	ene-1980	4	miércoles
10	10/01/...	1980	1	enero	ene-1980	5	jueves
11	11/01/...	1980	1	enero	ene-1980	6	viernes
12	12/01/...	1980	1	enero	ene-1980	7	sábado
13	13/01/...	1980	1	enero	ene-1980	1	domingo
14	14/01/...	1980	1	enero	ene-1980	2	lunes
15	15/01/...	1980	1	enero	ene-1980	3	martes
16	16/01/...	1980	1	enero	ene-1980	4	miércoles

2. Crear una relación

Las relaciones permiten conectar diferentes tablas entre sí, lo que facilita el análisis de datos provenientes de múltiples fuentes. Al establecer relaciones, puede:

- **Evitar la redundancia de datos**: al vincular las tablas, no necesita duplicar la información, lo que reduce errores y el tamaño de los archivos.
- **Facilitar análisis complejos**: las relaciones permiten crear modelos de datos más sofisticados, facilitando los análisis cruzados y los cálculos complejos.
- **Mejorar la coherencia de los datos**: al utilizar relaciones, se garantiza que los datos permanezcan coherentes y sincronizados entre las distintas tablas.

Para establecer una relación, es necesario definir la clave primaria.

Una **clave primaria** es un campo o conjunto de campos que identifica de manera única cada registro en una tabla. Por ejemplo, en la tabla **T_Clientes**, el **ID Cliente** es la clave primaria porque cada cliente tiene un identificador único.

Una **clave externa** es un campo en una tabla que es una clave primaria en otra tabla. Se utiliza para crear una relación entre las dos tablas. Por ejemplo, en la tabla **T_Ventas**, el **ID Cliente** es una clave externa que hace referencia al ID Cliente en la tabla de clientes.

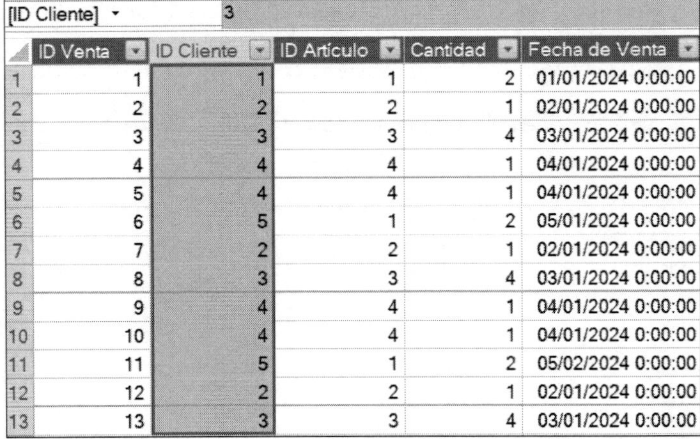

[ID Cliente] 3

	ID Venta	ID Cliente	ID Artículo	Cantidad	Fecha de Venta
1	1	1	1	2	01/01/2024 0:00:00
2	2	2	2	1	02/01/2024 0:00:00
3	3	3	3	4	03/01/2024 0:00:00
4	4	4	4	1	04/01/2024 0:00:00
5	5	4	4	1	04/01/2024 0:00:00
6	6	5	1	2	05/01/2024 0:00:00
7	7	2	2	1	02/01/2024 0:00:00
8	8	3	3	4	03/01/2024 0:00:00
9	9	4	4	1	04/01/2024 0:00:00
10	10	4	4	1	04/01/2024 0:00:00
11	11	5	1	2	05/02/2024 0:00:00
12	12	2	2	1	02/01/2024 0:00:00
13	13	3	3	4	03/01/2024 0:00:00

3. Crear una relación

✎ En la cinta de Power Pivot, en la pestaña **Inicio**, en el grupo **Ver**, seleccione **Vista de diagrama**.

La vista de diagrama muestra todas las tablas:

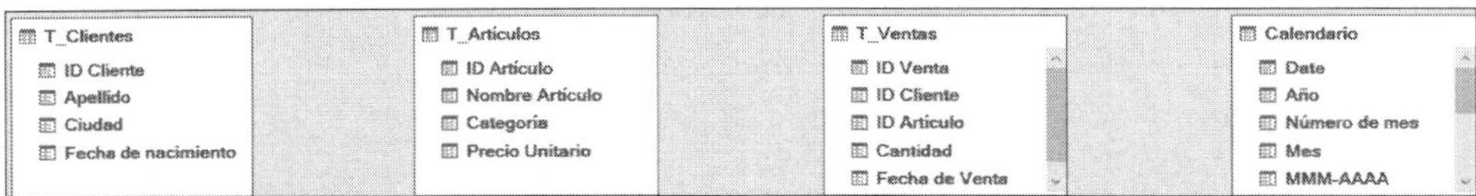

Para crear una relación, basta con arrastrar la clave primaria de una tabla al campo correspondiente de la otra tabla.

✎ En la tabla **T_Clientes**, haga clic y arrastre desde el campo **ID Cliente** hasta el campo **ID Cliente** de la tabla **T_Ventas**.

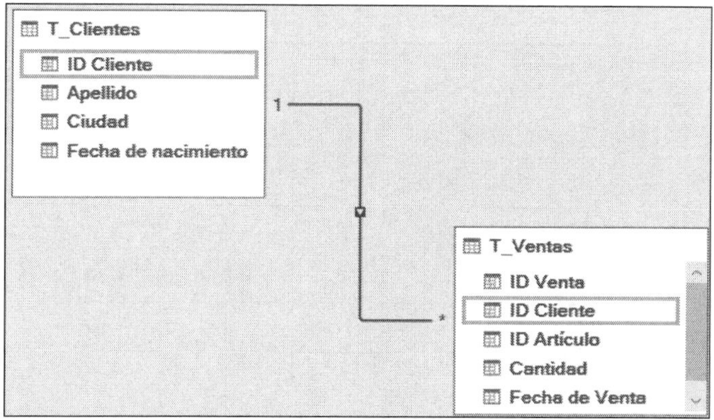

- Haga clic y arrastre desde el campo **ID Artículo** de la tabla **T_Artículos** hasta el campo **ID Artículo** de la tabla **T_Ventas**.
- Haga clic y arrastre desde el campo **Fecha** de la tabla **Calendario** hasta el campo **Fecha de venta** de la tabla **T_Ventas**.
- Ordene las tablas para llegar al siguiente resultado:

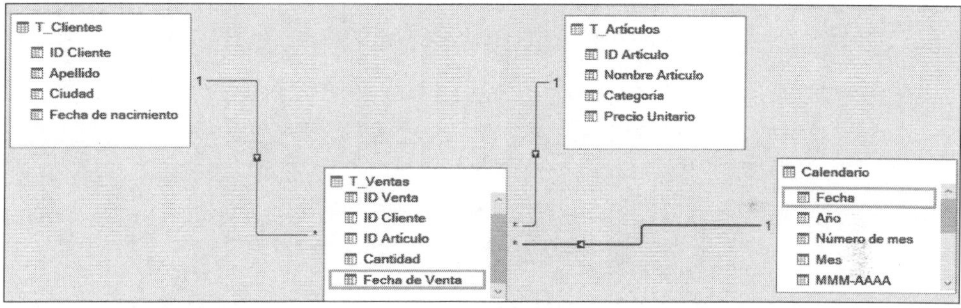

4. Crear una tabla dinámica basada en un modelo de datos

Una vez creado el modelo de datos, se puede generar una tabla dinámica a partir de él.

- En Power Pivot, en la pestaña **Inicio**, haga clic en **Tabla dinámica**.

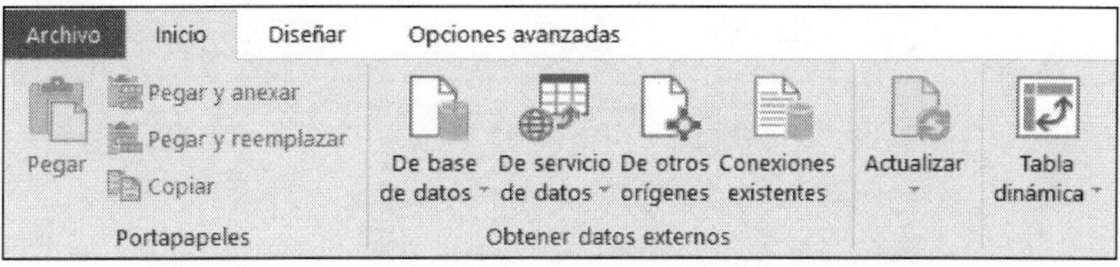

Aparece el cuadro de diálogo **Crear tabla dinámica**.

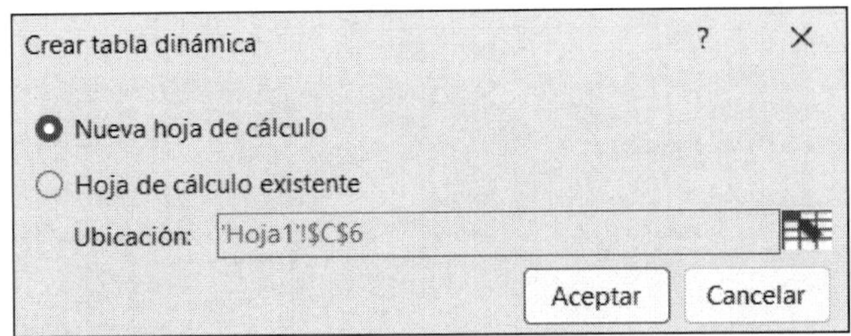

Vamos a colocar esta tabla dinámica en una nueva hoja de cálculo.

- Haga clic en **Aceptar**.

  Aparece un informe de tabla dinámica en blanco.

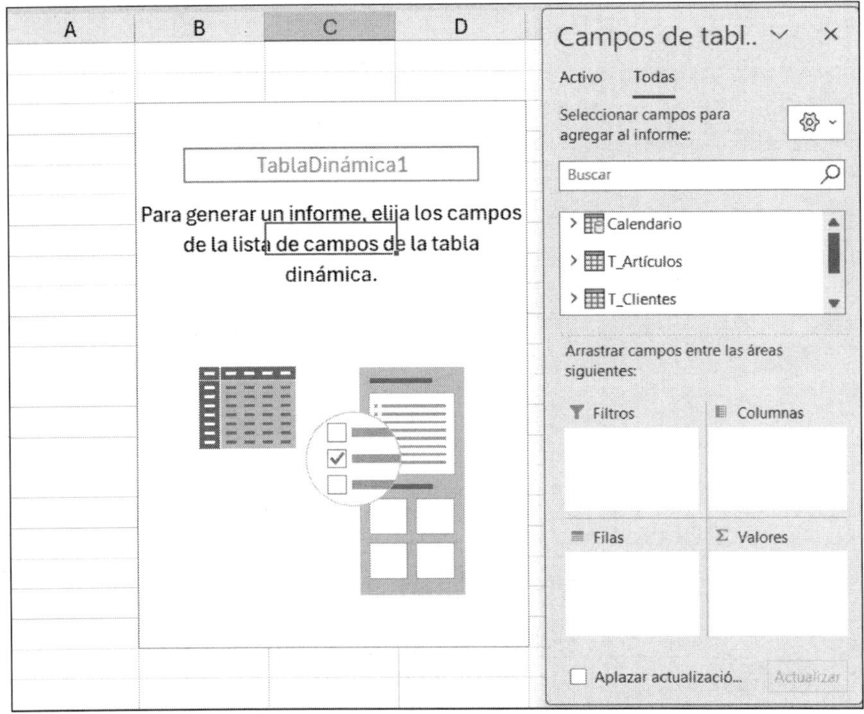

En el panel **Campos de tabla dinámica**, aparecen las cuatro tablas del modelo de datos.

Deseamos un informe que detalle el número de productos vendidos por categoría y nombre de cliente.

- Haga clic en la tabla **T_Artículos** y coloque el campo **Categoría** en el área **Filas**.
- Haga clic en la tabla **T_Clientes** y coloque el campo **Apellido** en el área **Filas**.
- Haga clic en la tabla **T_Ventas** y seleccione el campo **Cantidad** en área **Valores**.

El resultado es el siguiente:

Etiquetas de fila	Suma de Cantidad
Decoración	
Martín	12
Muebles	
Díaz	3
Muñoz	4
Ortiz	2
Ramos	4
Total general	**25**

C. Utilizar el lenguaje DAX para crear columnas calculadas y medidas

El lenguaje DAX se utiliza en Power Pivot para crear cálculos personalizados en una tabla dinámica.

Son posibles dos tipos de cálculo:

1. Crear columnas calculadas

Una **columna calculada** es una columna adicional añadida a una tabla de datos. Se crea utilizando fórmulas DAX y permite calcular valores basados en los datos existentes de la tabla.

Aquí tiene un ejemplo de columna calculada en DAX para un precio con descuento. Supongamos que desea aplicar un descuento del 10% al precio unitario de los productos.

En la tabla **T_Artículos**, puede crear una columna calculada para el precio con descuento del siguiente modo:

=Productos[Precio unitario] * 0,9

Esta fórmula multiplica el precio unitario por 0,9 para aplicar un descuento del 10%. Si necesita un descuento diferente, bastará con ajustar el factor de multiplicación en consecuencia.Por ejemplo, para un descuento del 20%, utilizaría 0,8 en lugar de 0,9.

- En la cinta de opciones de Excel, seleccione la ficha **Power Pivot** y, a continuación, haga clic en **Administrar**.

Se abre Power Pivot.

- Si es necesario, en la pestaña **Inicio** - grupo **Ver**, seleccione **Vista de datos**.
- Seleccione la tabla **T_Artículos**.
- Seleccione la primera celda de la columna **Agregar columna**.

	ID Art...	Nombre Artículo	Categoría	Precio Unitario	Agregar columna
1	1	Silla	Muebles	50	
2	2	Mesa	Muebles	150	
3	3	Lámpara	Decoración	30	
4	4	Cama	Muebles	200	

- En la barra de fórmulas, comience a introducir la fórmula:
  ='Artículos'[Precio Unitario]*0,9

Al comenzar a escribir la fórmula, al igual que en Excel, se activará IntelliSense.

IntelliSense asiste en la escritura de fórmulas sugiriéndole automáticamente las funciones, columnas y tablas disponibles. Esto evita errores de sintaxis y acelera la creación de fórmulas. Los tooltips (información sobre herramientas) explican la sintaxis y los argumentos de las funciones, lo que permite una escritura más clara y eficiente.

- Cuando haya introducido la fórmula, pulse [Enter].

[Column... ='T_Artículos'[Precio Unitario]*0,9

	ID Art...	Nombre Artículo	Categoría	Precio Unitario	Columna calculada 1
1	1	Silla	Muebles	50	45
2	2	Mesa	Muebles	150	135
3	3	Lámpara	Decoración	30	27
4	4	Cama	Muebles	200	180

Se ha añadido la columna del precio con descuento, que por defecto se denomina **Columna calculada 1**.

- Para cambiarle el nombre, haga doble clic sobre él e introduzca **Precio con descuento**.

Aquí tiene otro ejemplo sencillo de una columna calculada en DAX.

Supongamos que desea calcular la edad de un cliente a partir de su fecha de nacimiento.

- En la tabla **T_Clientes**, puede crear una columna calculada para la edad utilizando la fórmula:

  =YEAR(TODAY()) - YEAR(T_ClientEs[Fecha de nacimiento])

  Esta fórmula resta el año de nacimiento del año en curso para obtener la edad del cliente. Esto puede ser útil para análisis demográficos o para segmentar a sus clientes en función de su edad.

- Asigne a la nueva columna el nombre **Edad del cliente**.

  El resultado es el siguiente:

[Edad de... =YEAR(TODAY()) - YEAR(T_Clientes[Fecha de nacimiento])

	ID Cli...	Apellido	Ciudad	Fecha de nacimiento	Edad del cliente
1	1	Ortiz	Madrid	15/04/1980 0:00:00	45
2	2	Díaz	Barcelona	20/11/1983 0:00:00	42
3	3	Martín	Sevilla	14/07/1991 0:00:00	34
4	4	Ramos	Toledo	17/02/1985 0:00:00	40
5	5	Muñoz	Badajoz	02/10/1980 0:00:00	45

2. Crear una medida

Una **medida** es un cálculo que se utiliza en las tablas dinámicas para realizar una agregación de datos.

A diferencia de las columnas calculadas, las medidas no se añaden directamente a las tablas de datos. Estas se definen en el modelo de datos y se calculan en tiempo real al interactuar con las tablas dinámicas.

Cálculo del número de productos vendidos

Para calcular la cantidad total de productos vendidos, puede crear una medida en el lenguaje DAX que sume las cantidades vendidas en cada fila de la tabla de ventas:

Cantidad Total Vendida = SUM(Ventas[Cantidad])

Esta fórmula utiliza la función **SUM** para agregar todos los valores de la columna **Cantidad** en la tabla **Ventas**.

- Minimice la ventana de Power Pivot.

- En Excel, en la cinta de opciones, seleccione la pestaña **Power Pivot**, en el grupo **Cálculos**, haga clic en **Medidas - Nueva medida**.

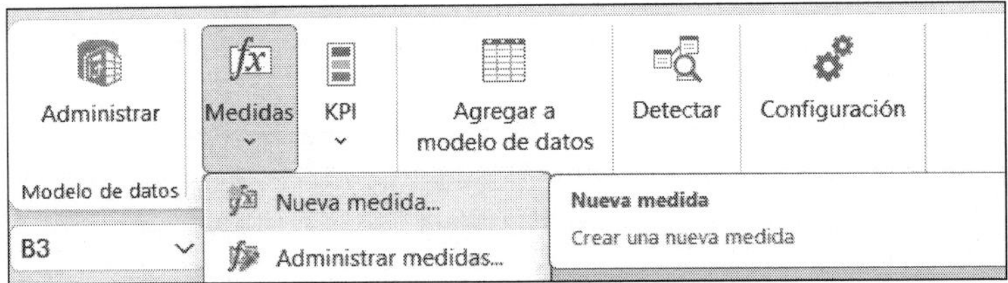

En la pantalla aparece la ventana **Medida**.

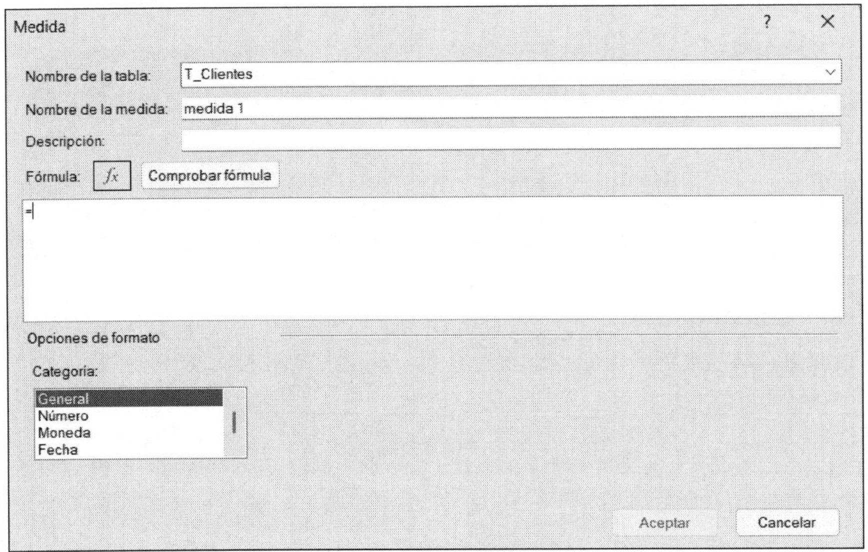

Esta ventana actúa como asistente para escribir fórmulas en lenguaje DAX.

- En el campo **Nombre de la tabla**, seleccione la tabla **T_Ventas**.
- En el campo **Nombre de la medida**, asigne el nombre **Cantidad Total Vendida**.

Para la fórmula, introduzca:

= SUM(T_Ventas[Cantidad])

- Opcionalmente, verifique la fórmula haciendo clic en el botón **Verificar la fórmula**.

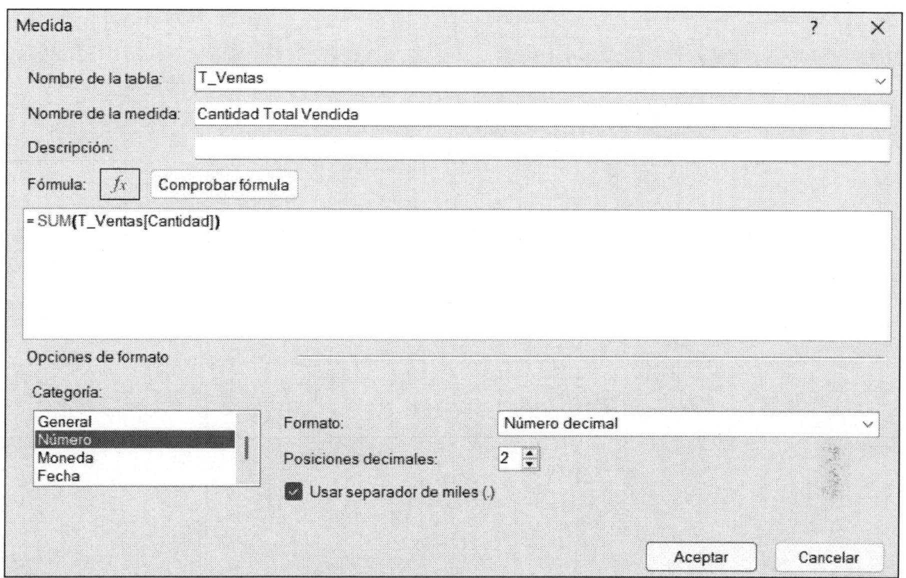

- Haga clic en **Aceptar**.
- Cree una nueva tabla dinámica desde el modelo de datos.

- Coloque el campo **Categoría** en el campo **Filas** y la medida **Cantidad Total Vendida** en el campo **Valores**.

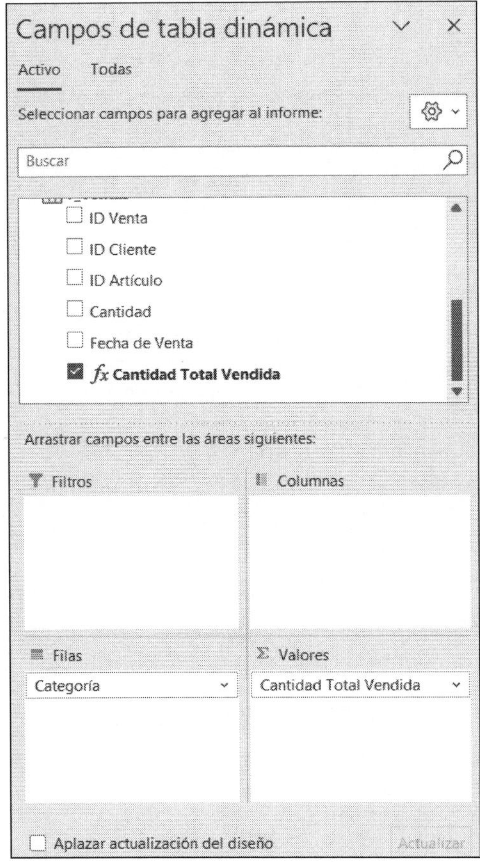

El resultado es el siguiente:

	A	B	C	D
1				
2				
3		**Etiquetas de fila**	**Cantidad Total Vendida**	
4		Decoración	12,00	
5		Muebles	13,00	
6		**Total general**	**25,00**	
7				
8				
9				

D. Tres funciones principales del lenguaje DAX

El lenguaje DAX ofrece numerosas funciones potentes para el análisis de datos.

Entre ellas, tres funciones principales se destacan: **SUMX**, **RELATED** y **CALCULATE**.

- La función **SUMX**: devuelve la suma de una expresión evaluada para cada fila de una tabla.
- La función **RELATED**: devuelve un valor relacionado de otra tabla.
- Por último, la función **CALCULATE**: evalúa una expresión en un contexto modificado por filtros.

Estas tres funciones son esenciales para aprovechar al máximo las capacidades analíticas de DAX.

1. La función RELATED

La función **RELATED** permite recuperar un valor de una tabla relacionada. Por ejemplo, RELATED(T_Articulos[Nombre Artículo]) recupera el nombre del artículo desde la tabla **T_Articulos** vinculada a la tabla actual.

La función **RELATED** se utiliza para obtener valores de una tabla relacionada y agregarlos en una nueva columna de la tabla activa. Funciona de manera similar a la función **BUSCARV** de Excel, pero utiliza las relaciones definidas en el modelo de datos para realizar la búsqueda.

La sintaxis básica de la función **RELATED** en DAX es:

RELATED(<NombreColumna>)

Aquí tiene un ejemplo basado en los datos del archivo **Powerpivot.xlsx**.

Supongamos que desea añadir una columna **Precio de venta unitario** en la tabla **T_Ventas**, recuperando los precios desde la tabla **Artículos**. Puede utilizar la función **RELATED** de la siguiente manera:

Precio de venta unitario = RELATED(Artículos[Precio Unitario])

En este ejemplo, **RELATED** utiliza la relación entre las tablas **T_Ventas** y **T_Artículos** para recuperar el precio unitario de cada artículo y añadirlo a la tabla **T_Ventas**

- En el cinta de opciones, seleccione la pestaña **Power Pivot** y haga clic en **Administrar**.
- En **Power Pivot**, seleccione la pestaña **T_Ventas**.
- Seleccione la primera celda de la columna **Agregar columna** e introduzca =RELATED(T_Articulos[Precio Unitario]).

En la barra de fórmulas, la función es:

= RELATED(T_Artículos[Precio Unitario])

- Pulse la tecla ↵.

Los precios unitarios de la tabla **T_Artículos** se han añadido a cada fila de la tabla **T_Ventas**.

Cambie el nombre de la columna por **Precio unitario**.

[Precio U... ▾ | fx = RELATED(T_Articulos[Precio Unitario])

	ID Venta	ID Cli...	ID Art...	Cantidad	Fecha de ...	Precio Unitario
1	1	1	1	2	01/01/2024 0:00:00	50
2	2	2	2	1	02/01/2024 0:00:00	150
3	3	3	3	4	03/01/2024 0:00:00	30
4	4	4	4	1	04/01/2024 0:00:00	200
5	5	4	4	1	04/01/2024 0:00:00	200
6	6	5	1	2	05/01/2024 0:00:00	50
7	7	2	2	1	02/01/2024 0:00:00	150
8	8	3	3	4	03/01/2024 0:00:00	30

2. La función SUMX

La función **SUMX** es una función de iteración que permite recorrer los datos fila por fila y calcular una suma basada en una expresión.

A diferencia de la función **SUM**, que simplemente suma los valores de una única columna, **SUMX** evalúa una expresión para cada fila de una tabla y suma los resultados obtenidos.

Ejemplo:

Cantidad	Precio Unitario
4	10
3	15
1	20
1	25

El cálculo se realiza de la siguiente manera:

4 x 10

\+

3 x 15

\+

1 x 20

\+

1 x 25

= 130

La sintaxis de la función es la siguiente:

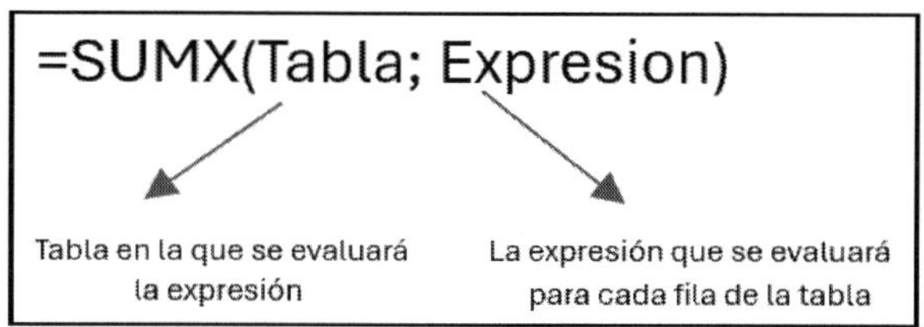

Deseamos crear un informe que muestre las ventas por categoría de producto.

- Al nivel de la cinta, seleccione la pestaña **Power Pivot**, en el grupo **Cálculos**, haga clic en **Medidas - Nueva medida**.

  Aparece en pantalla el cuadro de diálogo **Medida**.

- En la lista desplegable **Nombre de la tabla**, seleccione la tabla **T_ventas**.
- En el campo **Nombre de la medida**, asigne un nombre a la medida, por ejemplo **Facturación**.

Introduzca la fórmula:

=SUMX(

T_Ventas;[Cantidad]*[Precio unitario]

)

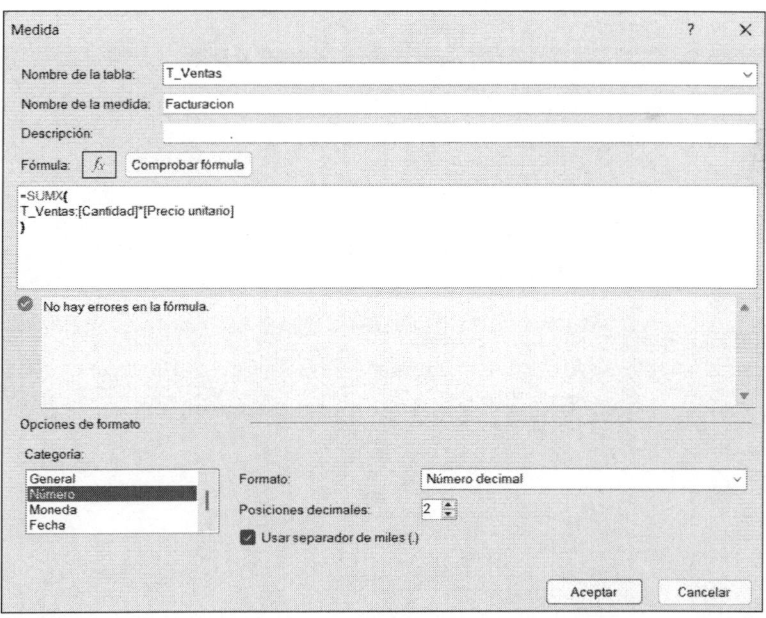

- Opcionalmente, haga clic en **Comprobar la fórmula** y formatee el resultado en formato **Número - Número decimal**. Marque la casilla **Usar el separador de miles**.
- Haga clic en **Aceptar**.
- En la cinta de opciones, seleccione la pestaña **Insertar**, en el grupo **Tablas**, haga clic en **Tabla dinámica** y luego elija **Desde Modelo de datos**.

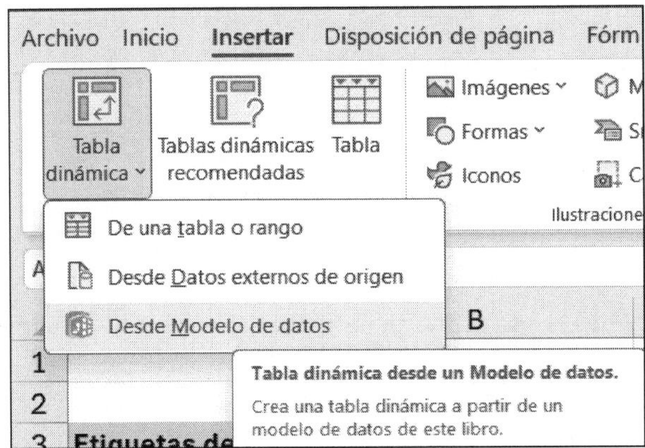

El cuadro de diálogo **Tabla dinámica desde un Modelo de datos** aparece.

- Coloque la tabla dinámica en una **Nueva hoja de cálculo**.

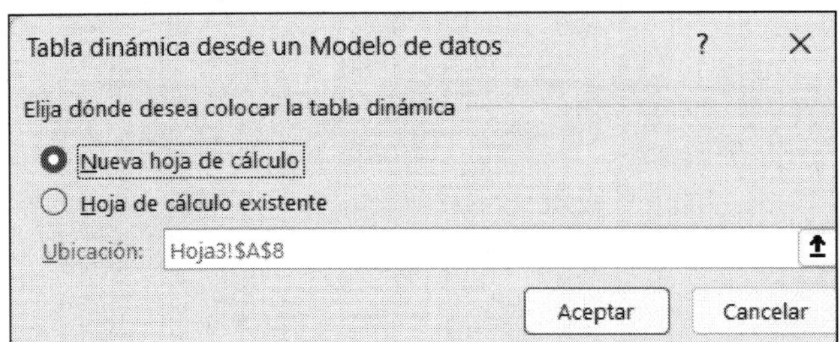

- Haga clic en **Aceptar**.
  Una nueva hoja de cálculo y el panel **Campos de tabla dinámica** aparecen.
- Seleccione la tabla **T_Artículos** y coloque el campo **Categoría** en el campo **Filas**.
- Seleccione la tabla **T_Ventas** y coloque la medida **Facturación** en el campo **Valores**.

El resultado es el siguiente:

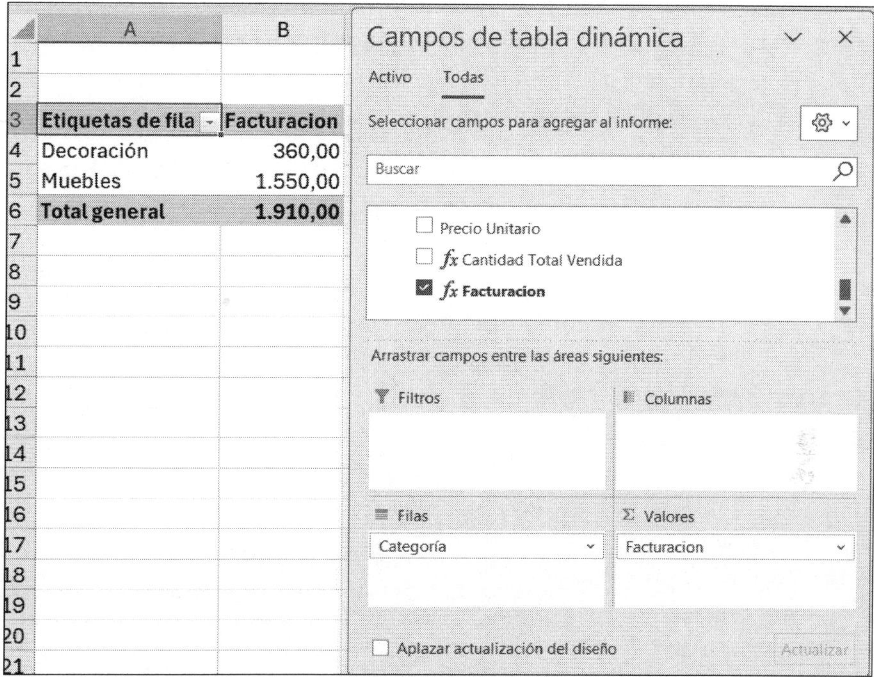

Observe el símbolo **fx** delante de la medida Facturación.

3. La función CALCULATE

La función **CALCULATE** permite modificar el contexto de filtro para evaluar una expresión.

El contexto de filtro se refiere a los filtros aplicados a los datos durante la evaluación de una fórmula. Estos filtros pueden aplicarse mediante distintos elementos, como segmentaciones, filtros de informe o relaciones entre tablas.

Ejemplo: Supongamos que desea calcular el monto total de las ventas para cada cliente, pero solo para las ventas de productos de la categoría **Muebles**. Puede usar la función **CALCULATE** para modificar el contexto de filtro y obtener ese resultado.

La fórmula sería:

```
=CALCULATE(
[Facturacion];
T_Artículos[Categoría] = "Muebles"
)
```

En este ejemplo, la función **CALCULATE** evalúa la medida **Facturación** en un contexto donde se aplica el filtro **Artículos[Categoría] = "Muebles"**.

La facturación se calcula únicamente para los productos de la categoría **Muebles**.

Tenga en cuenta que hemos reutilizado la medida Facturación que habíamos calculado anteriormente utilizando la función SUMX.

- En la cinta de opciones, seleccione la pestaña **Power Pivot**, en el grupo **Cálculos**, haga clic en **Medidas - Nueva medida**.
  Aparece en pantalla el cuadro de diálogo **Medida**.
- En la lista desplegable **Nombre de la tabla**, seleccione la tabla **T_Ventas**.
- En el campo **Nombre de la medida**, asigne un nombre a la medida, por ejemplo **Facturacion Muebles**.
- Introduzca la fórmula:

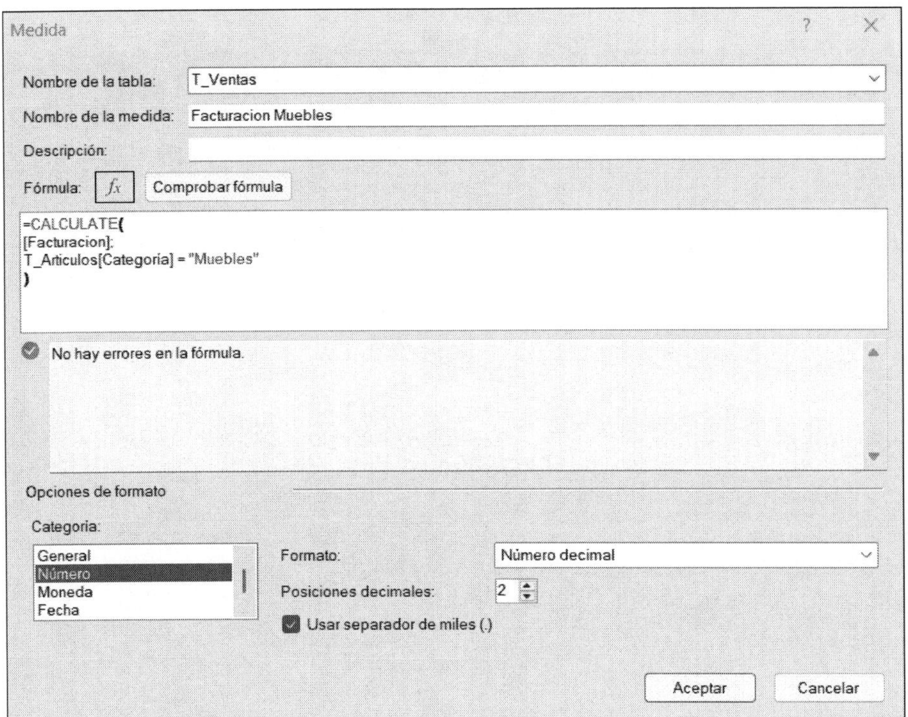

- Haga clic en **Aceptar**.

- En el panel **Campos de tabla dinámica**, coloque la medida **Facturacion_meubles** en la zona **Valores**.

En la tabla dinámica, la columna **Facturación muebles** se ha añadido. Contiene el importe total de las ventas de muebles, independientemente del contexto del filtro.

Etiquetas de fila	Facturacion	Facturacion Muebles
Decoración	360,00	1.550,00
Muebles	1.550,00	1.550,00
Total general	1.910,00	1.550,00

En la tabla dinámica, se ha añadido la columna Facturación_muebles. Esta columna contiene el importe total de la facturación de los muebles, sin importar el contexto del filtro.

- En el panel **Campos de tabla dinámica**, en el área **Filas**, elimine el campo **Categoría**. En el área **Valores**, elimine la medida **Facturacion**.
- Coloque el campo **Apellido** de la tabla **T_Clientes** en el campo **Filas**.

  El resultado es el siguiente:

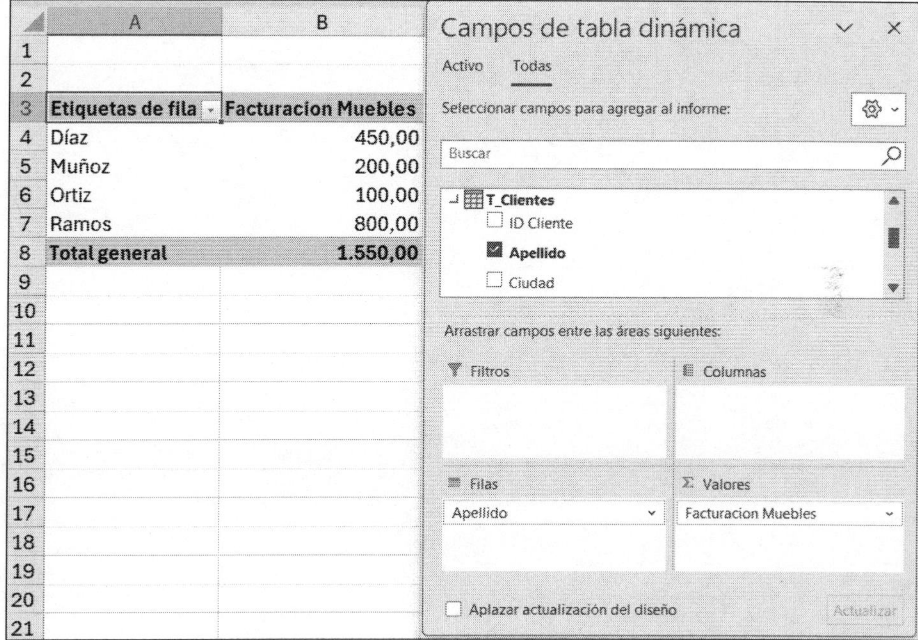

E. Conclusión

En esta introducción sobre Power Pivot en Excel se han explicado el concepto de modelos de datos y las principales funciones del lenguaje DAX. En el próximo capítulo, se mostrará cómo añadir datos enriquecidos e imágenes a las tablas dinámicas.

Capítulo 9
Enriquecimiento de las TD con datos geográficos e imágenes

A. Introducción

Excel incorpora funcionalidades que permiten integrar imágenes y datos enriquecidos directamente en las tablas dinámicas. Esta innovación tiene como objetivo mejorar la legibilidad y el impacto de los análisis al combinar datos numéricos con elementos visuales.

Para ilustrar estas dos nuevas funcionalidades, se utilizará el archivo **Imagen.xlsx**.

El documento consta de dos hojas:

- **Ventas**: detalle de las transacciones por artículo y por ciudad. Esta tabla se denominaba anteriormente **T_ventas**.

	A	B	C	D
1	ID	Artículo	Ciudad	Importe
2	1	aletas	Madrid	15
3	2	tabla	Marsella	20
4	3	tabla	Mugello	20
5	4	tabla	Barcelona	20
6	5	tubo de buce(	Roma	20
7	6	tabla	Madrid	20
8	7	tubo de buce(	Mugello	20
9	8	tubo de buce(	Marsella	20
10	9	tabla	Mugello	20

- **Bandera**: lista de países a los que añadiremos las imágenes de las banderas correspondientes.

Esta tabla se denominaba anteriormente **T_Bandera**.

	A	B
1	País	Bandera
2	Bélgica	
3	España	
4	Francia	
5	Italia	

B. Utilizar datos geográficos

Desde finales de 2018, esta funcionalidad está disponible en la versión Microsoft 365 de Excel para Windows, Mac y en línea con una suscripción a Microsoft 365.

Simplifica el trabajo con datos geoespaciales al:

- eliminar los errores de localización debidos a faltas de ortografía;
- evitar ambigüedades geográficas (por ejemplo, Madrid existe tanto en España como en Filipinas);
- facilitar la mejora de los datos geográficos con un simple clic (capital, población, etc.).

En la hoja de ventas, tenemos la siguiente lista de ciudades: Madrid, Mugello, Marsella, Barcelona, Roma, Sevilla, Región de Bruselas - Capital.

El objetivo de esta ejercicio es enriquecer los datos de la tabla **T_ventas** utilizando la herramienta **Datos Geográficos**. Vamos a añadir una columna **País**.

Paso 1: Conversión de datos textuales en datos geográficos

En la hoja **Ventas**, seleccione la columna **Ciudad**.

Vaya a la pestaña **Datos**, en el grupo **Tipo de datos**, y seleccione **Información geográfica**.

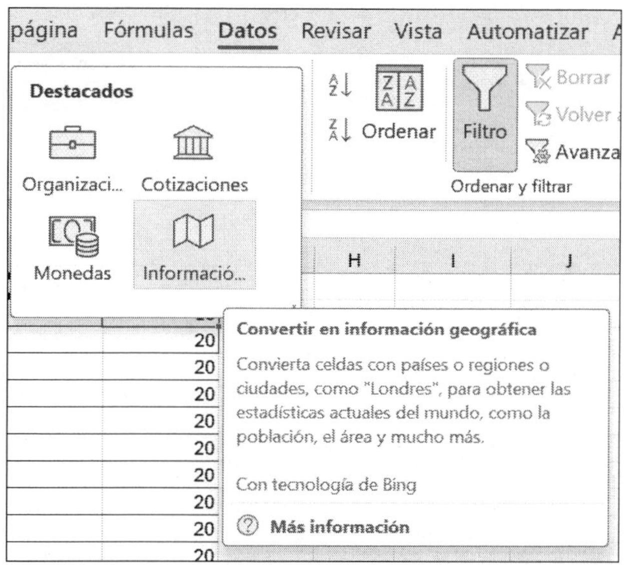

Los datos textuales se transformarán en datos geográficos reconocidos por la aplicación. Un ícono en miniatura en forma de mapa se mostrará junto a cada ciudad.

	A	B	C	D
1	ID	Artículo	Ciudad	Importe
2	1	aletas	Madrid	15
3	2	tabla	Marsella	20
4	3	tabla	Mugello	20
5	4	tabla	Barcelona	20
6	5	tubo de buce	Roma	20
7	6	tabla	Madrid	20
8	7	tubo de buce	Mugello	20

✎ Haga clic en uno de estos íconos.

Se muestra un panel con información geográfica ampliada:

	A	B	C
1	ID	Artículo	Ciudad
2	1	aletas	Madrid
3	2	tabla	Marsella
4	3	tabla	Mugello
5	4	tabla	Barcelona
6	5	tubo de buce	Roma
7	6	tabla	Madrid
8	7	tubo de buce	Mugello
9	8	tubo de buce	Marsella
10	9	tabla	Mugello
11	10	tabla	Sevilla
12	11	tubo de buce	Región de Bruselas-Capita
13	12	aletas	Madrid
14	13	tabla	Marsella
15	14	tabla	Mugello
16	15	tabla	Barcelona
17	16	tubo de buce	Roma
18	17	tabla	Madrid
19	18	tubo de buce	Mugello

Aparecen numerosas informaciones: capital, población, datos económicos (PIB, moneda), datos demográficos (tasa de natalidad, esperanza de vida), datos ecológicos (emisión de gases de efecto invernadero).

Estos datos provienen de Wikipedia y del sitio del Banco Mundial.

Paso 2: agregar información geográfica en una tabla

- Seleccione una celda en la tabla de datos. El ícono **Agregar una columna** aparece en el lado derecho de la tabla.

Ciudad	Importe
Madrid	15
Marsella	20
Mugello	20

Agregar columna

Extraiga un campo en una columna de tabla.

Se proponen numerosas opciones geográficas, económicas y administrativas:

Ciudad	Importe
Madrid	15
Marsella	20
Mugello	20
Barcelona	20
Roma	20
Madrid	20
Mugello	20
Marsella	20
Mugello	20
Sevilla	20
Región de Bruselas-Capit	20
Madrid	15
Marsella	20
Mugello	20
Barcelona	20
Roma	20
Madrid	20
Mugello	20
Marsella	20
Mugello	20

Ciudad

- Área
- Descripción
- División de administración 1 (estado/provincia/o...
- División de administración 2 (condado/distrito/o...
- Imagen
- Latitud
- Líder(es)
- Longitud
- Nombre
- País o región
- Población
- Zona(s) horaria(s)

✎ Seleccione **País/región**.

El resultado es el siguiente:

	A	B	C	D	E
1	ID	Artículo	Ciudad	Importe	País o región
2	1	aletas	Madrid	15	España
3	2	tabla	Marsella	20	Francia
4	3	tabla	Mugello	20	Italia
5	4	tabla	Barcelona	20	España
6	5	tubo de buceo	Roma	20	Italia
7	6	tabla	Madrid	20	España
8	7	tubo de buceo	Mugello	20	Italia
9	8	tubo de buceo	Marsella	20	Francia
10	9	tabla	Mugello	20	Italia
11	10	tabla	Sevilla	20	España
12	11	tubo de buceo	Región de Bruselas-Capit	20	Bélgica

C. Insertar imágenes en las celdas

Las imágenes pueden insertarse directamente en las celdas de una tabla de Excel, lo que permite integrarlas armoniosamente en sus datos.

Las imágenes insertadas en las celdas se mantienen organizadas y alineadas con el resto de los datos de la tabla. Siguen el movimiento de las celdas durante operaciones como la clasificación o el filtrado, garantizando así una disposición coherente.

- En la hoja de **bandera**, para añadir una imagen de la bandera de Bélgica, seleccione la celda **B2**.
- En la cinta de opciones, haga clic en la pestaña **Insertar** y luego en el botón **Ilustraciones - Imágenes - Colocar en celda - Imágenes en línea**.

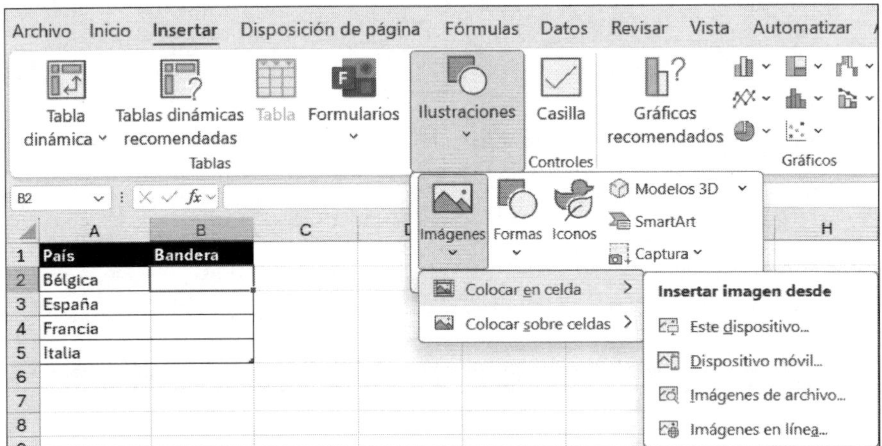

La ventana **En línea Imágenes** aparece en pantalla.

- En el campo de entrada, escriba por ejemplo **bandera belga**. Pulse ⏎.

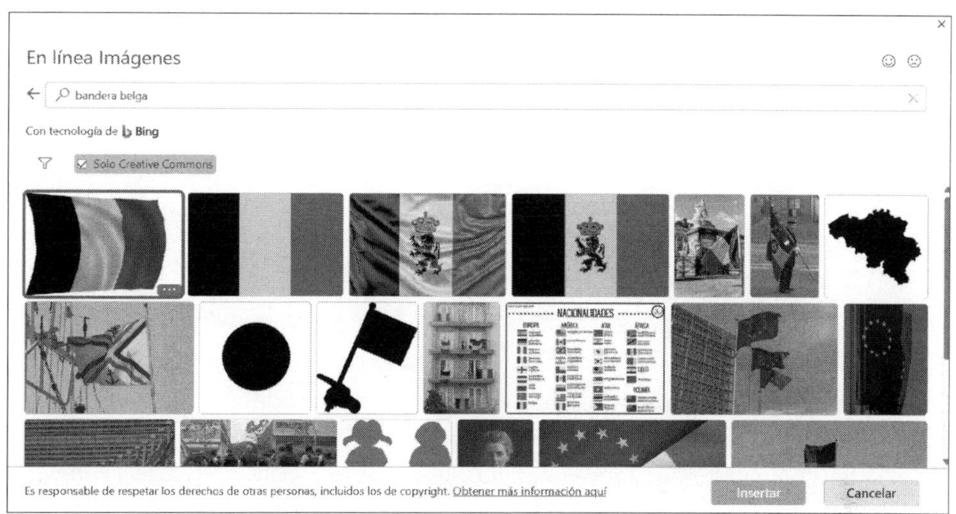

- Seleccione una de las banderas propuestas y luego haga clic en el botón **Insertar**.
  La bandera de Bélgica se ha insertado correctamente en la celda.

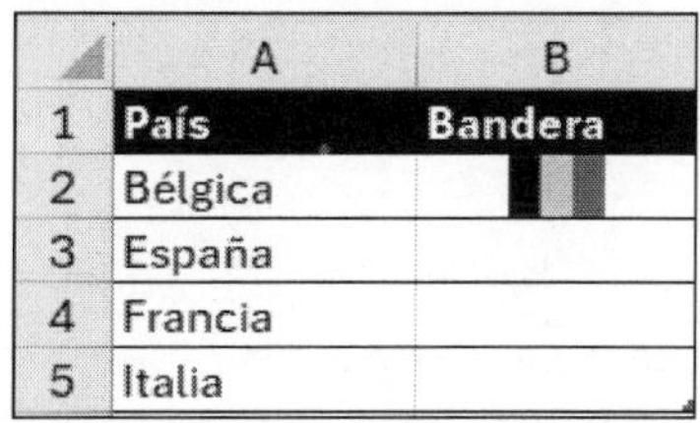

	A	B
1	País	Bandera
2	Bélgica	
3	España	
4	Francia	
5	Italia	

- Proceda de la misma manera para insertar las banderas de España, Francia e Italia.

1. Asociar imágenes a los datos

Paso 1: transformación de los datos en datos geográficos

- En la hoja **Bandera**, seleccione la columna **País**.
- En la cinta de opciones, haga clic en la pestaña **Datos**, grupo **Tipos de datos**, haga clic en el ícono **Convertir en información geográfica**.

Paso 2: uso de BUSCARX

Para vincular las imágenes de la tabla **T_Bandera** (T_Bandera) con los datos de la tabla **T_Ventas** (T_ventas), es posible utilizar la función **BUSCARX**.

La función **BUSCARX** permite buscar un valor y devolver el valor correspondiente de otro rango. Su sintaxis es la siguiente:

=BUSCARX(valor_buscado; matriz_buscar; matriz_devolución; [si_no_encontrado]; [modo_buscar]; [modo_coincidencia])

- En la hoja **Ventas**, en la celda **F2**, escriba =BUSCARX.

Primer argumento, **valor_buscado**: se trata del valor de la columna **País**.

- Seleccione la celda **E2** y luego escriba un punto y coma ;.

Segundo argumento, **matriz_buscar**: se trata del rango de los países en la tabla **T_Bandera**.

- En la hoja **bandera**, seleccione el rango **A2:A5** y luego escriba un punto y coma ;.

Tercer argumento, **matriz_devolución**: se trata del rango de las banderas en la tabla **T_Bandera**.

- En la pestaña bandera, seleccione el rango B2:B5 y luego cierre el paréntesis.

La función es entonces:

=BUSCARX([@[País o región]];T_Bandera[País];T_Bandera[Bandera])

- Valide pulsando ↵.

La bandera de España aparece en la columna **F2**.

- Copie la fórmula en las celdas hacia abajo.
- Modifique el contenido de la celda **F1** y asígnele el nombre **Bandera**.

  La bandera correspondiente al país aparecerá en cada fila de la tabla:

	A	B	C	D	E	F
1	ID	Artículo	Ciudad	Importe	País o región	Bandera
2	1	aletas	Madrid	15	España	
3	2	tabla	Marsella	20	Francia	
4	3	tabla	Mugello	20	Italia	
5	4	tabla	Barcelona	20	España	
6	5	tubo de buceo	Roma	20	Italia	
7	6	tabla	Madrid	20	España	
8	7	tubo de buceo	Mugello	20	Italia	
9	8	tubo de buceo	Marsella	20	Francia	
10	9	tabla	Mugello	20	Italia	
11	10	tabla	Sevilla	20	España	

2. Crear una tabla dinámica con datos geográficos e imágenes

Ahora vamos a crear una tabla dinámica que incluirá tanto imágenes como datos geográficos.

- Seleccione una celda de la tabla **T_Ventas**, haga clic en la pestaña **Inserción** - grupo **Tablas - Tabla dinámica.**

  Aparece el cuadro de diálogo **Tabla dinámica: De una tabla o rango**.
- Seleccione la opción **Nueva hoja de cálculo** y luego Haga clic en **Aceptar**.
- En el panel **Campos de tabla dinámica**, coloque los campos **Bandera** y **Ciudad** en la zona **Filas** y el campo **Importe** en la zona **Valores**.

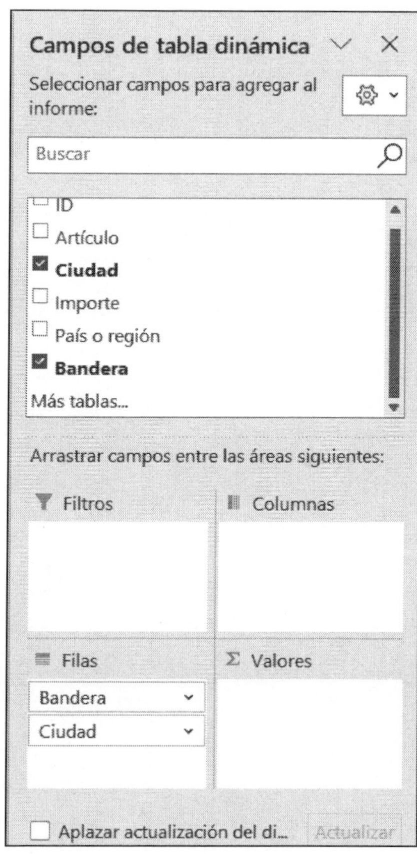

El resultado es el siguiente:

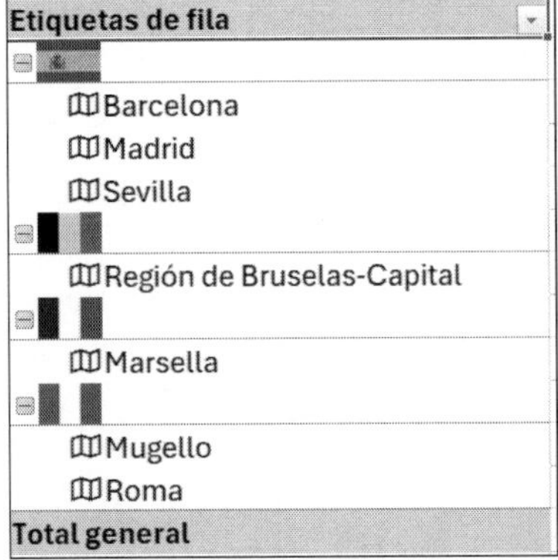

D. Conclusión

La incorporación de elementos visuales en las tablas dinámicas abre nuevas posibilidades para el análisis y la presentación de datos. Esta funcionalidad permite generar informes más claros, atractivos y fáciles de interpretar.

Capítulo 10

Las funciones de cálculo como alternativa a las tablas dinámicas

A. Introducción

En este capítulo, exploraremos dos funciones recientes de Excel: AGRUPARPOR y PIVOTARPOR.

Estas funciones reproducen las capacidades de las tablas dinámicas y constituyen una alternativa basada en fórmulas.

Las funciones AGRUPARPOR y PIVOTARPOR pertenecen a la familia de funciones matriciales dinámicas (*Dynamic Arrays* en inglés).

Se trata de un tipo de fórmula que no devuelve un único valor, sino un conjunto de valores en forma de tabla. Esta tabla se ajusta automáticamente al tamaño de los datos, lo que evita tener que copiar y pegar fórmulas o redimensionar manualmente las tablas.

B. La función AGRUPARPOR

AGRUPARPOR es una función que permite realizar agregaciones de datos sin utilizar tablas dinámicas. Con AGRUPARPOR, se pueden agrupar datos según una o varias columnas y efectuar cálculos de agregación como la suma, el promedio, la mediana, etc.

La sintaxis de la función AGRUPARPOR es la siguiente:

=AGRUPARPOR(row_fields;values;function;[field_headers];[total_treatment];[sort_order];[filter_array])

- row_fields: las columnas a utilizar para agrupar las filas.
- values: los valores a agregar.
- function: la función de agregación a aplicar (SUMA, PROMEDIO, CONTAR, etc.)
- field_headers (opcional): los encabezados de los campos resultantes.
- total_treatment (opcional): la profundidad de agrupamiento.
- sort_order (opcional): el orden de clasificación de los resultados.
- filter_array (opcional): los criterios de filtrado de datos.

Para ilustrar esta función, utilizaremos el siguiente conjunto de datos:

	A	B	C	D
1	Transacción	Ciudad	Artículo	Importe
2	1	Barcelona	Electrónica	245
3	2	Barcelona	Textil	96
4	3	Barcelona	Textil	217
5	4	Madrid	Hogar	309
6	5	Madrid	Electrónica	440
7	6	Barcelona	Textil	363
8	7	Sevilla	Electrónica	358
9	8	Barcelona	Hogar	266
10	9	Madrid	Textil	268
11	10	Sevilla	Hogar	374
12	11	Sevilla	Hogar	400
13	12	Barcelona	Electrónica	468

Encontrará esta tabla en el archivo AGRUPAR_PIVOTAR.xlsx.

Inicialmente, queremos agrupar las ventas por ciudades.

- En la hoja AGRUPARPOR, escriba =AGRUPARPOR en la celda F4.
- **Primer argumento row_fields**: se trata de las filas agrupadas, seleccione la columna que contiene las ciudades, es decir, Ventas[[#Todo];[Ciudad]], luego escriba ;.
- **Segundo argumento values**: se trata de los valores, seleccione la columna que contiene los importes, es decir, Ventas[[#Todo];[Importe]] y escriba ;.
- **Tercer argumento function**: se trata de la función de agregación, para este ejemplo escriba SUMA;.

También pueden utilizarse muchas otras funciones como argumento, según el tipo de análisis deseado (suma, porcentaje, promedio, mediana...).

- **Cuarto argumento, field_headers (opcional)**: este argumento nos permitirá mostrar los encabezados de las columnas. Configúrelo en 3 para mostrar los encabezados de columna.

La fórmula es la siguiente:

=AGRUPARPOR(Ventas[[#Todo];[Ciudad]];Ventas[[#Todo];[Importe]];SUMA;3)

El resultado es el siguiente:

Agrupar ventas por ciudad	
Ciudad	Importe
Barcelona	1.655
Madrid	1.017
Sevilla	1.132
Total	3.804

Este resultado podría haberse alcanzado gracias a la tabla dinámica siguiente:

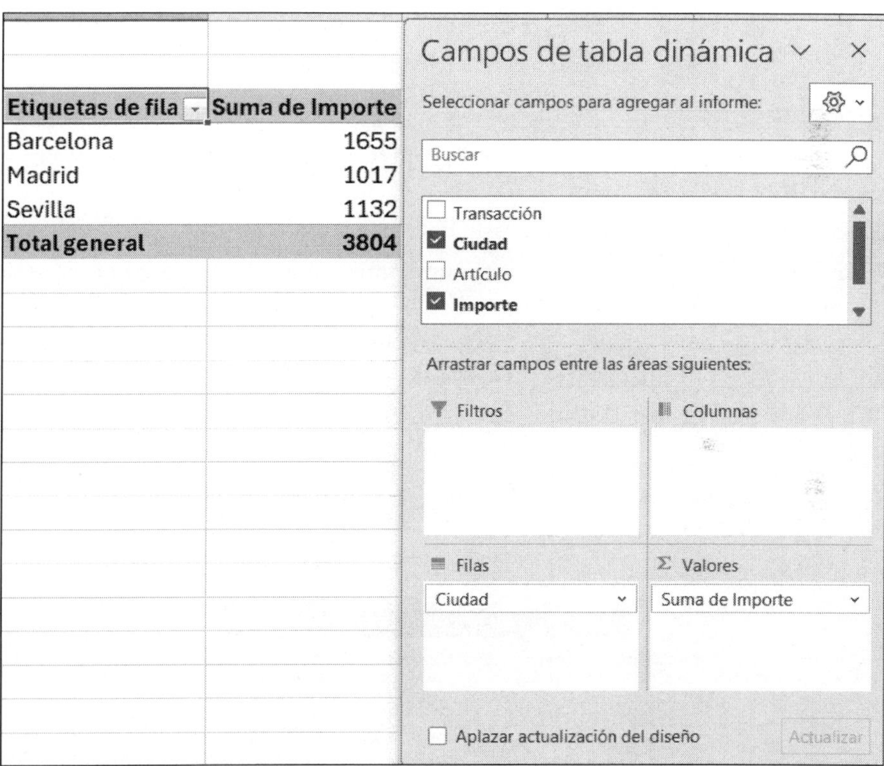

Se modificará el argumento function porque se desea, en la celda I3, agrupar las ventas por ciudad en porcentaje.

- Copie en la celda I3 la fórmula de la celda F3 creada anteriormente.
- En la barra de fórmulas, modifique el cuarto argumento, la función SUMA por PORCENTAJEDE.

La fórmula es:

=AGRUPARPOR(Ventas[[#Todo];[Ciudad]];Ventas[[#Todo];[Importe]];PORCENTAJEDE;3)

- Pulse ↵.

El resultado es el siguiente:

I	J
Agrupar ventas por ciudades en %	
Ciudad	Importe
Barcelona	44%
Madrid	27%
Sevilla	30%
Total	100%

Realizar un agrupamiento según varios criterios

En este tercer ejemplo, se realizará un agrupamiento tanto en las columnas **Ciudad** como en **Artículos**.

- En la celda **F13**, escriba =AGRUPARPOR.
- **Primer argumento row_fields**: seleccione el rango que contiene la columna de las ciudades y los artículos, es decir, **Ventas[[#Todo];[Ciudad]:[Artículo]]**, luego escriba ;.
- **Segundo argumento values**: seleccione la columna que contiene los importes, es decir, **Ventas[[#Todo];[Importe]]**, luego escriba ;.
- **Tercer argumento function**: en este caso, la función utilizada será **SUMA**.

La fórmula es:

=AGRUPARPOR(Ventas[[#Todo];[Ciudad]:[Artículo]];Ventas[[#Todo];[Importe]];SUMA;3)

El resultado es el siguiente:

Agrupar ventas por ciudades y artículos		
Ciudad	Artículo	Importe
Barcelona	Electrónica	713
Barcelona	Hogar	266
Barcelona	Textil	676
Madrid	Electrónica	440
Madrid	Hogar	309
Madrid	Textil	268
Sevilla	Electrónica	358
Sevilla	Hogar	774
Total		3.804

Este resultado también podría haberse obtenido mediante la siguiente tabla dinámica:

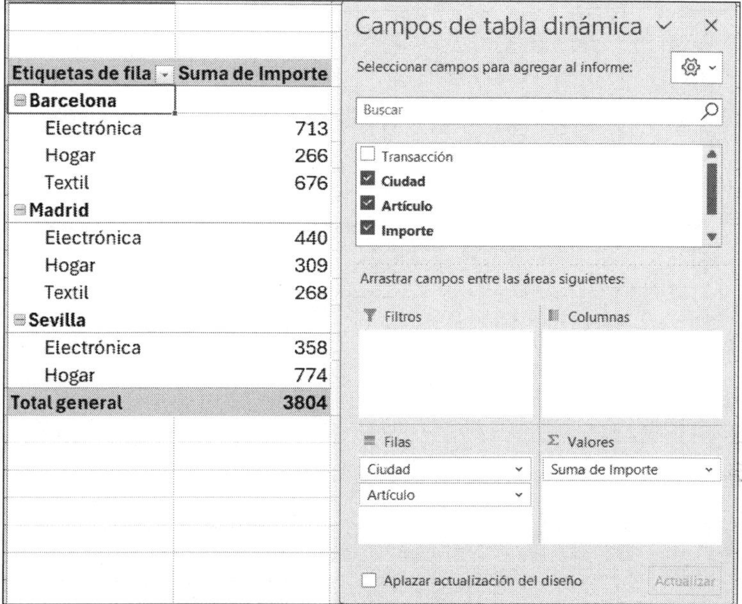

C. La función PIVOTARPOR

Esta función funciona de manera similar a AGRUPARPOR, pero permite realizar agrupaciones por columnas.

La sintaxis de la función PIVOTARPOR es la siguiente:

= PIVOTARPOR (row_fields; col_fields; values; function; [filed_headers]; [row_total_depth]; [col_total_depth]; [col_sort_order]; [filter_array])

En comparación con la función **AGRUPARPOR**, la función **PIVOTARPOR** contiene el argumento **col_fields**, es decir, el campo que se utilizará para agrupar las columnas.

Para este ejemplo, deseamos crear un informe de ventas por ciudad (en filas) y por producto (en columnas).

- En la hoja PIVOTARPOR, en la celda F3, escriba =PIVOTARPOR(.
- **Primer argumento row_fields**: corresponde a los agrupamientos por filas. Seleccione la columna de las ciudades, es decir, **Ventas[[#Todo];[Ciudad]]** y luego escriba ;.
- **Segundo argumento col_fields**: corresponde a los agrupamientos por columnas. Seleccione la columna de los artículos, es decir, **Ventas[[#Todo];[Artículo]]** y luego escriba ;.

- **Tercer argumento values**: seleccione la columna que contiene los importes, es decir, Ventas[[#Todo];[Importe]] y luego escriba ;.
- **Cuarto argumento función**: en este ejemplo, será SUMA.

La fórmula es:

=PIVOTARPOR(Ventas_[[#Todo];[Ciudad]];Ventas_[[#Todo];[Artículo]];
Ventas_[[#Todo];[Importe]];SUMA)

Se obtendrá el siguiente resultado:

Agrupar ventas por ciudades y artículos (en columnas)				
	Electrónica	Hogar	Textil	Total
Barcelona	713	266	676	1655
Madrid	440	309	268	1017
Sevilla	358	774		1132
Total	1 511	1349	944	3804

Este resultado podría haberse alcanzado gracias a la tabla dinámica siguiente:

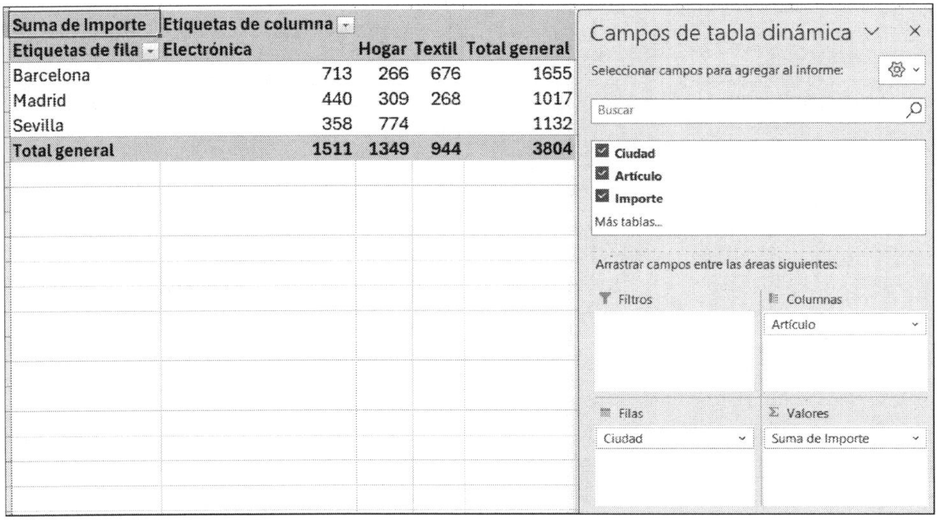

Suma de Importe	Etiquetas de columna			
Etiquetas de fila	Electrónica	Hogar	Textil	Total general
Barcelona	713	266	676	1655
Madrid	440	309	268	1017
Sevilla	358	774		1132
Total general	1511	1349	944	3804

Campos de tabla dinámica
Seleccionar campos para agregar al informe:
Buscar
Ciudad
Artículo
Importe
Más tablas...
Arrastrar campos entre las áreas siguientes:
Filtros
Columnas: Artículo
Filas: Ciudad
Valores: Suma de Importe

D. Comparación entre las funciones AGRUPARPOR, PIVOTARPOR y las tablas dinámicas

AGRUPARPOR y PIVOTARPOR

- **Enfoque basado en fórmulas**: las funciones AGRUPARPOR y PIVOTARPOR permiten una flexibilidad y un control precisos gracias al uso de fórmulas. Los usuarios pueden personalizar los cálculos y análisis directamente desde las celdas.
- **Resultados dinámicos**: las fórmulas AGRUPARPOR y PIVOTARPOR se actualizan automáticamente cuando cambian los datos fuente, lo que permite un análisis en tiempo real sin tener que actualizar manualmente las tablas.

Inconvenientes:

- **Falta de funcionalidades interactivas**: a diferencia de las tablas dinámicas, las funciones AGRUPARPOR y PIVOTARPOR no disponen de funcionalidades interactivas como el filtrado, el ordenamiento o los segmentos.
- **Complejidad de las fórmulas**: el uso de AGRUPARPOR y PIVOTARPOR puede requerir un mayor dominio de las funciones y fórmulas de Excel, lo que puede ser intimidante para los usuarios menos experimentados.

Tablas dinámicas

- **Facilidad de uso**: crear tablas dinámicas es a menudo más intuitivo para los usuarios, gracias a la interfaz amigable y las opciones de personalización disponibles.
- **Tamaño y complejidad de los datos**: para conjuntos de datos muy voluminosos, las tablas dinámicas ofrecen un rendimiento superior y una síntesis más rápida de los datos.
- **Interactividad**: los segmentos y cronologías permiten añadir fácilmente interactividad a una o varias tablas dinámicas.

Capítulo 11

Las herramientas de IA y el análisis de datos

A. Introducción

Tanto si se trata de un usuario principiante como experimentado, Copilot le guía paso a paso para crear y personalizar tablas dinámicas y gráficos. Le permitirá ahorrar tiempo y obtener información relevante al interactuar con los datos de manera natural e intuitiva.

En este capítulo, veremos cómo utilizar Microsoft Copilot para crear tablas y gráficos dinámicos a partir de consultas en lenguaje natural.

También detallaremos el uso de la herramienta Análisis de datos.

B. Condiciones previas para utilizar Copilot

Para utilizar Microsoft Copilot en Excel con todas sus funciones avanzadas de inteligencia artificial, es necesario disponer de una suscripción activa a Microsoft 365 y de una suscripción adicional a Copilot Pro.

Puede adquirir Copilot Pro a través de la Microsoft Store, en la sección Ofertas y tarifas de Copilot Pro – Funcionalidades de IA premium con GPT-4 Turbo.

C. Crear tablas dinámicas con Copilot en Excel

Copilot en Excel permite crear tablas dinámicas a partir de una simple consulta en lenguaje natural.

Acceder a Copilot

Para utilizar Copilot en Excel Microsoft 365, asegúrese de que el archivo esté guardado en OneDrive o SharePoint.

- Para ello, compruebe que la opción de guardado automático en la parte superior izquierda de su pantalla esté activada:

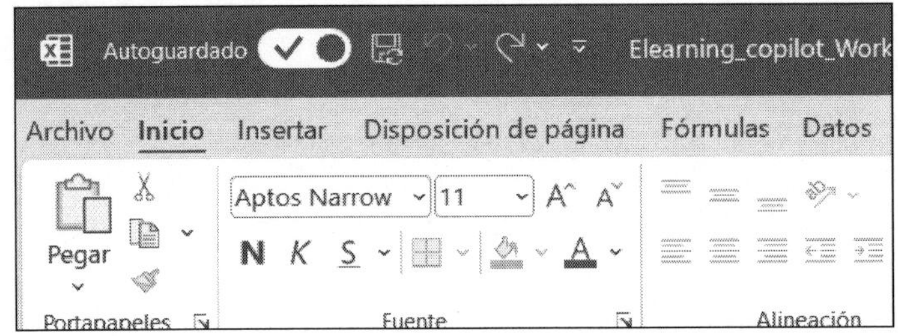

Si dispone de una licencia Copilot, el botón Copilot aparece a la derecha de la pestaña **Inicio** en la cinta de opciones.

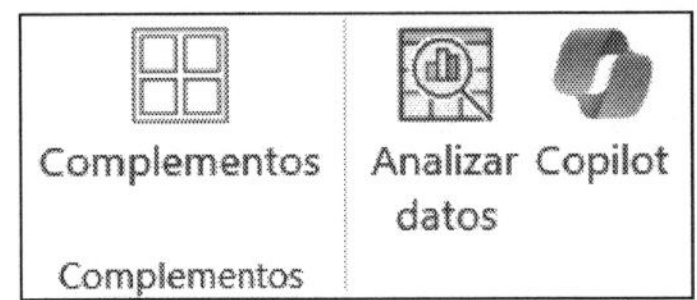

- Abra el archivo **Elearning_copilot.xlsx**.
  El archivo contiene las notas obtenidas en diferentes asignaturas, así como la carga lectiva de cada alumno.
- Seleccione una celda del cuadro en la pestaña **Inicio** - grupo **Estilos**, haga clic en **Dar formato como tabla**.

	A	B	C	D	E	F
1						
2	Inscrito	Edad	Género	Asignatura	Nota	Carga Lectiva
3	Roberto	42	Masculino	Física	65	17
4	Kevin	23	Masculino	Data Science	70	19
5	Elena	42	Femenino	Física	71	15
6	Gracia	24	Femenino	Data Science	75	18
7	Miguel	32	Masculino	Matemáticas	76	15
8	Mario	36	Masculino	Data Science	77	12
9	Carmen	27	Femenino	Biología	78	15
10	Roberto	30	Masculino	Desarrollo Web	78	15
11	Hugo	30	Masculino	Matemáticas	79	17
12	Iván	34	Masculino	Data Science	80	19
13	Jaime	31	Masculino	Desarrollo Web	80	17
14	Jorge	29	Masculino	Matemáticas	80	14
15	Eric	25	Masculino	Data Science	81	18

- Seleccione un estilo.
- En la pestaña **Inicio** de la cinta de opciones, haga clic en el botón **Copilot**.
  El panel de **Copilot** aparece en el lado derecho de la pantalla.

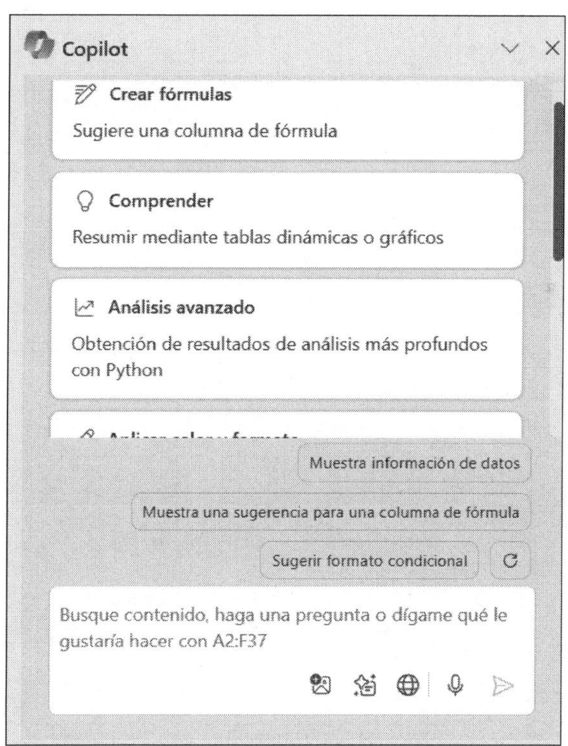

Por defecto, Copilot sugiere instrucciones genéricas. Sin embargo, también es posible hacer una pregunta directamente en lenguaje natural a Copilot.

Primer análisis

- En la zona de indicaciones, escriba:
  Muestra la nota media por asignatura en forma de tabla dinámica.
- Confirme la entrada pulsando ⏎.

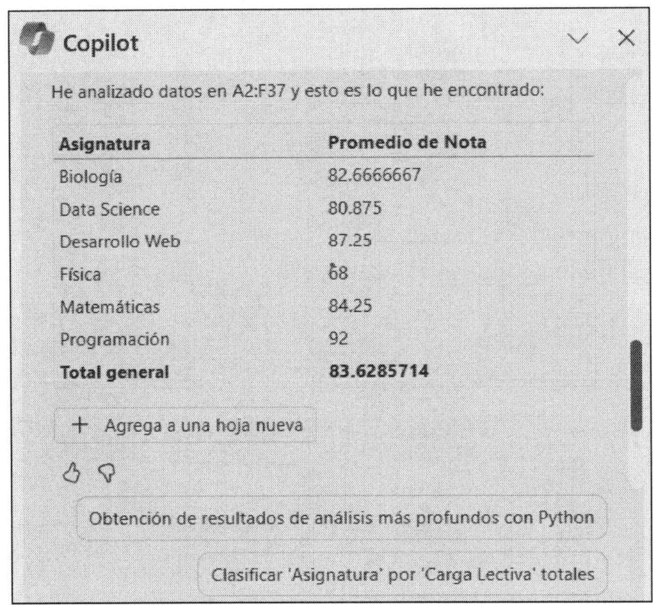

Asignatura	Promedio de Nota
Biología	82.6666667
Data Science	80.875
Desarrollo Web	87.25
Física	68
Matemáticas	84.25
Programación	92
Total general	**83.6285714**

Copilot genera una tabla dinámica de las notas medias por asignatura.

- Haga clic en el botón **Agregar a una nueva hoja.**
  Se ha añadido una nueva hoja al libro, que presenta la tabla dinámica:

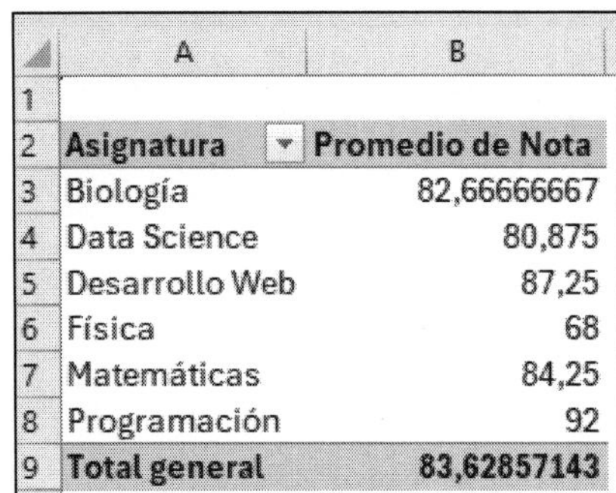

	A	B
1		
2	**Asignatura**	**Promedio de Nota**
3	Biología	82,66666667
4	Data Science	80,875
5	Desarrollo Web	87,25
6	Física	68
7	Matemáticas	84,25
8	Programación	92
9	**Total general**	**83,62857143**

Utilice frases claras y específicas para obtener los mejores resultados de Copilot. Para eliminar cualquier ambigüedad, conviene utilizar el nombre exacto de los encabezados de las columnas.

Segundo análisis

- Vuelva a la hoja **E_learning** y seleccione una celda de la tabla.
- En la zona de indicaciones, escriba:

  Crea una tabla dinámica que muestre el número de inscritos por Asignatura, clasificado en orden alfabético de Asignatura.

  Aquí está el análisis propuesto por Copilot:

He analizado datos en A2:F37 y esto es lo que he encontrado:

Asignatura	Cuentas de Inscrito
Biología	6
Data Science	8
Desarrollo Web	8
Física	2
Matemáticas	8
Programación	3
Total general	**35**

+ Agrega a una hoja nueva

- Profundicemos en el análisis, escriba la indicación:

  Deseo una tabla dinámica que presente el número de inscritos por Asignatura y por Género, clasificado en orden alfabético de Asignatura.

  Aquí está el informe propuesto por Copilot:

Cuentas de Inscrito	**Género**		
Asignatura	**Femenino**	**Masculino**	**Total general**
Biología	4	2	6
Data Science	1	7	8
Desarrollo Web	5	3	8
Física	1	1	2
Matemáticas	2	6	8
Programación	3		3
Total general	**16**	**19**	**35**

Si no tiene una idea predefinida de análisis, es posible utilizar simplemente la indicación **Comprender**.

✎ Para ello, en el panel de **Copilot**, desplácese hacia arriba en el hilo de la conversación y haga clic en **Comprender**.

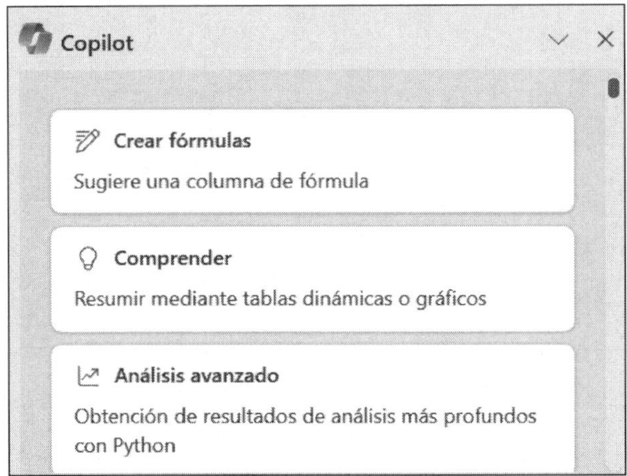

A continuación, se inicia una conversación con Copilot.

La herramienta propone un gráfico dinámico:

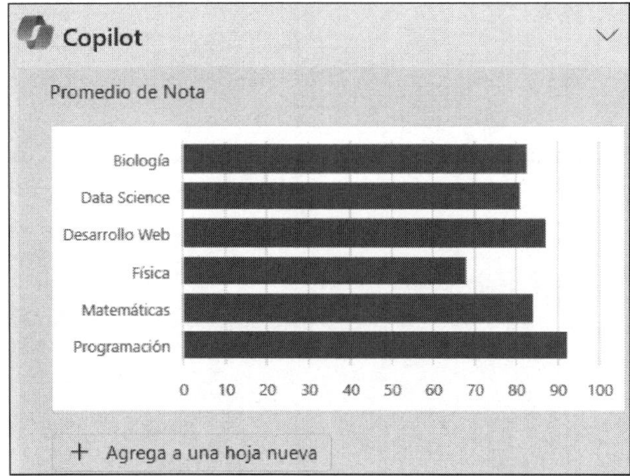

Acompañado de un comentario:

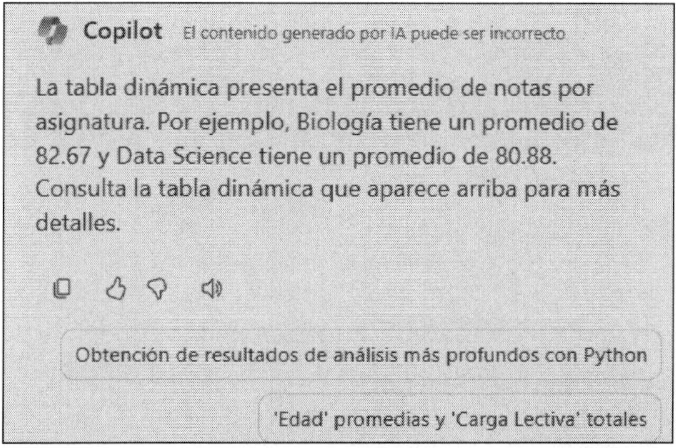

Copilot permite continuar la conversación gracias a dos indicaciones: **¿Cuántas "Género" de "Masculino"?** y **¿Hay valores atípicos en mis datos?**.

✎ Haga clic, por ejemplo, en la indicación **¿Hay valores atípicos en mis datos?**.

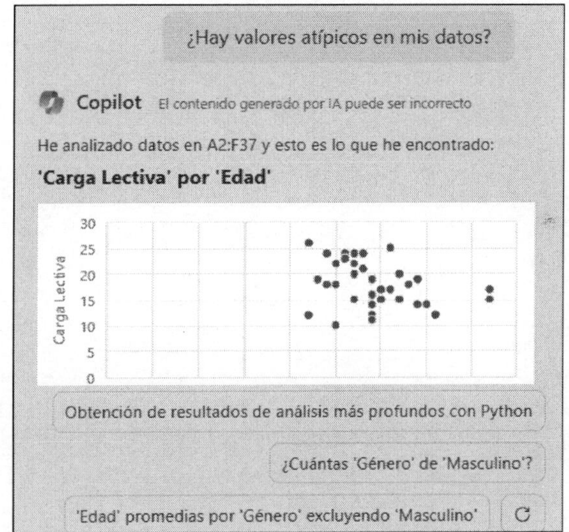

Copilot ha detectado valores anómalos en los datos.

Aparecen nuevas sugerencias para seguir explorando los datos.

✎ Para generar nuevas indicaciones, haga clic en el botón **Actualizar** .

D. La herramienta Análisis de datos

La herramienta **Análisis de datos** de Excel permite analizar automáticamente la información contenida en una tabla.

- Para utilizar la herramienta de análisis de datos, seleccione una celda de la tabla de datos y luego haga clic en **Analizar datos** en la pestaña **Inicio** de Excel.

Excel analizará automáticamente los datos de la tabla y propondrá varios análisis en el panel de **Análisis de datos**.

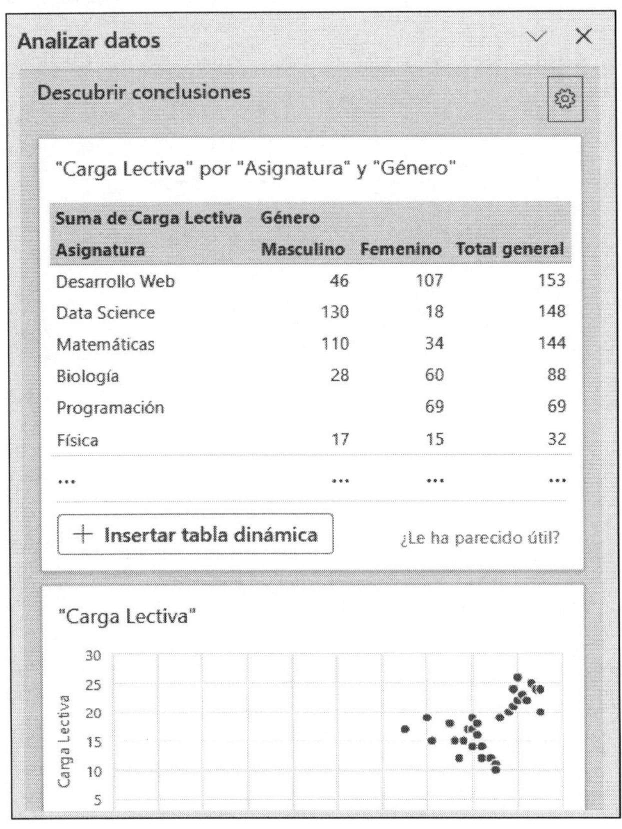

Suma de Carga Lectiva	Género		
Asignatura	Masculino	Femenino	Total general
Desarrollo Web	46	107	153
Data Science	130	18	148
Matemáticas	110	34	144
Biología	28	60	88
Programación		69	69
Física	17	15	32
...	...	...	...

Los análisis propuestos incluyen una tabla dinámica, un gráfico dinámico o un gráfico básico.

- Recorra las diferentes análisis propuestos y seleccione los que le interesen haciendo clic en **Insertar una tabla dinámica** o **Insertar un gráfico dinámico**.

Excel creará entonces una nueva hoja de cálculo compuesta por una tabla dinámica y/o un gráfico dinámico.

	A	B	C	D
1				
2	**Suma de Carga Lectiva**	**Género**		
3	**Asignatura**	**Masculino**	**Femenino**	**Total general**
4	Desarrollo Web	46	107	153
5	Data Science	130	18	148
6	Matemáticas	110	34	144
7	Biología	28	60	88
8	Programación		69	69
9	Física	17	15	32
10	**Total general**	**331**	**303**	**634**

El análisis se puede acotar seleccionando campos concretos.

- Para ello, en el panel de **Análisis de datos**, haga clic en el botón situado en la parte superior derecha.

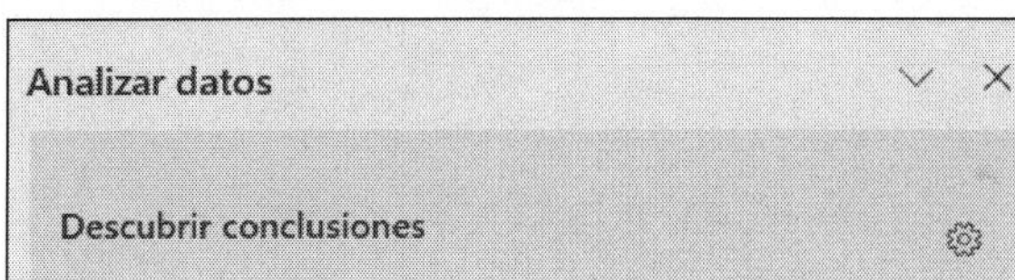

La lista de campos de la tabla aparece en la pantalla.

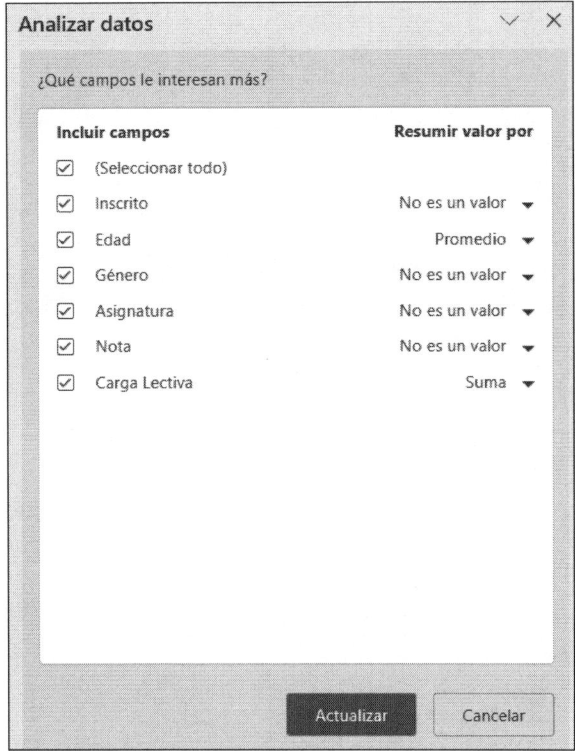

Deseamos analizar el promedio de las notas por asignatura.

- Desmarque (**Seleccionar todo**).
- Seleccione los campos **Nota** y **Asignatura**.
- En el campo **Nota**, en la columna **Resumir valor por**, seleccione **Promedio**.

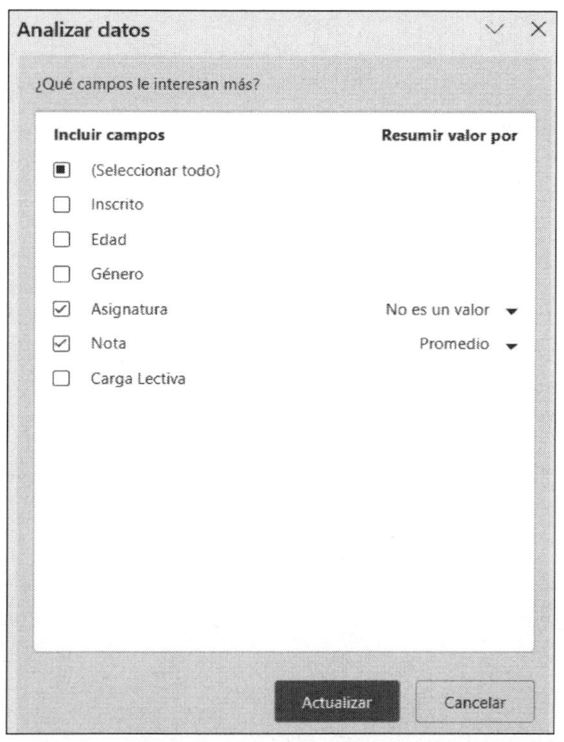
Analizar datos
¿Qué campos le interesan más?
Incluir campos
Resumir valor por
(Seleccionar todo)
Inscrito
Edad
Género
Asignatura
No es un valor
Nota
Promedio
Carga Lectiva
Actualizar
Cancelar

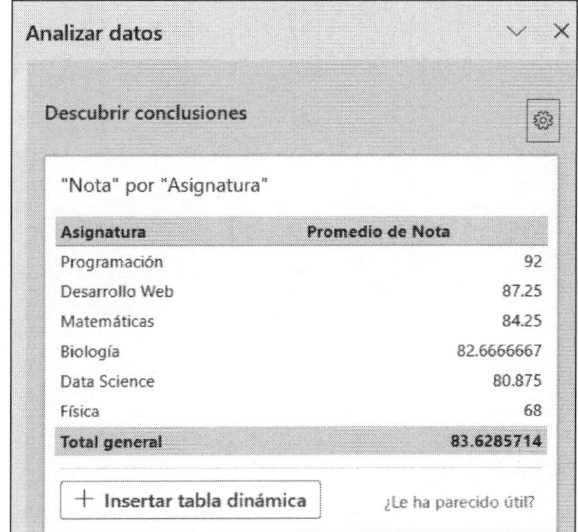
Analizar datos
Descubrir conclusiones
"Nota" por "Asignatura"
Asignatura
Promedio de Nota
Programación 92
Desarrollo Web 87.25
Matemáticas 84.25
Biología 82.6666667
Data Science 80.875
Física 68
Total general 83.6285714
Insertar tabla dinámica
¿Le ha parecido útil?

- Haga clic en **Actualizar**. Se mostrará el panel **Analizar datos**. Haga clic en **Insertar tabla dinámica**.

  Excel mostrará varias opciones de análisis, incluida una tabla dinámica que muestra las notas medias por asignatura.

	A	B
1		
2	**Asignatura**	**Promedio de Nota**
3	Programación	92
4	Desarrollo Web	87,25
5	Matemáticas	84,25
6	Biología	82,66666667
7	Data Science	80,875
8	Física	68
9	**Total general**	**83,62857143**

Analizar una correlación con la herramienta Análisis de datos

El objetivo de este análisis es visualizar y cuantificar la relación entre la duración del compromiso en horas en los cursos de e-learning y las notas obtenidas por los estudiantes. Para ello, vamos a examinar los datos relativos a la carga lectiva y las notas.

- En el panel de **Análisis de datos**, haga clic en el botón ⚙. Seleccione los campos **Inscrito**, **Nota** (utilice la agregación **Suma**), **Carga Lectiva (horas)** (también utilice la agregación **Suma**).

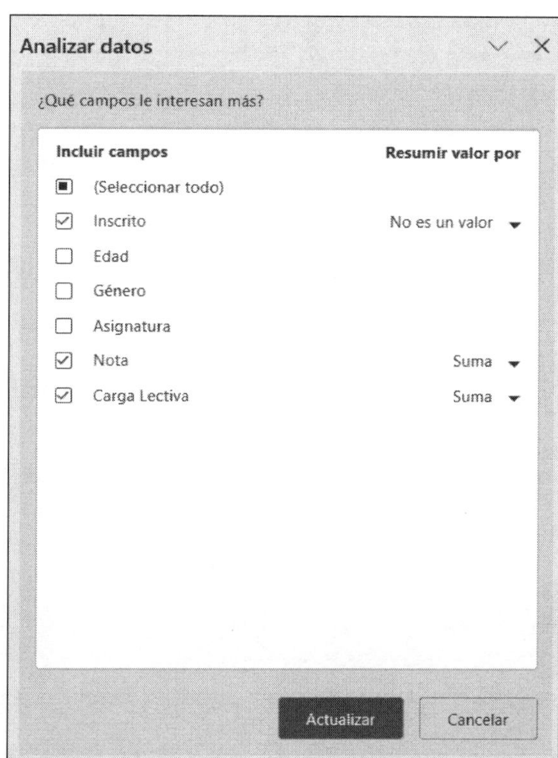

- Haga clic en **Actualizar**.
- Utilice la barra de desplazamiento y busque el gráfico de dispersión.

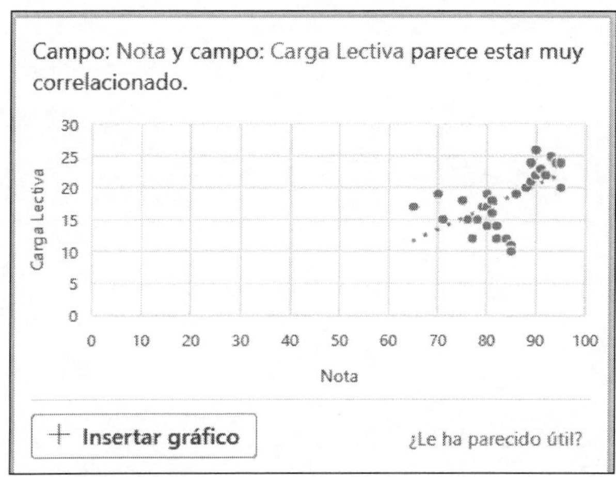

El gráfico propuesto también contiene un comentario: el campo **Nota** y el campo **Carga Lectiva (horas)** aparecen fuertemente correlacionados.

- Haga clic en **Insertar un gráfico**.

  El gráfico se inserta entonces en la hoja de cálculo.

  A primera vista, existe una correlación positiva entre las notas y la duración de la carga lectiva. Sin embargo, para poder cuantificarla, vamos a calcular el coeficiente de determinación y la ecuación de la línea de tendencia.

- Seleccione el gráfico y haga clic en el ícono **Elementos de gráfico**, luego en **Línea de tendencia** y elija **Más opciones**.

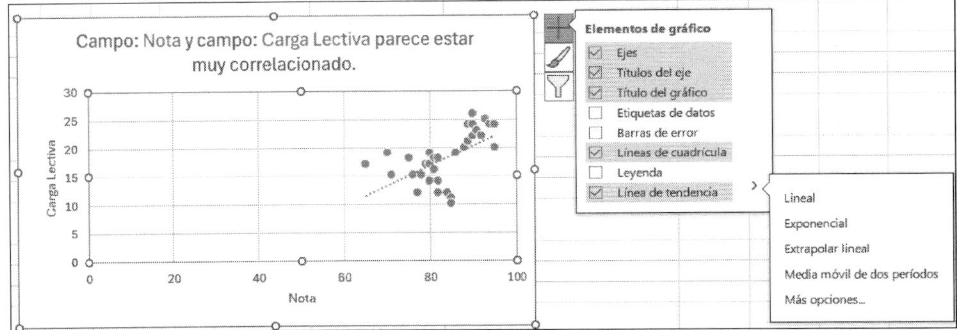

- En el panel **Formato de línea de tendencia**, marque **Presentar ecuación en el gráfico** y **Presentar el valor R cuadrado en el gráfico**.

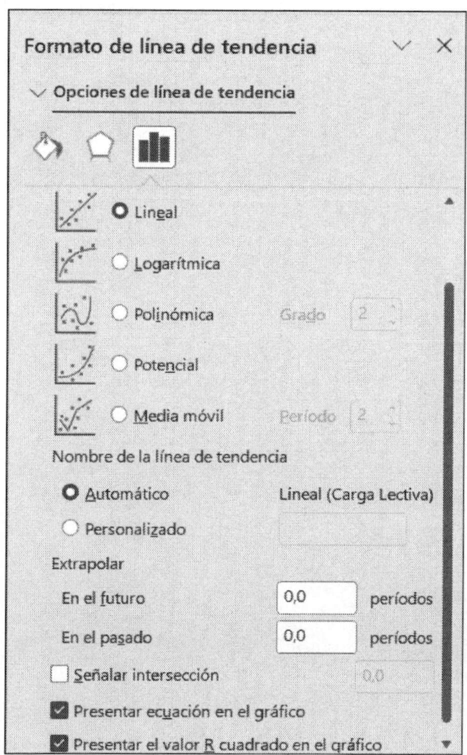

La ecuación y el coeficiente de determinación aparecen en el gráfico.

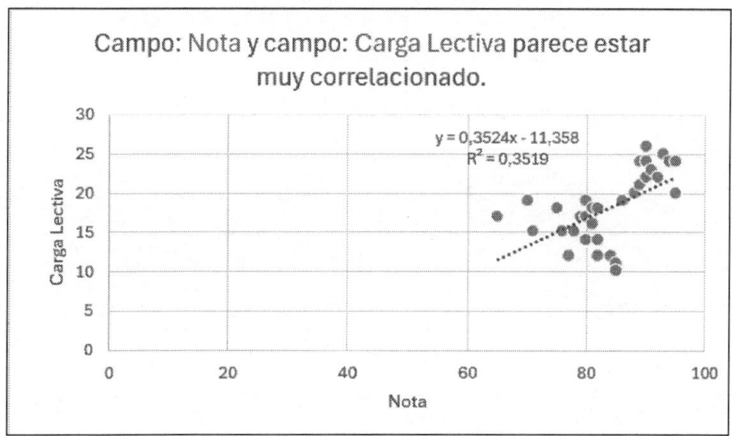

En los datos analizados, el coeficiente de determinación es de 0,3519.

El coeficiente de determinación, representado como R^2, indica hasta qué punto un modelo matemático es capaz de explicar o predecir la variación de los datos. Su valor oscila entre 0 y 1, donde 0 implica que el modelo no tiene capacidad predictiva y 1 indica que explica perfectamente las variaciones observadas.

Un valor de $R^2 = 0{,}35$ indica que el modelo explica el 35 % de la variación observada en los datos. Es decir, ofrece una capacidad predictiva moderada. Esto sugiere que, además de la carga lectiva, intervienen otros factores en la determinación de la nota.

A

ANÁLISIS DE DATOS

C

CÁLCULO

CAMPO

COLUMNA

CONSULTA

COPILOT

CRONOLOGÍA

D

DATOS

DAX

DISEÑO

E

ESCALA DE TIEMPO

F

G

I

L

M

O

P

S

T